本书为国家社科基金青年项目
"欧洲'选举年'后美欧关系走向及对我影响"（17CGJ018）结项成果

外 交
文化的释义

跨大西洋关系的视角

黄萌萌 / 著

INTERPRETATION OF
POLITICAL
CULTURE
ON
FOREIGN POLICY

Perspectives on
Transatlantic Relations

社会科学文献出版社
SOCIAL SCIENCES ACADEMIC PRESS (CHINA)

目录
CONTENTS

前　言

———❧✿❧———

　　1620 年，包括 35 名清教徒在内的共 102 名欧洲移民登上"五月花"号帆船，从英格兰迁徙至北美，美国从此开始了与欧洲不同的发展模式与历史经历。在美国实力不敌英法等欧陆强国的情况下，美国建国先贤奉行"孤立主义"思想。华盛顿在《告别词》中告诫美国人，美国独处一方的地理位置允许美国奉行一条不同的政治路线，不要把美国命运与欧洲命运纠缠在一起。杰斐逊与门罗总统继承了这种"孤立主义"思想，主张减少对外干预以避免美国民主制度受到侵蚀。美国建国之初奉行"孤立主义"思想，独善其身，但"孤立主义"从来不是绝对的，美国始终怀有扩张的野心。19 世纪上半叶，美国从法国购得路易斯安那州，并向南发动对墨西哥的战争。19 世纪末，随着美国实力增强，美西战争吹响了美国海外扩张的号角，武力偏好始终贯穿在美国外交史之中。二战后，美国通过"马歇尔计划"援建西欧，欧洲成为美苏阵营对抗的前沿。冷战后，美国"自由国际主义者"以传播民主价值观为名，进行全球扩张。无论美国各派在政治思想与外交手段上存在何种差异，维护美国国家利益与建立并保持在全球政治中的领导地位一直是美国的外交目标。而且，即使是在所谓的"孤立主义"时期，美国也无时无刻不与欧洲发生着关联，在国际事务中美欧为彼此背书，却又不停产生利益纠葛。

进入 21 世纪后，小布什政府的新保守主义实际上是道德帝国主义、精英主义以及大政府主义的混合体。特朗普政府更是糅合了民粹主义、民族主义以及游离于建制派外的"另类保守主义"思想。在日趋复杂的国际环境与美国两极分化的社会环境中，美国的外交思想陷入边界模糊的发展困境，各种外交思想相互渗透。对于白宫的执政风格，人们愈发难以用一种外交思想加以概括。为此，探寻自美国建国之初延续至今的外交理念的底层逻辑至关重要，其外交理念的根源就是"外交文化"。

第一批来到美国的清教徒怀有创建不同于欧洲国家的"新国家"的信仰。这种集体认知包含两个基本信念：将自身视为"上帝选民"，创造"上帝之城"与独特政体——宪政民主制。这两个信念塑造了"美国例外论"。正是这种"例外"的美国信念以及"特殊"的宪政机制构成了美国国民性格中强烈的"美国主义"国家认同。美国理想主义者倾向于将自身民主制度视为世界其他国家的榜样，其对外政策中的传教士般的"使命感"甚至成为美国发动战争的理由。也是出于"例外"的信念，美国倾向于对"他者"实施遏制政策。新保守主义者正是借"美国例外"之名进行简单的"善与恶"二元区分，试图使用武力颠覆所谓的"邪恶国家"。在 18 世纪美国建国之初形成的"美国例外论"作为美国外交文化之源，200 多年来在美国对外政策实践之中一直延续，由此也可以阐释跨大西洋关系中出现的种种分歧。

在欧洲，16 世纪的宗教改革奠定了新教的地位，并为西欧资本主义的发展和多元化的现代社会奠定了基础。但欧洲在不停经历战争，17 世纪的三十年战争、18～19 世纪的法国大革命与拿破仑战争、德意志帝国成立前的三次战争对欧洲乃至世界产生了巨大影响。在战争与和平的轮替中，欧洲不断反思不同政权、宗教流派与各民族文化的和平共存之道。《威斯特伐利亚和约》签订后的"国家主权"体系以及圣－皮埃尔的"欧洲邦联"思想实际上就是欧洲为避免战争而探索出的不同政治路径。然而，欧洲具有进步意义的政治思想也并未阻止一战和二战的爆发。但欧洲成为现代政治思想、启蒙运动乃至国际法的策源地，并在历史长河中塑造了其政治思想与外交文化。

欧洲历经战争，其均势秩序不断被解构，又通过缔结条约、政治谈判与政治联姻而被重构。直至第一次世界大战，美国崛起，成为后来居上的世界强国，国际关系突破欧洲疆界走向世界，限于欧洲国家之间的"均势"才逐渐消失。第二次世界大战后，美国放弃"孤立主义"，其和同样实力雄厚的苏联以各自为中心形成对立的两极格局，而东西欧只能在东西方阵营中塑造符合自身实力与地位的对外政策。

20 世纪 50 年代起，经历两次世界大战的欧洲国家尝试实施先贤圣－皮埃尔、康德以及圣西门的"欧洲联合观"与"永久和平观"。随着德法签订《爱丽舍条约》，实现和解，德法"双引擎"推动欧洲一体化，欧共体/欧盟外交文化日渐成熟，其以"文明力量"的外交角色自居，主要通过制度性与规范性的"软实力"，在国际机制内发挥超越自身实力的作用。欧共体/欧盟的外交行为偏好是通过政治方式解决争端，将军事手段往往作为最后的解决方案。然而，"欧洲联合"的政治思想始终与"民族主义"相伴而生，至今欧盟成员国在外交与安全政策上也并未将主权完全让渡给欧盟，与"民族主义"相关联的"民粹主义"也时刻挑战着欧盟内部的政治秩序。

在跨大西洋关系上，二战后的西欧国家融入西方阵营，至今欧盟仍对美国二战后的援助心怀感激，跨大西洋价值观共同体与安全关系成为绑定美欧的最重要的纽带。然而，即使在冷战时期，跨大西洋关系也并不因美国向欧洲提供安全庇护而风平浪静，美欧在政治、经济与安全上的争执更是"家常便饭"。冷战后，欧盟期待被美国"平视"，改变"美主欧从"的模式，也不断提出"战略自主"诉求。然而，欧盟的"自觉"过程始终受到自身实力的限制并伴随着美国的质疑。

2003 年伊拉克战争爆发后，德法等"老欧洲"构成欧洲"反战同盟"，与小布什政府领导的"志愿者联盟"对峙。当时，德国哲学家哈贝马斯与法国哲学家德里达等欧洲学者开启了有关美欧文化特质差异与"欧洲认同"的大辩论。学者们指出，在文化特质上，美欧在开放性、价值观、多元性与信仰上有较大差异，比如欧洲具有深厚的哲学文化传统；而美国有强烈的实用主义色彩，更注重个人价值。而在政治认同上，欧洲对待国际上的"我者"与"他者"持更加开放的态度，也更加重视国家在经济上的调控作用，怀疑市场唯一的主导地位。欧洲对技术进步也不无条件乐观，其更为重视社会福利与社会各界的互助。此外，相对于美国，欧洲更加重视"价值观外交"，难以容忍使用暴力。最后，欧洲主张建立一种多边的、依法行事的国际社会，重视联合国的作用。实际上，从伊拉克战争时期"老欧洲"的反美浪潮，到奥巴马时期美国对默克尔的"监听门"，再到 2017 年特朗普上台后的美欧贸易争端与美国"退群"的行为，美欧在安全、经济以及全球治理事务上不断出现争执。尽管如此，这并未改变对美关系是欧盟外交战略优先级的定位，美欧关系在经历低谷后也往往能够得到修复，比如特朗普时期的单边主义行为破坏美欧互信，但在拜登时期，美欧建制派同时向彼此伸出橄榄枝，跨大西洋关系得以重启。

从分析美欧双方"权力类型"的理性主义视角出发，难以全面解释美欧关系中的分歧与韧性。实际上，美欧外交文化的异同对于跨大西洋关系的影响更为深远，决定着美国与欧盟在安全观、国际秩序观以及外交规范等方面的共性与差异。为此，美国与欧盟反复使用多边主义、基于规则的国际秩序以及西方价值观等政治叙事作为跨大西洋关系的黏合剂，却又在不同时期，重复陷入欧洲针对美国单边主义、民族主义、美国优先以及美国针对欧洲安全"搭便车"的指责之中。

2017 年欧洲选举年后，欧盟建制派艰难获胜，却需要应对美国总统特朗普，欧盟与美国的外交文化差异凸显，无论是在全球治理模式、经贸投资、人权还是对待国际多边机制等问题上，美欧双方都龃龉不断。欧盟更是在中美博弈中落入"两难境地"，试图加强战略自主，避免"选边站"。四年后欧洲再次迎来选举年，而在美国，建制派总统拜登上台，高调宣称"美国归来"，这被视为美国回归联盟体系的重要信号。美国重返一系列国际组织，通过塑造"民主同盟"试图弥合跨大西洋关系的裂痕，强调美欧外交文化的共性。欧盟亦致力于加强与"志同道合"的盟友构建多边伙伴关系，其对外政策中的"价值观外交"的权重上升。

笔者在"建构主义"框架内选取"外交文化"的概念，用以探索美欧互动的历史性规律，重点以 2017 年欧洲选举年后与 2021 年拜登政府上台后的跨大西洋关系为研究对象。这对于理解从特朗普到拜登时期的跨大西洋关系、美欧外交目标与外交手段异同，以及对于我国在百年变局中掌握美欧互动规律具有重要理论与实践意义。原因如下。其一，近年来，美欧战略文件愈发强调跨大西洋价值观共同体，却对美欧价值观分歧避重就轻。笔者致力于剖析美欧外交文化的共性与差异，寻求美欧互动规律。其二，"外交文化"概念将国家身份与国家利益视为历史性的动态过程，融入外交认同、外交角色、政治哲学、历史因素与政治制度等维度，注重国家行为体之间的互动与对彼此的认知，可充分解释从特朗普到拜登时期美欧关系中的分歧与韧性，展现美欧如何设定国家利益和战略目标、美欧关系的走向。其三，"外交文化"概念不仅强调身份认同与观念因素在塑造国家利益中的作用，也承认理性主义分析视角中的"权力政治"与国际体系结构，强调利益与价值观的统一性。综观近年来的欧盟对外战略不难发现，欧盟愈发强调"利益"与"价值观"的协调统一，将欧盟价值观视为欧盟的利益所在，这成为欧盟制定对外战略的出发点。2020 年的《全球变局下的欧美关系新议程》开篇即提出跨大西洋关系是建立在双方共有历史、价值观和利益基础之上的，强调在大国互动中维护欧盟的价值观与利益。欧盟的"外交文化"延承了"建构主义"的视角与路径，将"权力政治"和"价值观"紧密结合，当前"价值观外交"成为欧盟参与大国地缘政治博弈的重要手段。

本书提出的研究问题是：美欧外交文化对跨大西洋关系以及美欧外交决策机制有何影响？一个崇尚"国际规则"与"多边主义"的欧盟建制派政坛和奉行"美国优先"的特朗普政府在安全、经贸、全球治理等领域有何分歧？拜登时期，跨大西洋关系何以迅速重启，美欧战略协调有何态势与局限性？

在结构上，在理论部分，本书首先阐述"外交文化"的概念，说明用"外交文化"概念分析跨大西洋关系的优势与劣势。其次结合美欧各自的历史经历与政治思想，梳理美国和欧盟的外交文化特征，阐述美欧各自的外交行为模式，并对美欧外交文化与外交行为模式进行对比分析，总结美欧外交文化的共性，在对比美欧外交规范与安全观的基础上，从国家与民族认同、自由主义、和平主义与军事手段偏好、多边主义与单边主义、国家利益观、经济和社会与生态的平衡发展、宗教性与世俗性等角度透视美欧外交文化差异。在案例分析部分，基于美欧外交文化的异同，综合"权力政治"等理性主义视角，笔者分析跨大西洋关系的走向，并阐述美欧战略协调的态势与局限性。

笔者结合理论分析，最终落脚于应用型研究。需要说明的是，全书重点观察 2017 年欧洲选举年后以及 2021 年拜登政府执政后的美欧关系走向。但欧洲选举年与美国总统任职时间重合，如 2017 年是欧洲选举年，也是特朗普开始担任总统的时间；2021 年欧洲再度迎来选举年，也是拜登开始担任总统的时间。为此，在案例分析中两个时间节点有重合使用的情况。此外，欧盟是由欧共体发展而来的。1965 年，联邦德国、法国、意大利、荷兰、比利时、卢森堡六国签订《布鲁塞尔条约》，决定将欧洲煤钢共同体、欧洲原子能共同体和欧洲经济共同体统一起来，《布鲁塞尔条约》于 1967 年 7 月 1 日生效，欧共体成立。1992 年 2 月，12 个欧共体成员国签署《欧洲联盟条约》，通称《马斯特里赫特条约》。1993 年 11 月 1 日，《马斯特里赫特条约》正式生效，欧盟诞生。本书在论述欧洲超国家机构，特别是"欧盟外交文化"相关内容时，统一使用"欧盟"这一名称，并不再赘述欧共体与欧盟的区别。

第一章

"外交文化"概念分析

20世纪50年代，美国政治学家加布里埃尔·阿尔蒙德（Gabriel Almond）和西德尼·维巴（Sidney Verba）在其《公民文化》（*The Civic Culture*）一书中首次提出"政治文化"理论，它包含了"国民性格"以及"民族认同"等内容，并且从社会历史背景的角度出发阐释人们对于政治体系的选择意向。"政治文化"理论的研究对象为国内社会对政治体系、政治制度以及社会个体在此政治体系中的角色认知，"包括社会民众在国内政治制度、国家、政党、利益集团、决策制度及其自身政治参与程度方面的认知、价值取向、观念以及评价等内容"①。因此，"政治文化"理论侧重于"对内"的政治认知研究。此后，英语文献中陆续出现"外交与安全政策研究中的政治文化"（political culture in the study of foreign and security policy）等词语。"政治文化"概念逐渐被运用至外交领域。

① Dieter Fuchs, "Politische Kultur," in Dieter Fuchs, Edeltraud Roller (Hrsg.), *Lexikon Politik: Hundert Grundbegriffe*, Stuttgart：Philipp Reclam jun., 2007, S. 220 – 224.

德国学术界则区分"政治文化"与"外交文化"概念，在"政治文化"的基础上提出"外交文化"概念。"外交文化"是"政治文化"在对外政策领域的延伸。"外交文化"与国家行为体的历史背景有着千丝万缕的联系，是一种"对外的政治文化"，是主流社会形成的根深蒂固的外交价值取向与外交认同。

由于在观察二战后国际体系内欧盟对外政策的延续性与调整时不可忽略"文化因素"，本书侧重从"外交文化"角度观察美欧关系，以美欧历史经验、外交认同、外交角色以及政治制度等因素，同时结合"权力政治"与"经贸相互依赖"等理性主义分析逻辑，充分解释从特朗普到拜登时期跨大西洋关系的裂痕与韧性。上述综合性分析方法对于全面理解美欧关系调整中的变量、美欧外交目标与外交手段异同，以及对我国在百年变局中掌握美欧互动的规律具有重要意义。

一 文献回顾

国内外学者在"外交文化"的概念范畴内综合评析美欧关系。罗伯特·卡根的《天堂与权力——世界新秩序中的美国与欧洲》从"战略"与"哲学"两方面分析美欧对于权力、利益和道德的不同认知，得出如下结论：西方社会的分歧根源在于美国的"现实主义"与欧洲的"理想主义"对于"使用武力"和"多边主义"的不同看法。① 德国政治学者汉斯·毛尔（Hanns W. Maull）、塞巴斯蒂安·哈尼施（Sebastian Harnisch）与托马斯·里斯（Thomas Risse）自 20 世纪 90 年代起发表的多篇论文均以"建构主义"分析框架为基轴，解构美欧"外交文化"与"外交角色"的异同，

---

① 〔美〕罗伯特·卡根：《天堂与权力——世界新秩序中的美国与欧洲》，刘坤译，社会科学文献出版社，2013。

梳理冷战后的欧洲外交行为规范，以及美欧之间的分歧与合作。① 德国政治与科学基金会（SWP）的学者高亭亭（Nadine Godehardt）等进一步指出，美欧双方对于"价值观外交"具有不同认知。欧盟的"价值观外交"旨在维护国际规则与在国际机制内的多边主义合作，这也导致美欧的分歧。②

国内学者赵怀普首先从国际体系变动的新现实主义逻辑出发，观察冷战后美欧关系的变化，认为冷战后的美欧并未消除双方在诸多问题上的分歧，而后提到在伊拉克战争中，小布什政府的单边主义外交政策加剧了美欧分歧，美国霸权与欧盟战略自主之间的结构性矛盾凸显。③ 其分析逻辑兼顾了新现实主义中的"国际结构"变量与建构主义框架内的"外交文化"分析逻辑。肖洋认为国家的外交战略决策离不开国内意识形态、文化传统、民族特性以及宗教信仰等文化因素，并以此为基轴，分析21世纪德国对华外交政策中的文化因素，如默克尔执政初期的"价值观外交"以及中德之间的文化碰撞等。④ 2017年特朗普政府上台后，美欧龃龉不断。特朗普政府奉行"美国优先"的政治理念，退出部分国际机制，部分回归"孤立主义"。美国在国际政治舞台上留下"权力真空"之时，欧盟大国替补，以欧盟机制为依托，在国际政治中强调国际规则与欧盟规范的作用，却又不可避免

① Thomas Risse, "Deutsche Identität und Außenpolitik," in Siegmar Schmidt, Gunther Hellmann, Reinhard Wolf (Hrsg.), *Handbuch zur deutschen Außenpolitik*, Wiesbaden: VS Verlag für Sozialwissenschaften, 2007, S. 49 – 61; Hanns W. Maull, "Außenpolitische Kultur," in Karl-Rudolf Korte, Werner Weidenfeld (Hrsg.), *Deutschland-TrendBuch*, *Fakten und Orientierung*, Bonn: Bundeszentrale für Politische Bildung, 2001, S. 1 – 45.
② Nadine Godehardt and Moritz Rudolf, "Germany's (Not So) New China Policy," *The Diplomat*, February 4, 2022, https://thediplomat.com/2022/02/germanys-not-so-new-china-policy/, 最后访问日期：2022年4月25日。
③ 赵怀普：《当代美欧关系史》，世界知识出版社，2011，第217、306页。
④ 肖洋：《外交的文化阐释·德国卷》，知识产权出版社，2012，第1、295页。

地与美国在其"罗马式霸权"的领导方式上发生龃龉。对此,赵晨等将美国的外交行为模式归纳为"蛮权力"与"巧实力"的交互,亦从文化视角解读了跨大西洋关系裂痕出现的原因。①

2020 年拜登赢得美国大选后,重塑美欧"价值观联盟",将美欧历史文化联系以及民主、自由价值观作为"志同道合"盟友的评价标准,打造"民主同盟",积极修复跨大西洋关系。2020～2022 年,美国、德国和法国等欧盟大国相继完成全国大选,民粹主义政党式微,建制派执掌美欧政坛,欧盟也对美国在拜登时期加强跨大西洋合作寄予厚望。熊炜、姜昊梳理出德国与欧盟的"价值观外交"与美国的"意识形态外交"的区别,认为德国与欧盟的"价值观外交"既是其身份认同的对外彰显,也表现了其对"基于规则"的国际秩序的建构意愿。② 此外,熊炜结合新现实主义与身份政治分析视角,观察美欧战略协调的动因。他提出自 20 世纪 60 年代开始,德国以"嵌入式崛起"战略路径,将自身嵌入西方国际秩序,在促进其自身国际地位上升的同时避免与现有霸权国与国际体系之间的紧张关系,但德国崛起的目标是成为西方国际秩序的领导者和捍卫者。③ 近年来,当中国的快速发展冲击了西方主导的国际秩序时,在美国权威式微的时刻,德国便以西方国际秩序"捍卫者"的身份填补美国出让的"权力真空"。为此,德国与欧盟将中国归为身份认同的"他者"。④ 严少华认为,拜登上台后,意识形态再次成为美欧战略协调的突破口,强化美欧的价值观纽带。但在

① 赵晨等:《跨大西洋变局——欧美关系的裂变与重塑》,中国社会科学出版社,2021。
② 熊炜、姜昊:《"价值观外交":德国新政府的外交基轴?》,《国际问题研究》2022 年第 1 期,第 105～124 页。
③ 熊炜:《德国"嵌入式崛起"的路径与困境》,《世界经济与政治》2021 年第 1 期,第 106～125 页。
④ 熊炜:《德国对华政策转变与默克尔的"外交遗产"》,《欧洲研究》2020 年第 6 期,第 1～11 页。

"欧盟战略自主"诉求上升的背景下，欧盟与美国"新冷战"的二元对立思想保持了一定的距离，欧盟也在防范 2024 年美国再次出现冲击跨大西洋关系的"特朗普式"的"民粹主义"。①

二 "外交文化"概念

20 世纪 60 年代以后，"政治文化"成为西方政治科学领域研究的重要对象之一，研究者在此基础上对比不同国家的政治文化，而阿尔蒙德和维巴的著作也成为之后学术研究与批判的出发点。② 美国政治学家白鲁恂（Lucian Pye）、约翰·杜菲尔德（John Duffield）和德国政治学者安德里亚·杜勒（Andreas Dörner）、比尔吉特·施文宁（Birgit Schwelling）、延森·克里斯蒂安·柯尼希（Jens Christian König）都以"政治文化"为研究对象，他们对于"政治文化"的定义都没有偏离社会各界对于政治存在的价值取向这一根本，并在此基础上扩展"政治文化"的研究方法、完善"政治文化"的定义。③

一个国家的"政治文化"可以区分为"对内政治文化"和"对外政治文化"，前者就是一般所说的"政治文化"，后者可以被理解为"外交文化"。但无论是"政治文化"还是"外交文化"均与行为体的历史经

① 严少华：《欧美对华政策协调及其局限》，《国际问题研究》2022 年第 1 期，第 67～84 页。

② Jens Christian König, *Politische Kultur in den USA und Deutschland: Nationale Identität am Anfang des 21. Jahrhunderts*, Berlin: Logos Verlag, 2010, S. 64.

③ Andreas Dörner, "Politische Kulturforschung," in Herfried Münkler（Hrsg.）, *Politikwissenschaft-Ein Grundkurs*, Hamburg: Rowohlt Taschenbuch Verlag, 2003, S. 215 - 234; John S. Duffield, "Political Culture and State Behavior: Why Germany Confounds Neorealism," *International Organization*, Vol. 53, No. 4, 1999, pp. 765 - 803; Birgit Schwelling, *Der kulturelle Blick auf politische Phänomene-Theorien*, *Methoden*, *Problemstellungen*, Wiesbaden: VS Verlag für Sozialwissenschaften, 2004, S. 11 - 29; Jens Christian König, *Politische Kultur in den USA und Deutschland: Nationale Identität am Anfang des 21. Jahrhunderts*, Berlin: Logos Verlag, 2010.

验和政治思想传统有关，经过社会学习与社会认知过程内化，即使在变化的国际环境中仍具有稳定性，但会发生适应性调整与变迁。

美国在 20 世纪 80 年代出版了大量强调美国"政治文化"在对外政策制定中重要作用的著作，这些著作多从美国外交思想传统、国民性格以及意识形态等政治心理维度出发进行研究。但英语文献较少提到"外交文化"一词，更多运用"外交与安全政策研究中的政治文化"等词语来表达。德国学者在 20 世纪 90 年代末最先提出"外交文化"的准确定义，在其中融入"国家认同"与"外交角色"等研究内容，认为一国"外交文化"受其历史经验影响，是"政治文化"在对外政策上的运用，涉及社会各界对于国家形象的评价、与其他国际行为体的关系以及本国外交行为模式的认知与期待等内容。此后，于尔根·贝勒斯（Jürgen Bellers）、冈瑟·赫尔曼（Gunther Hellmann）以及汉斯·毛尔等学者不断完善"外交文化"的定义。

于尔根·贝勒斯在 1999 年首次提出"外交文化"（außenpolitische Kultur）术语，认为"一国社会以共同观念为纽带实现社会心理层面的融合后，在对外政策中长期存在并具有重要影响力，根据国家历史经历建构而成的集体观念与行为方式的共同体，即外交文化"①。赖因哈特·韦塞尔（Reinhard Wesel）认为"外交文化受国家历史经历影响并且与社会主流政治文化现状及发展密切相关，是政治文化在对外政策上的延伸，外交文化同政治文化一样，在历史发展进程中的改变十分缓慢"。一国的"外交文化"影响外交目标和外交利益的设定，一国的外交决策及外交行为的选择则是建立在本国"外交文化"基础之上的。韦塞尔特别强调了德国的历史特殊性，他认为德国在二战中经历了军事重创，之后无论是

---

① Jürgen Bellers, *Politische Kultur und Außenpolitik im Vergleich*, Wiesbaden: VS Verlag für Sozialwissenschaften, 1999, S. 7.

联邦德国还是民主德国，其主流社会对于曾经的"德国特殊道路"以及民族主义都讳莫如深。[①] 二战后，联邦德国民众致力于经济建设，对曾经的纳粹统治开启大规模的社会历史反思，联邦德国民众普遍反对军事独裁、民族主义以及单边主义等非民主政治传统，该集体认知过程亦伴随着社会各方力量的长期博弈，绝非一蹴而就。统一后的德国"外交文化"在继承联邦德国时期"外交文化"传统的基础上继续发展。汉斯·毛尔等学者论证了"外交文化"的稳定性。20 世纪 90 年代德国实现重新统一，外部安全威胁下降，盟友限制减少，但统一后的德国并未回归现实主义者所预测的"强权政治"道路，即使联邦国防军参与了一系列海外军事行动，但大多以联合国授权或者北约机制为依托，在海外派兵与向冲突地区运送武器的事宜上向来保持"克制谨慎"。因此，冷战结束后，国际格局发生变化，但德国"外交文化"仍保持稳定，并未发生根本转折，德国只是在变化的国际环境中以及盟友压力增加的情况下对其进行适应性的调整。

德国法兰克福大学教授冈瑟·赫尔曼指出，"外交文化"为"一国政治精英及民众对于国际政治及本国在国际政治中的角色的固定看法，这种社会化的政治与外交价值取向、规范、信念及认知具有世代传承性，该国民众或政治精英对此较少产生质疑，将之视为理所当然"[②]。此外，与"外交文化"理论相关的两个理论为"国家认同"（Nationale Identität）与"社会角色"（Soziale Rolle）理论。"国家认同"理论更多涉及自我形

[①] Reinhard Wesel, "Deutschlands 'außenpolitische Kultur': Zu Entwicklung und Wandel der Haltung der Deutschen zur internationalen Politik," in Gotthard Breit (Hrsg.), *Politische Kultur in Deutschland-Eine Einführung*, Schwalbach: Wochenschau Verlag, 2004, S. 59.

[②] Gunther Hellmann, "Die Bedeutung von politischer Kultur und nationaler Identität für die deutsche Außenpolitik," in *Deutsche Außenpolitik-Eine Einführung*, Wiesbaden: VS Verlag für Sozialwissenschaften, 2006, S. 189.

象评价认知以及该国与世界其他政治行为体的关系认知，这种国家自我形象评价认知具有集体性，为一国社会主流所共享。"社会角色"理论由汉斯·毛尔和塞巴斯蒂安·哈尼施共同提出，其不仅包含本国社会对其外交角色的期待，还包括其他国家行为体对该国外交角色的期待，这种期待导致国家的外交行为偏好，比如德国多年来一直自诩为"文明力量"（Zivilmacht/Civilian Power），强调西方价值观、国际机制与慎用武力等。①此外，毛尔提出，外交领域的"认同"与"角色"概念均建立在"外交文化"基础之上。"外交认同"突出自我认知，由此界定本国社会与他国社会。"外交角色"是本国社会与外部社会对国家外交行为的综合期待的结果。而"外交文化"包含行为体的历史经验、外交认同、外交角色以及政治制度等维度，含义更加广泛。

基于上述有关"外交文化"的概念分析，本书认为："外交文化"是指一国社会上所形成的受其历史经历影响的外交认同、外交价值取向与外交观念，以及国家或超国家机构社会内部对其外交行为模式的期待与要求。由此，"外交文化"概念具有四点特性。

第一，"外交文化"的形成与社会历史背景密切相关。

第二，国家或超国家机构对于外交行为与外交政策的集体认知是社会融合的标志。

第三，国家或超国家机构的"外交文化"具有稳定性，为了适应内部和国际环境的变化可缓慢调整，但这是一个渐进式的社会学习与适应过程，除非经历像二战这样一个国际秩序重启的"零时刻"，否则"外交文化"不会断裂。

---

① 参见 Gunther Hellmann, "Die Bedeutung von politischer Kultur und nationaler Identität für die deutsche Außenpolitik," in *Deutsche Außenpolitik-Eine Einführung*, Wiesbaden: VS Verlag für Sozialwissenschaften, 2006, S. 186 – 192。

第四,"外交文化"是社会成员个体外交价值取向与观点的集合,其观点不一定具有一致性,比如民众和政治家在关于外交政策和外交行为的观念上经常存在分歧。

值得注意的是,"外交文化"概念属于国际关系理论中的建构主义流派。建构主义认为国际关系是一个"社会世界",而非"物质世界",是对现实主义与自由主义中,政治行为者以理性目的为出发点而采取政治行动,进而实现成本–利益计算最大化观点的补充。但部分学者往往忽视建构主义在强调政治行为体的思想意识结构在其行为方式和目标设定中的重要作用的同时,也是承认物质因素以及"国际结构"变量的。建构主义只是突破了政治行为体基于国家利益进行理性选择的框架,认为政治行为体在特定的社会文化与国际机制框架内会采取适当的政治行为,其行为选择以社会价值、规范与角色为导向,且此行为方式具有稳定性和常规性。[①]

由此,建构主义认为拥有共同价值观与规范的共同体成员之间友好相处,视彼此为"伙伴",即便发生冲突也是在共同价值观与规范的基础上进行协商解决。与之相反,国际社会上不同共同体之间由于其价值观和规范相异而更容易产生敌意与对抗,由此形成霍布斯式的"安全困境"认知。正如温特所说,"英国500件核武器不如朝鲜5件核武器对美国的威胁更大"[②]。其根源在于英美"价值观联盟"促使双方在包括安全领域在内的各领域建立"朋友/伙伴"关系,而朝鲜与伊朗则被视为价值观"另类"的"他者"。

---

① Frank Schimmelfennig, *Internationale Politik-2. Aktualisierte Auflage*, Paderborn: Verlag Ferdinand Schöningh, 2010, S. 160 – 164.

② Alexander Wendt, "Constructing International Politics," *International Security*, Vol. 20, No. 1, 1995, p. 75.

三 从"外交文化"视角分析美欧关系的优势

必须承认的是，二战后的欧共体/欧盟在综合实力上不及美国，欧共体/欧盟大国，如德国，出于战争负罪感，在二战后的 70 多年内一直谨慎对待"权力政治"（Machtpolitik）叙事话语。在美国主导的北约机制的保护下，欧共体/欧盟致力于发展战后经济。冷战后，欧共体/欧盟仍依赖北约的安全保障，但自诩为"规范性力量"，通过国际制度与国际规范影响他国的政治选择，提升欧共体/欧盟的国际地位、经济与社会福祉。

然而，在特朗普执政以后，欧盟与美国的"外交文化"差异日益凸显，无论是在全球治理模式、经贸投资、人权事务上，还是在对待国际多边机制问题上，美欧双方都龃龉不断。欧盟更是在中美博弈中日益落入"两难境地"，极力避免"选边站"。拜登上台后，高调宣称"美国归来"，这被视为美国回归联盟体系的信号。美国重返特朗普政府退出的一些国际组织与协定，强化美国在国际组织中的领导地位，频繁向欧盟伸出橄榄枝，通过塑造"民主同盟"弥合跨大西洋关系裂痕，试图掩盖双方在"外交文化"上的差异。欧盟亦致力于加强与"志同道合"盟友构建多边伙伴关系。

一方面，从"外交文化"视角透视美欧关系具有政策实践意义。近年来，中美欧俄四边互动频繁，综观欧盟对外政策与战略文献不难发现，明晰的身份认同与欧盟价值观是欧盟制定对外政策与战略的根基，欧盟根据欧盟"规范"重塑大国关系与角色认知。欧盟委员会 2020 年发布的《全球变局下的欧美关系新议程》（EU-US：A New Agenda for Global Change）强调在大国互动中维护欧盟价值观与欧盟利益。开篇即提出美欧关系建立在双方共有历史、价值观和利益的基础之上，跨大西洋关系是社会、身份、经济和个人生活中至关重要的因素。①

欧洲具有政策影响力的智库发布多篇有关美欧大国关系的研究报告，如德国政治与科学基金会 2021 年的系列报告《转型中的德国外交政策》（Deutsche Außen-politik im Wandel）以欧盟身份认同、价值规范以及国际规则为核心视角，要求欧盟在国际变局下主动塑造对外关系、提出增强欧盟战略自主的方案与建议。②

另一方面，"外交文化"对于剖析欧洲"后民族国家"视角的对外政策具有理论优势。国内外学术界已经达成共识，即国家利益是影响各个国家对外行为的根本性要素，是国家对外关系的动因。然而，国际关系理论中的三大流派对于国家利益因何而定，始终意见不一。理性主义（现实主义、自由主义）将国家利益视为既定因素，忽略国家互动过程中的非物质因素，如身份认同与规范等。而建构主义则视国家利益的决定变量为身份认同等文化因素。

现实主义代表人物摩根索（Hans Joachim Morgenthau）提出国家利益之争即权力之争。③ 结构现实主义者聚焦国际体系结构演变对于国家行为的影响，对国家身份认同的变化对国家利益和国家行为的影响缺乏系统性分析。现实主义学派在极大程度上简化了非物质因素对国家利益的影响。自由制度主义学派认为国际制度影响国家行为，国家行为体在经济上的相互依赖导致共同利益。④ 比如莫劳夫奇克（Andrew Moravcsik）指出，经济利益是欧洲各国政府领导人的核心追求，欧洲一体化便是其在

① "EU-US: A New Agenda for Global Change," European Commission, December 2, 2020, https://ec.europa.eu/commission/presscorner/detail/en/ip_20_2279.
② 参见德国政治与科学基金会网站，https://www.swp-berlin.org/。
③ Hans J. Morgenthau, "Another 'Great Debate': The National Interest of the US," *American Political Science Review*, Vol. 46, No. 4, 1952, pp. 971–978.
④ Frank Schimmelfennig, *Internationale Politik – 2. Aktualisierte Auflage*, Paderborn: Verlag Ferdinand Schöningh, 2010, S. 66–112.

追求经济利益下的理性选择结果。① 从自由主义角度来看，各国可通过合作机制与国际制度化解矛盾。在国家利益构成的问题上，自由制度主义学派虽然强调了制度的非物质性和观念性，但认为要根据制度提供的物质回报来衡量非物质因素的重要性，仍然认为物质性的权力和利益是国家行为的主要动因。

理性主义框架内的现实主义与自由主义突出国家的理性特征，把国家身份和国家利益视为先验给定的因素，主要将权力政治、物质收益以及合作机制带来的收益作为衡量国家利益的标准，却忽略了国家身份、外交认同与外交角色等观念因素对于国家利益与国家行为的影响。然而，冷战结束后，随着欧盟东扩，欧盟综合实力上升，外部安全威胁下降，欧盟成员国没有回归新现实主义者所预判的"强权力量"，在欧盟外交政策上虽然出现不同声音，但欧盟外交政策并未因国际秩序与实力地位等物质因素的变化而发生断裂，欧洲"后民族国家"的身份认同仍然得到延续。欧盟政治决策者在分析国家利益时并不仅仅依靠"权力政治"因素，更为重视欧洲化的"后民族国家"视角。

因此，以温特（Alexander Wendt）为代表的建构主义学派认为身份认同与共同观念决定国家利益。换言之，"共有规范"与"共有观念"确定国家利益。行为体通过集体意义获得相对稳定的身份、对特定角色的理解和对自我的期望，利益在某种程度上是这些的产物。② 值得注意的是，建构主义学派是承认国际关系的物质属性的，如军事力量属于物质领域，但国家行为体之间因"共同观念"而建构互动规则与相互信任，从而建立安全

---

① 〔美〕安德鲁·莫劳夫奇克：《欧洲的抉择——社会目标和政府权力：从墨西拿到马斯特里赫特》，赵晨、陈志瑞译，社会科学文献出版社，2008，第 8 ~ 9 页。

② 〔美〕伊恩·赫德：《建构主义》，载〔澳〕克里斯蒂安·罗伊－斯米特、〔英〕邓肯·斯尼达尔编《牛津国际关系手册》，方芳、范鹏、詹继续、詹朱宁译，译林出版社，2019，第 330 页。

共同体以克服"安全困境",反之,国家行为体之间则是"对立"或"威慑"的关系。① 此外,温特还提出了国际体系的三种无政府文化,其由不同"角色结构"构建而成。第一,由"对手"角色建构的霍布斯文化,主要特征是国家关系为依赖军事实力与"零和博弈"的对抗形态。第二,由"竞争者"角色建构的洛克文化,其核心内容是竞争,但国家之间相互承认主权,重视绝对收益,军事实力比重较弱,武力受到限制。与霍布斯文化不同,洛克文化视竞争者并非生死攸关的威胁。第三,由"朋友"角色建构的康德文化,国家之间遵循非暴力规则与互助原则,具有集体身份和高度的利益认同。② 在大国互动过程中,欧盟作为"规范性力量"不再以单一视角定位对外关系。比如,《欧中战略展望》中确立欧盟对华的"伙伴、竞争者与制度性对手"三维战略定位,这就是"霍布斯、洛克与康德文化"政治哲学的综合体。

最为重要的是,建构主义学派不仅强调身份政治与观念因素在国家利益形成中的作用,也承认理性主义中的国际体系结构与权力政治。其主张国家行为体的身份由共有文化、观念与知识建构而成,国家身份决定国家利益,并最终影响国家行为。③ 外交文化、外交角色等外交政策分析工具均属于建构主义理论框架,注重分析外交或政治行为背后的政治思想传统。

综上,笔者在建构主义理论框架内,选用"外交文化"概念来分析美欧关系走向。其一,近年来的美欧政治文件均强调"价值观联盟"的重要性,却对美欧价值观的分歧避重就轻。因此,笔者将剖析美欧外交

---

① 〔美〕亚历山大·温特:《国际政治的社会理论》,秦亚青译,上海人民出版社,2000,第 1~24 页。

② 秦亚青:《权力·制度·文化》(第二版),北京大学出版社,2016,第 162~164 页。

③ 秦亚青:《权力·制度·文化》(第二版),北京大学出版社,2016,第 112~142 页。

文化的共性与结构性差异，寻求美欧互动的规律。其二，"外交文化"是"政治文化"概念在外交领域的延伸，它将国家身份与国家利益视为历史性的动态过程，融入了外交认同、政治哲学、历史经验与政治制度等因素，注重国家行为体之间的互动与对彼此的角色认知，具有较强的稳定性，兼顾理性主义中的国际体系结构与权力政治因素。本书结合 2016 年与 2020 年美国大选和 2017～2018 年与 2021～2022 年欧盟大国选举的时间节点，基于美欧外交文化异同，综合国际权力与国际秩序变化等现实主义因素，对比美欧外交行为模式，分析近五年来美欧关系的走向，观察美欧战略协调的态势与限度，研判美欧互动规律。

四　"外交文化"分析视角的局限性

实际上，国际关系的所有理论范式都在关注"权力的来源"。现实主义是界定国际关系中的物质权力的理论，建构主义则强调目标或行为所具有的社会意义。建构主义是"物质主义"的替代方案，而非"理性主义"的对立面。建构主义的研究路径同样可以用于对权力政治、合作与冲突的分析，也承认理性主义对于国家利益的追求。此外，建构主义与现实主义和自由主义一样关注"权力和利益"，三者的不同之处在于如何确定国家利益的来源和利益的内容。在此，建构主义者认为不同的国家建构可能导致不同的国家类型和国家行为模式，并将国家利益的来源与国家身份和政治文化相关联，但也接受国家普遍追求利益的观点。①

然而，建构主义分析框架具有局限性。首先，现实主义者批评建构主

---

① 〔美〕伊恩·赫德：《建构主义》，载〔澳〕克里斯蒂安·罗伊－斯米特、〔英〕邓肯·斯尼达尔编《牛津国际关系手册》，方芳、范鹏、詹继续、詹朱宁译，译林出版社，2019，第 337～338 页。

义过于偏重观念的作用，无法解释国际政治的实质。他们认为国际体系中的根本问题是国家物质力量的强弱对比，而规范、制度与国家认同等观念因素并不牢固。自由主义者在承认观念因素在国际关系中的重要性的同时，批评建构主义者将观念和物质对立，认为关于是物质还是观念决定国家利益的争论是没有明确答案的，真正有意义的是研究观念将起到什么样的作用，以及通过什么样的因果机制起到作用。还有学者认为，既然国家是社会建构的，那么国内政治和社会进程就是国家主体性和身份构成的第一要素，如果把国内因素略去不谈，就忽略了对身份认同的深入分析，最终建构主义分析路径仍将回归到理性主义的理论框架内。①

国际政治心理学专家罗伯特·杰维斯（Robert Jervis）承认在国际政治中，决策者对客观世界的看法和对他人的认知存在大量的错误知觉。由于受国际环境、国内政治、观念等因素的影响，决策者形成一种安全政策偏好，这会导致误判对方的意图与行为，或者夸大对对方的安全威胁认知，或者淡化安全风险。②

结合建构主义分析框架的优势与缺陷，一方面，笔者认为仅从成本－利益计算的理性主义视角，比如霸权国与崛起国之间的竞争，以及在国际机制内追求绝对利益，难以全面解释特朗普时期的美欧关系陷入低谷的现象。为此，本书提供另外一种解释方法，试图从"建构主义"框架内的"外交文化"视角，观察美欧互动的历史性规律。

另一方面，即使"建构主义"承认"理性主义"因素，但过于注重观念变量，仍有可能落入矫枉过正的陷阱。比如学者在探讨欧洲"后民族国家"身份认同塑造欧盟利益与外交政策偏好时，往往对于国际权力

---

① 秦亚青：《权力·制度·文化》（第二版），北京大学出版社，2016，第136~142页。
② 〔美〕罗伯特·杰维斯：《国际政治中的知觉与错误知觉》，秦亚青译，世界知识出版社，2003。

对比变化的分析不足，这就可能导致出现结论偏差。

本书选取的"外交文化"概念延承了"建构主义"的分析路径，虽然其承认外部客观条件对主体决策与行为的影响，但过于强调规范、认同等观念因素，致使国内外学者往往认为"外交文化"并不是理性目标，而是价值观理想。笔者认为，在国际权力对比变化加剧的背景下，外交政策显然不能仅由单个因素决定，而是多种要素合力的结果。

因此，本书从"外交文化"角度观察美欧关系，从美欧历史经验、外交认同、外交角色以及政治制度等维度，充分解释从特朗普到拜登时期跨大西洋关系的裂痕与韧性，利用"外交文化"解释各自行为体如何设定国家利益和目标，为何如此设定，为何选择或拒绝了其他外交政策选项或外交行为。与此同时，本书也结合现实主义的"权力政治"与自由主义的"经贸相互依赖"等理性主义分析逻辑，全面观察美欧互动。上述综合性分析方法对于理解美欧关系调整中的关键变量、美欧外交目标与外交手段的异同，以及对于我国在百年变局中掌握美欧互动的规律具有重要理论与实践意义。

第二章

美国外交文化及其外交行为模式

一 美国外交思想传统

美国外交政策的制定始终贯穿于各大政治思潮之中。孤立主义、新保守主义、现实主义以及自由国际主义等思想处于此消彼长的博弈之中。值得注意的是，长久以来，美国政府在制定外交政策时并非仅仅遵从某一思想教条而完全排除其他政治思想因素，在其外交政策实践中往往是某一种思想发挥主导作用，却或多或少地融合其他政治思想。① 而且各种外交思想也在历史发展中不断反思与相互借鉴。

美国三权分立的政治体制制约了美国政府的外交决策权。来自国会的反对能够限制总统的外交行动。此外，一个总统在不同任期内的执政风格也会发生改变。比如，小布什在第一任期内以新保守主义为主，由于在伊

---

① 〔法〕夏尔－菲利普·戴维、〔法〕路易·巴尔塔扎、〔法〕于斯丹·瓦伊斯：《美国对外政策——基础、主体与形成》（第二版修订增补本），钟震宇译，社会科学文献出版社，2011，第77~78页。

拉克战争中的单边主义倾向严重损害美国的国际声望和与盟友的关系，小布什不得不在第二任期内改变其新保守主义路线，更多的现实主义者进入了政府机构。① 此外，美国还致力于修复与欧洲盟友的关系，降低"先发制人"的调门，在对待所谓的"邪恶国家"如伊朗和朝鲜方面也不再是言必谈政权更迭，更倾向使用遏制和多国协商的方式处理国际问题。

美国外交文化与其传统政治思想息息相关。二战后，美国外交政策徘徊于主张"均势"与实力政策的现实主义以及注重国际机制与多边主义的自由国际主义两大思想阵营之间。米德在其《特殊天意：美国外交政策及其如何影响了世界》一书中将美国政治思想之争追溯到美国立国以来各位先驱之间的观点之争。② 孤立主义、新保守主义、现实主义及自由国际主义这四种思想流派成为决定美国外交政策的根本因素，也是美欧对于世界秩序具有不同认知的重要原因。

美国独立战争后，当选为第三任总统的杰斐逊与华盛顿政府首任财长汉密尔顿之争凸显了美国建国之初就形成的外交理念分歧，且争论一直延续至今。1791 年的银行法案催生了美国最早的两大政党，即以杰斐逊为代表的共和党和以汉密尔顿为代表的联邦党。但从历史角度来看，他们之间的争斗与其说是党阀之争，不如说是围绕如何定位美国未来之争。二者虽然都认为美国应该成为民主的资本主义国家，但杰斐逊主张小政府、重农主义、自由市场经济、个人自由以及独善其身。杰斐逊认为，美国地广人稀的国土资源条件使美国可以避免欧洲式的阶级对立，要求"不缔结纠缠不清的联盟"。第五任总统门罗在 1823 年的国情咨文中主张美国不干涉欧洲列强的内部事务，也不容许欧洲列强干预美洲事

---

① Paul R. Viotti, *American Foreign Policy*, Cambridge: Polity Press, 2010, pp. ⅹⅳ – ⅹⅴ.

② Walter Russell Mead, *Special Providence: American Foreign Policy and How It Changed the World*, London: Routledge, 2002.

务。该国情咨文就是著名的"门罗宣言"。杰斐逊与门罗对于美国外交政策中的"孤立主义"影响深远,主张减少对外干预以避免美国民主受到侵蚀,保持美国自身的民主制度。

汉密尔顿是美国经济政策的主要构思者,主张联邦政府接管各州债务、建立国家银行、实行保护关税制度以及重建与英国的友好贸易关系。他的愿景包括建立强大的中央政府、发展商业经济、建立支持制造业的国家银行以及强大的军队等。汉密尔顿注重市场开放,主张通过建立贸易帝国实现美国实力最大化,并且以此达到维护国家利益以及实现国家繁荣的目的,其主张具有现实主义的色彩。美国第七任总统杰克逊在西进运动时期崇尚武力扩张、主张兼并得克萨斯、制定印第安人迁移法案,这成为美国注重军事实力与尚武的思想基础。[①] 而一战前当选为美国总统的威尔逊则是提倡建立国际联盟的"理想主义"代表人物,致力于通过国际秩序与国际机制在全球推广美国民主模式。在一战的最后阶段,威尔逊亲自主导对德协议,提出十四点和平原则,阐述他所认为的能够避免世界再遭战火的新世界秩序。

从美国建国之初到第二次世界大战之前,其外交政策凸显"孤立主义"传统。"美国堡垒"式思想为了防范所谓的"外部世界之恶"对美国价值观和利益的侵害,认为美国不应承担过多的国际责任,这不仅会大大消耗美国实力,也无法为美国带来实际利益。孤立主义主张美国只有避免"外部世界之恶"才能维护自身民主制度。约翰·温斯罗普(John Winthrop)带领一批清教徒前往美洲大陆时,曾以"山巅之城"的布道词宣称其作为"上帝选民"具有"特殊使命"。正是由于"美国例外论"的渊源以及鉴于美国建国之初较弱的实力,孤立主义便在美国外

---

① Walter Russell Mead, *Special Providence: American Foreign Policy and How It Changed the World*, London: Routledge, 2002, pp. 99 – 112, 183 – 186, 231 – 263.

交政策中扎根生长。孤立主义不仅强调美国与欧洲在地理上的分离，也强调应避免所谓的自由进步的美国生活方式与政治体制受到欧洲战争的"邪恶影响"。[①] 19世纪末的美西战争开启了美国帝国主义的扩张，同时也是美国摆脱孤立主义的一次尝试。20世纪，美国参与两次世界大战、冷战时期的美苏对抗以及冷战后的全球化进程令美国无法再独善其身。尽管如此，"孤立主义"在美国政治中仍具有一定影响力，美国国会中时常出现反对增加美国对国际组织的贡献以及抵制国际法凌驾于美国宪法之上的声音，这些声音在美国民众中有较多支持者。2017年，特朗普上台后，宣称"美国优先"，这也是美国外交回归孤立主义的征兆。

自由国际主义主张美国应保持自身实力足够强大，并向其他国家输出自由理念，以保证美国自身制度的稳定。[②] 一战后，美国主张建立国际联盟以促进国际关系的文明化与法治化，减少国家之间的军事对抗。该倡议在美国国会的反对下并未被付诸实践，但二战后的自由国际主义者在美国外交中击败了孤立主义者。他们认为不仅在美国国内，也应当在世界范围内推广美国民主、人权、社会经济模式以及自由思想。为此，美国在具有全球领导者身份的同时，应该为建设基于规则和多边主义的国际秩序而努力，单纯依靠军事实力并不能满足美国国家利益的需要。[③] 自由国际主义者在美国外交实践中偏好通过"和平参与"与"遏制政策"处理美国与"对手国家"的关系；尽管如此，但当政治手段无法达到预期效果时，则实施"武力干预"。克林顿作为信奉自由国际主义的美国总

① Gebhard Schweiger, "Außenpolitik," in Peter Lösche, Hans Dietrich von Löffelholz (Hrsg.), *Länderbericht USA*, Bonn: Bundeszentrale für politische Bildung, 2008, S. 410 – 507.

② Daniel Deudney, Jeffrey Meiser, "American Exceptionalism," in Michael Cox, Doug Stokes, eds., *US Foreign Policy*, Oxford: Oxford University Press, 2008, p. 35.

③ 〔法〕夏尔－菲利普·戴维、〔法〕路易·巴尔塔扎、〔法〕于斯丹·瓦伊斯：《美国对外政策（第二版修订增补本）——基础、主体与形成》，社会科学文献出版社，钟震宇译，2011，第73~76页。

统，致力于推进国际多边合作，签署《北美自由贸易协定》，认为国际协议可服务于美国利益。与此同时，在维护美国主导的国际秩序、反对种族屠杀和破坏人权的理想主义外衣下，克林顿在执政期间主导进行了多次以"人道主义"之名发起的对外战争，[①] 如北约发动的科索沃战争，其实际上并未获得联合国安理会授权。

虽然清教徒和其他欧洲移民 17 世纪离开欧洲去往美洲，建立"山巅之城"的目的便是摆脱始终陷于"安全困境"的欧洲大陆，但是美国的对外政策始终无法脱离现实主义逻辑。自西奥多·罗斯福开始，现实主义便在美国外交政策中站稳脚跟，他的代表性观点即"和颜悦色，但要手中挥舞大棒"，从中可以看到门罗主义的扩张身影，但罗斯福不反对"和平参与"，他多次强调通过国际合作协调解决国家之间的争端。基辛格博士更是现实主义的代表人物，强调国际政治中的均势政策、权力政治及以国家实力保证国家安全。他并不提倡权力最大化，为了避免其他国家对美国的不满，认为美国应审慎地使用权力，适当地减少全球干预和介入。[②] 对现实主义者而言，"遏制政策"要优于"和平参与"，他们质疑缺乏实力基础与军事威慑力的外交手段的有效性，认为在必要时应通过"武力干预"对付"对手国家"。为维护美国的国家利益，尼克松在冷战时期打开与中国交往的大门，建立起中美俄大三角均势。而里根的对苏战略则是"遏制政策"与"和平参与"双管齐下。[③] 美国现实主义政治精英偏向使用"遏制政策"。在预期收益明确的情况下也会综合应用"和平参与"手段；而在"遏制政策"未达预期的情况下，则会转向军事

① Christian Rowley, Jutta Weldes, "Identities and US Foreign Policy," in Michael Cox, Doug Stokes, eds., *US Foreign Policy*, Oxford：Oxford University Press, 2008, p. 201.

② Henry A. Kissinger, *Diplomacy*, New York：Simon & Schuster, 1995, pp. 29 - 55.

③ Paul R. Viotti, *American Foreign Policy*, Cambridge：Polity Press, 2010, pp. 25 - 26.

干预，但最终还会回归"遏制"。因此，现实主义的外交手段灵活多变，维护美国国家利益以及维持均势状态是其最终目的。

二战后，自由国际主义和现实主义在美国外交实践中发挥重要作用，但 2001 年小布什政府上台后，逐步偏离美国外交主流传统，其内阁成员如副总统切尼、总统国家安全事务助理赖斯、国防部长拉姆斯菲尔德大多信奉新保守主义，即坚信美国单极强权的事实，在必要情况下，美国可使用武力与单边手段在世界范围内推广其价值观，在可能的情况下，才会实行多边主义。罗伯特·卡根在其著作中写道，"美国仍然深陷历史沼泽，在无政府状态下的霍布斯世界中行使着权力，国际法律和国际规则在这个世界里是不可靠的，真正的安全防卫以及自由秩序的推进仍然依靠武力"[1]。此外，卡根将伊拉克战争中的美欧分歧归咎于欧洲与美国之间在权力认知以及意识形态方面的巨大差异，强者在无政府状态下的世界秩序中靠武力与实力立于不败之地，而弱者只能通过国际法和多边谈判进行危机调解，并且试图限制和控制美国超级霸权的行为。[2] 实际上，新保守主义是爱国主义、现实主义以及自由国际主义的混合体。它继承了现实主义对于权力和国家利益的重视，又吸收了向世界推广美式价值观的自由主义理念。但是，新保守主义者极度不信任"和平参与"，"武力干预"是其实现外交预期的必要手段。小布什政府在无联合国授权的情况下发动伊拉克战争，推翻萨达姆政权，不仅致力于在中东建立美国代理人政权，也期待保证美国在中东地区的经济利益。[3]

经过上述对美国外交政策中四大主要思想的阐释及对其所偏好的外交

---

[1] 〔美〕罗伯特·卡根：《天堂与实力——世界新秩序下的美国与欧洲》，肖蓉、魏红霞译，新华出版社，2004，第 2 ~ 3 页。

[2] 〔美〕罗伯特·卡根：《天堂与实力——世界新秩序下的美国与欧洲》，肖蓉、魏红霞译，新华出版社，2004，第 12 ~ 13、167、175 页。

[3] Paul R. Viotti, *American Foreign Policy*, Cambridge：Polity Press, 2010, pp. 12 – 16.

手段的对比分析，可以清晰地看到：美国的各种外交思想并非迥然而异，它们之间或多或少具有重合点。甚至左派的自由国际主义以及右派的孤立主义亦是殊途同归，通过不同的外交策略维护美国的价值观与政治制度。此外，美国的党派分歧显而易见，但其内部主张具有重叠性。即使是偏好自由国际主义的民主党中间派在维护美国价值观以及财政政策方面也会倾向于采用共和党的现实主义政策。① 最后，各种政治思想流派所偏好的外交手段绝非非此即彼，自由国际主义者也不会彻底排除"武力干预"，而新保守主义者虽然主张"遏制政策"与"武力干预"，但是在可能的情况下，也会应用"和平参与"手段所倡导的多边主义外交策略。

二　美国外交文化特征

随着国际环境、美国实力以及国内政治的改变，美国建国先驱所代表的各种外交思想在历史长河中不断反思、调整与相互借鉴，内涵不断演变，相互之间的边界也愈发模糊。美国建国之初以霍布斯和洛克主义为内核的古典自由主义，为后世不同政治流派所继承，却也不断演变。小布什时期的新保守主义甚至对"保守主义"进行了不伦不类的修正，发展成为"大政府 - 保守主义"，成为"道德帝国主义"和"精英主义"以及"大政府主义"的混合体。而特朗普政府更是糅合了"民粹主义"和"民族主义"以及游离于建制派外的"另类保守主义"。在日趋复杂的国际环境与美国两极分化的政治生态下，美国外交思想陷入边界模糊的发展困境。对于白宫的执政风格，人们愈发难以用一种外交思想加以概

---

① 〔法〕夏尔 - 菲利普·戴维、〔法〕路易·巴尔塔扎、〔法〕于斯丹·瓦伊斯：《美国对外政策——基础、主体与形成》（第二版修订增补本），钟震宇译，社会科学文献出版社，2011，第 77 页。

括。为此，探寻自美国建国之初延续至今的外交思想底层逻辑至关重要，其根源就是美国外交文化。

新教文化与美国独立战争的历史经验在美国外交文化的形成过程中留下了深刻的印记。17 世纪初第一批清教徒从英格兰前往美洲，他们希望创建不同于欧洲国家的"第一个新国家"。这种集体意识中包含着两个基本信念，即将自身视为"上帝选民"，创造"上帝之城"与独特政体——宪政民主制。① 正是这两个信念塑造了"美国例外论"。长久以来，"美国例外论"不仅深藏于国民性格之中，受其影响而形成的传教士般的"道义使命"也成为美国外交文化之根源。

外交文化强调一个固定的社会集体对自身社会、政治、历史及其在国际政治体系中的角色的认知、喜好与评价。外交文化影响一国的外交行为模式，虽然无法直接决定一个国家的外交政策，却也限定了其外交行动空间与选择范围。此外，外交文化也界定了"我者"与"他者"。美国外交文化与"美国例外论"的历史密不可分。首先，"美国例外论"的核心便是自由主义思想，个人自由一直居于不可替代的地位，构成了美国外交文化的核心。② 其次，正是这种"例外"的美国信念以及"特殊"的宪政机制构成了美国国民性格中强烈的国家认同与爱国主义。美国倾向于将自身民主模式视为其他国家之榜样，其对外政策实践中的传教士心理甚至经常成为美国发动战争的理由。③ 再次，基于"例外"的文化认

① Dieter Fuchs, Hans-Dieter Klingemann, "American Exceptionalism or Western Civilization?" in Jeffrey Anderson, G. John Ikenberry, Thomas Risse, eds., *The End of the West?: Crisis and Change in the Atlantic Order*, London: Cornell University Press, 2008, pp. 247 – 262.

② Hans Vorländer, "Politische Kultur," in Peter Lösche, Hans Dietrich von Löffelholz (Hrsg.), *Länderbericht USA*, Bonn: Bundeszentrale für politische Bildung, 2008, S. 288 – 318.

③ Dieter Fuchs, Hans-Dieter Klingemann, "American Exceptionalism or Western Civilization?" in Jeffrey Anderson, G. John Ikenberry, Thomas Risse, eds., *The End of the West?: Crisis and Change in the Atlantic Order*, London: Cornell University Press, 2008, p. 262.

同，美国在对外政策中倾向于对"他者"实施遏制或者对抗政策。新保守主义者正是以"美国例外"之由进行简单的"善""恶"二元区分，通过使用武力或军事威胁试图颠覆所谓的"邪恶国家"。最后，"美国例外论"与美国政治思想息息相关，自由国际主义者对向世界传播美国价值理念的倡导正是源于美国的特殊使命感。而现实主义者虽然在一定程度上否定"美国例外论"中自视为"清白无罪、乐善好施和例外"的信念，但就连美国现实主义代表人物西奥多·罗斯福也会利用价值观与"道德讨伐"参与到大国政治斗争中去。① 笔者认为，18 世纪美国建国之初形成的"美国例外论"作为美国外交文化之源以及价值体系之核心，200多年来在美国对外政策实践之中一直延续，其可以用来阐释跨大西洋关系中出现的种种分歧。

（一）美国外交文化之源："美国例外论"

解读美国外交文化的人都会追溯至"美国例外论"的影响。无论是主张孤立主义的美国国父华盛顿在其《告别词》中告诫美国应避免陷入国际政治泥沼，还是 1898 年美国实行扩张主义政策，抑或是 20 世纪美国彻底置身于国际政治之中，都与"美国例外论"息息相关。②

"美国例外论"传承自早年的清教徒，他们认为美国的发展历程注定与传统国家不同。③ 1630 年，温斯罗普在著名的布道词《基督徒慈善的典范》（A Model of Christian Charity）中首次提到"山巅之城"。他认为其作为

---

① Stephen G. Walker, Mark Schafer, "Theodore Roosevelt and Woodrow Wilson as Cultural Icons of U. S. Foreign Policy," *Political Psychology*, Vol. 28, No. 6, 2007, pp. 747 – 776.

② 〔法〕夏尔 – 菲利普·戴维、〔法〕路易·巴尔塔扎、〔法〕于斯丹·瓦伊斯：《美国对外政策——基础、主体与形成》（第二版修订增补本），钟震宇译，社会科学文献出版社，2011，第 34 ~ 39、51 页。

③ Ben J. Wattenberg, *The First Universal Nation: Leading Indicators and Ideas about the Surge of America in the 1990's*, New York：Free Press, 1991, p. 418.

"上帝选民"与上帝订立了契约，立志要在美洲大陆创建"山巅之城"。这种作为"上帝选民"的特殊使命感与作为"上帝代言人"的优越感构成美国国家认同的基础，甚至美国人的日常生活中也充斥着宗教信仰。① 奥沙利文（John L. O'Sullivan）于 1845 年提出"天定命运"（Manifest Destiny）之说："为让逐年大幅增长的人口获得自由发展空间而施行扩张是我们的天定命运。"② 他还宣称，上帝赋予美国在北美大陆传播民主共和制的使命。"天定命运"观为当时美国吞并得克萨斯和俄勒冈提供了战争宣传依据。

"美国例外论"的根源一方面来自新教文化，另一方面来自美国宪政文化。托克维尔在《论美国的民主》中详细阐述了美国的特殊性，认为新教所造就的"特殊使命"信念对美国政治生活产生了深刻影响，同时他还对美国强烈的爱国主义以及与欧洲大陆截然不同的宪政体制进行了阐释。③ 美国宪法虽然规定"政教分离"，但重点强调政治不得干涉宗教，保护宗教自由，却没有限制宗教对于政治的影响力。④ 新教教义对于美国外交政策一直有着深刻的影响力。

此外，洛克的自由主义思想也是"美国例外论"的核心要素。美国政治精英将 18 世纪来自欧洲的"启蒙思想"与"自由共和"（Liberal Republic）思想付诸实践。这种"自由共和"思想是价值理念、政治体制与政治实践的混合体。⑤ 个人自由、公民权利、宪政文化、民主选举、私有

---

① Hans Vorländer, "Politische Kultur," in Peter Lösche, Hans Dietrich von Löffelholz (Hrsg.), *Länderbericht USA*, Bonn: Bundeszentrale für politische Bildung, 2008, S. 201.

② 参见 Thomas R. Hietala, *Manifest Design: American Exceptionalism and Empire*, New York: Cornell University Press, 2003, p. 255。

③ Alexis de Tocqueville, "Über die Demokratie in Amerika," 2. Teil, *Werke und Briefe*, Band 2, Stuttgart: Deutsche Verlags-Anstalt, 1959, S. 18.

④ 邢悦:《文化如何影响对外政策——以美国为个案的研究》，北京大学出版社，2011，第 149~152 页。

⑤ Daniel Deudney, Jeffrey Meiser, "American Exceptionalism," in Michael Cox, Doug Stokes, eds., *US Foreign Policy*, Oxford: Oxford University Press, 2008, pp. 25–29.

财产权、自由市场经济、自由贸易、联邦主义以及宗教自由等内容贯穿美国政治社会，构成"美国例外论"的要素，并与新教的"天定命运"观相结合，影响着美国的外交文化。① 为此，美国在其外交实践中不断传播"自由"思想。随着美国实力增强，信奉新教"天定命运"观的美国人希望将其引以为荣的民主、自由价值观与政治体制向世界传播，令他国服从于美国主导的国际秩序与价值体系。小布什在 2003 年的国情咨文中就曾提到："我们所崇尚的自由不是美国给予世界的礼物，而是上帝给予人类的礼物。"②

"美国例外论"是一个庞大的思想架构，但其核心内容具有矛盾性。虽然"美国例外论"具有自由主义内核，但 19 世纪美国流行的盎格鲁 - 撒克逊民族优越感与"天定命运"观融合，使美国对印第安人以及墨西哥人进行了野蛮镇压与驱逐，美国白人对黑人的种族歧视延续至今。托克维尔曾提到，除白人外的其他民族并不享有这种所谓的"天定命运"。此外，"美国例外论"中的自由主义理想反对中央集权。美国在建国之初确立了三权分立的政治体制，对于"大政府"有着天生的恐惧感，以至于美国往往质疑国际法和国际机制是否能够促使国际关系文明化，担忧有朝一日将形成国际专政，破坏美国的自由民主社会。③

"美国例外论"的内容复杂性与矛盾性导致不同政治思想流派提供了不同的阐释版本。帝国主义外交政策借"美国例外论"为其世界霸权野心服务；自由国际主义者推崇"美国例外论"中的自由主义理想，认为

---

① 刘永涛：《文化与外交：战后美国对外文化战略透视》，《复旦学报》2001 年第 3 期，第 62 ~ 67 页。

② "Text of President Bush's 2003 State of the Union Address," *The Washington Post*, http://www.washingtonpost.com/wp-srv/onpolitics/transcripts/bushtext _ 012803.html，最后访问日期：2014 年 8 月 4 日。

③ Daniel Deudney, Jeffrey Meiser, "American Exceptionalism," in Michael Cox, Doug Stokes, eds. , *US Foreign Policy*, Oxford：Oxford University Press, 2008, pp. 29 - 32.

通过国际机制可以协调无政府状态下的国际关系，但也拥有传教士般的信念，不遗余力地在世界范围内传播美国民主模式，认为在必要时可以借助武力达成目标。而与自由国际主义者几乎对立的孤立主义者也受到"美国例外论"的影响，只是其战略手段与自由国际主义者不同，主张美国尽可能地少参与国际事务以保持自身的"纯洁性"。现实主义者较为质疑"美国例外论"，他们认为追求国家安全、实力以及国家利益是美国在国际政治中立于不败之地的关键因素。但现实主义者在追求国家安全与权力时往往借用"美国例外论"中的自由主义理想。[①] 杜鲁门总统作为现实主义的代表者，在1947年的国会演讲中说道："美国对外政策的首要目标就是创造条件使我们可以与其他国家一道建立不受任何约束的生活方式。"这明显受到"美国例外论"所倡导的塑造世界民主理想的影响。新保守主义者利用"美国例外论"达到其追求美国国家利益的目的。他们倾向于使用军事手段，毫无顾忌地渲染"民主与威权"对立的政治叙事，进行"善"与"恶"的二元区分，通过"先发制人"的手段展现美国实力，遏制所谓的"邪恶国家"。"自由"是小布什在其政治演讲中使用频率最高的词语之一，"美国例外论"成为其忽视国际机制与国际法，进行单边主义军事干预的通行证。伊拉克战争甚至被小布什称为"美国领导的维护并且扩大自由福祉的斗争"[②]。

美国传教士般的"天定命运"信念、宪政文化与自由主义理想塑造了"美国例外论"，构成美国外交文化的渊源，这也是美欧分歧的重要原

---

① 〔法〕夏尔－菲利普·戴维、〔法〕路易·巴尔塔扎、〔法〕于斯丹·瓦伊斯：《美国对外政策——基础、主体与形成》（第二版修订增补本），钟震宇译，社会科学文献出版社，2011，第64～66页。

② George W. Bush, "Remarks at South Dakota Welcome," The White House, October 31, 2002, http://georgewbush-whitehouse. archives. gov/news/releases/2002/10/20021031 - 1. html, 最后访问日期：2014年8月5日。

因。比如特朗普政府提出的"美国优先"就源于"美国例外论",其以此为依据退出国际组织,忽视多边合作,导致美欧政治互信瓦解。利普塞特(Seymour Martin Lipset)在其著作中早已指出美欧价值体系是建立在不同的文化传统和历史经验之上的。尽管美欧对民主和人权具有颇为相似的认知,但是美欧不同的政治文化导致双方对于国际事件与国际机制的态度不同。二战和冷战时期,由于纳粹德国的安全威胁和苏联的军事威慑,低位政治让位于高位政治,美欧分歧被刻意掩盖。但冷战后随着苏联解体,跨大西洋联盟面临的安全威胁降低,美欧的价值观分歧日渐显露。欧洲希望改变"美主欧从"的模式,其加强战略自主的呼声愈发强烈。[①]

(二) 美国外交文化中的国家认同:美国主义

美国的民族构成具有多元性,早期来自欧洲大陆的移民以及之后的拉美和亚裔移民各自具有不同的历史文化背景,将其凝聚在一起的并非民族血统,而是"美国主义"国家认同。美国早期移民出于对欧洲旧体制的失望而来到美洲大陆,开始一场新的"政治实验"。[②]清教徒深信上帝赋予其特殊使命,致力于建立有别于"欧洲"的政治体制,塑造"美国主义"。"美国主义"涵盖了社会与政治含义:它既是美国国民性格与生活方式的概述,也是一种政治理想,塑造了美国的国家认同。在政治意义上,"美国主义"强调个人尊严、个人努力、自由权利、民主自治、限制政府权力、机会平等、爱国主义以及创新思想等。[③]

---

① Dieter Fuchs, Hans-Dieter Klingemann, "American Exceptionalism or Western Civilization?" in Jeffrey Anderson, G. John Ikenberry, Thomas Risse, eds., *The End of the West?: Crisis and Change in the Atlantic Order*, London: Cornell University Press, 2008, pp. 247 – 248.

② Hans Vorländer, "Politische Kultur," in Peter Lösche, Hans Dietrich von Löffelholz (Hrsg.), *Länderbericht USA*, Bonn: Bundeszentrale für politische Bildung, 2008, S. 200 – 204.

③ 邢悦:《文化如何影响对外政策——以美国为个案的研究》,北京大学出版社,2011,第149 ~ 173 页。

1997 年克林顿的就职演讲具有强烈的美国主义色彩。克林顿多次提到机会平等、自由、人权，使用形容词"新"的次数达到 28 次，如"新世纪""新国家""新未来"等。① "创新"意识成为美国国家认同不可分割的一部分，这与清教徒告别欧洲，在北美大陆进行"政治实验"的历史经验息息相关。

"美国主义"在独立战争后构成美国爱国主义的根基。根据罗杰斯·史密斯（Rogers M. Smith）的调查数据，美国国家认同的四大特征为强调权利平等与个人努力的自由主义传统（支持率为 76%）、民主政治体系（支持率为 75%）、爱国主义传统（支持率为 52%）以及信仰上帝的宗教认同（支持率为 40%）。② 根据《民意研究国际期刊》，美国人的国家自豪感与欧洲国家人民相比遥遥领先，并且在"9·11"事件后呈上升趋势（如表 2-1 所示）。

表 2-1　1995~1996 年与 2003~2004 年部分国家和地区人民的国家自豪感排名

单位：分

国家（地区）	1995~1996 年排名	2003~2004 年排名	分数变化
奥地利	1	3	-0.14
美国	2	1	0.50
澳大利亚	3	2	0.47
匈牙利	4	5	0.34
加拿大	5	4	0.47
菲律宾	6	6	0.20
新西兰	7	7	0.16
日本	8	10	-0.49

---

① William. J. Clinton, "Inaugural Address," The American Presidency Project, January 20, 1997, http://www. presidency. ucsb. edu/ws/? pid =54183，最后访问日期：2014 年 8 月 7 日。

② Rogers M. Smith, "The 'American Creed' and American Identity: The Limits of Liberal Citizenship in the United States," *Western Political Quarterly*, Vol. 41, No. 2, 1988, pp. 225–251.

续表

国家（地区）	1995～1996 年排名	2003～2004 年排名	分数变化
爱尔兰	9	12	-0.97
西班牙	10	8	0.52
斯洛文尼亚	11	9	0.12
挪威	12	16	-0.88
波兰	13	13	-0.49
英国	14	14	-0.23
俄罗斯	15	11	0.39
瑞典	16	20	-0.42
捷克	17	15	0.75
拉脱维亚	18	21	-0.47
德国西部	19	17	0.88
德国东部	20	19	0.59
斯洛伐克	21	18	0.93

资料来源：Tom W. Smith, Seokho Kim, "National Pride in Comparative Perspective: 1995/96 and 2003/04," *International Journal of Public Opinion Research*, Vol. 18, No. 1, 2006, p. 130。

美国外交文化中的"美国例外论"融合了"美国主义"国家认同。在"9·11"事件后，小布什新保守主义政府认为在危急时刻"团结在总统周围"的美国信念，应当发展成为世界在反恐战争中"团结到美国旗下"（Rally'round the flag effect，聚旗效应）的模式。"要么与我们站在一起，要么与恐怖分子同流合污"[1] 的宣言成为小布什政府的外交行为风格。"美国主义"虽然促进了美国多元社会的融合，但也为美国外交文化注入了武力基因。[2]

[1] Michael Hirsh, "Bush and the World," *Foreign Affairs*, Vol. 81, No. 5, 2002, http://www.foreignaffairs. com/articles/58244/michael-hirsh/bush-and-the-world, 最后访问日期：2014 年 8 月 7 日。

[2] 〔法〕夏尔-菲利普·戴维、〔法〕路易·巴尔塔扎、〔法〕于斯丹·瓦伊斯：《美国对外政策——基础、主体与形成》（第二版修订增补本），钟震宇译，社会科学文献出版社，2011，第 39～43 页。

（三）美国外交文化中的二分法："我者"与"他者"

18世纪初北美殖民地"大觉醒"运动使新教思想广为流传，其成为美国国家认同的重要基础。新教作为美国的"公民宗教"，其重要性不仅体现在美国社会中极高的宗教信仰率上，在美国外交文化中也随处可见新教文化的烙印。受新教观念的影响，美国外交文化中的所谓"道义追求"无处不在，美国人自认为是"上帝选民"，认定上帝赋予美国神圣使命，坚信上帝为"善"之代表，而魔鬼为"恶"之化身，二者之间存在永恒斗争，这也决定了美国在对外政策中习惯以"善"与"恶"的二元思维对待其他所谓的"非民主国家"。"二元对立"的思维模式在美国外交文化中留下深刻烙印，导致其外交叙事往往具有进行敌我、黑白、是非、胜败之分的特性。

国家行为体对于"我者"与"他者"的判断基于自身政治文化特征。亨廷顿在《文明的冲突与世界秩序的重建》一书中写道："具有类似文化和体制的国家会看到它们之间的共同利益。民主国家同其他民主国家有共同性，因此不会彼此发动战争。"[1] 这种观点来源于康德的"民主和平论"，强调同质或者具有相似文化渊源的国家具备形成"天然盟友"的条件，而异质或者文化相悖的国家之间易产生偏见与冲突，甚至诉诸武力。美国立国以来，根据自身政治文化与新教价值观对"他者"进行界定，将完全不符合美国宪政民主政治、自由市场经济模式，并且不愿意接受美国"改造"的国家视为"他者"，并往往对"他者"冠以"恶"名。

然而，在不同历史时期，根据美国的国家实力与国际地位，美国对外政策中对待"他者"的手段有很大的差异。美国建国初期实力较弱，

---

① 〔美〕塞缪尔·亨廷顿：《文明的冲突与世界秩序的重建》，周琪等译，新华出版社，2010，第15页。

为了防止自己先进的民主制度受到"恶"势力的影响，美国尽量避免卷入外部争斗，通过实行孤立主义政策与"他者"划清界限。当美国实力增强后，便开始与"他者"进行缠斗。"遏制政策"、"和平参与"以及"武力干预"一直是美国重要的外交手段，根据不同时期的国际实力对比、国际环境与白宫执政者而变化使用。美国从冷战时期对苏联的"遏制政策"到冷战后特别是"9·11"事件后对所谓的"邪恶轴心"国家进行的"先发制人"的军事打击，① 均是对待"他者"的外交手段。

新保守主义者对待"他者"的外交手段融合了"基督教宗教观、道义使命感与武力手段"，以武力对待所谓的"邪恶他者"被视为理所当然。其认为依据所谓的"天定命运"观，美国可以突破国际法或国际组织的制约，美国所持"道义"与国家利益高于一切。这也是美国小布什政府通过"单边主义行动"，不经联合国授权发动伊拉克战争的重要原因。"9·11"事件后，小布什在西点军校的一次演讲中强调："在正义与残暴之间不存在中立，我们正处在善与恶的冲突之中……在同邪恶的政权进行对抗的时候，我们没有制造问题，我们是在解决问题……对于自由的向往不仅适用于非洲、拉丁美洲，也适用于整个伊斯兰世界。伊斯兰国家的人民渴望得到同样的自由与机会。"② 这种非黑即白的"二元对立"思维所导致的"己所欲，必施于人"的"道义使命感"，对小布什政府的外交行为产生了深刻的影响。③

---

① 〔美〕塞缪尔·亨廷顿：《文明的冲突与世界秩序的重建》，周琪等译，新华出版社，2010，第 239~240、248~252 页。

② "President Bush Delivers Graduation Speech at West Point," The White House, June 1, 2002, http://georgewbush-whitehouse. archives. gov/news/releases/2002/06/20020601 - 3. html，最后访问日期：2014 年 8 月 8 日。

③ 邢悦：《文化如何影响对外政策——以美国为个案的研究》，北京大学出版社，2011，第 149、179、182 页。

三 美国外交行为模式

美国外交政策不会被单一思想教条束缚，美国外交决策者根据国际环境、美国实力与国内政治生态融合各种外交思想，构建务实性外交政策。无论哪种外交思想均源于美国外交文化，它将各种外交思想之间的分歧限制在特定范围之内，并增强其跨界融合的可能性。[①] 外交文化、外交思想与外交手段的关系如图 2 - 1 所示。

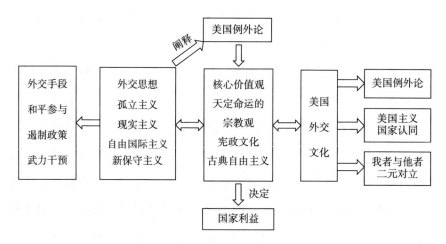

图 2 - 1 美国外交文化、外交思想与外交手段的关系
资料来源：笔者自制。

美国的外交政策与手段受美国外交文化的影响，外交文化是多种政治思想的结晶体，任何独占鳌头的尝试都会逐渐受到其他力量的制约。就如埃姆斯（Fisher Ames）所说，美国总统尽力掌舵，但是国家的船筏对于总统命令的反应慢半拍，并且只能对其部分服从，甚至总统也会因此而惹事

---

① Walter Russell Mead, *Special Providence: American Foreign Policy and How It Changed the World*, London: Routledge, 2002, pp. 310 - 313.

上身。①

　　米德将克林顿时期的美国外交决策形容成一辆两厢轿车。威尔逊派与汉密尔顿派驱动轿车前进，却始终为驾驶权争吵不休，即自由国际主义者与现实主义者虽然都主张参与推动国际贸易、参与国际事务以及促进与国际机构的合作，但是他们所偏好的外交手段有很大的区别。位于轿车后舱的则是杰斐逊派的孤立主义者，由于越战带来的惨痛记忆挥之不去，他们对于美国"世界警察"的角色充满怀疑，②认为美国在索马里、海地以及波黑进行的"人道主义干预"极其危险，并不符合美国的国家利益。③

　　白宫中的自由国际主义者与国会中的民族主义和孤立主义者之间的权力博弈愈发激烈，就连美国行政机构中外交部与国防部的意见也往往相左。1994 年，国会的制约和弹劾压力极大地影响了克林顿总统作为自由国际主义者所倡议的国际合作条约的通过与国际合作机制的建立，克林顿未把《京都议定书》送交国会审议，参议院也没有批准《全面禁止核试验条约》。

　　小布什曾以"杰斐逊的号召"参加总统选举，对《北美自由贸易协定》予以抨击，反对克林顿政府为世界银行和国际货币基金组织提供的大量资金援助。在安全领域，小布什认为美国在海地的"人道主义干预"是不必要的军事行动，宣称胜选后将致力于从科索沃撤军，开展反对自由国际主义的选举造势活动。然而，小布什上台后却实行了与其选举口号大相径庭的外交政策。小布什政府中的新保守主义者居多，国防部长拉姆斯菲尔德以及副总统切尼等人支持单边主义外交，信奉"杰克逊派"

---

① 参见 Walter Russell Mead, *Special Providence: American Foreign Policy and How It Changed the World*, London: Routledge, 2002, p. 309。

② Walter Russell Mead, *Special Providence: American Foreign Policy and How It Changed the World*, London: Routledge, 2002, pp. 304 – 306.

③ Michael Mandelbaum, "Foreign Policy as Social Work," *Foreign Affairs*, Vol. 75, No. 1, 1996, pp. 16 – 32.

的武力扩张，他们认为美国是冷战后唯一的超级大国，应利用军事与经济实力维护霸主地位，他们相信美国的军事力量是传播民主、自由价值观以及实现自由世界的重要保障。其认为美国的单极强权地位的维持无须依赖盟友与国际组织，对国际法更是不屑一顾。"9·11"事件更是为美国新保守主义者创造了外交实践的机会，由于民众在危急时刻"团结在总统周围"的爱国主义情怀，以及对于恐怖主义的威胁认知，2001年美军在阿富汗的军事行动以及2003年美国对伊拉克发动的"先发制人"的战争不仅获得了较多民众的支持，在国会中也获得多数支持，在危急时刻，美国一时出现了"帝国总统"。①

小布什第一任期内的温和派在和新保守主义势力的较量中败下阵来，国务卿鲍威尔作为现实主义者认为美国在国际体系中应该维持权力现状，避免与潜在的敌对国家发生冲突，强调利用多边主义和政治手段解决国际冲突。由于小布什更为支持以拉姆斯菲尔德为首的新保守主义者，鲍威尔受到极大掣肘。即便如此，现实主义者与新保守主义者之间的较量仍然持续，由于小布什的单边主义外交严重损害了美国的国际形象，破坏了联盟信任，并且导致国内民意支持率下降，民主党人于2006年以微弱优势重新成为国会多数派，小布什在其第二任期内不得不收敛单边主义行为，② 外交政策又回归现实主义，以多边主义外交和遏制政策为主。

（一） 美国单边主义外交基因

单边主义是一种国家外交行为方式。国家根据自身的综合实力，在

① 〔法〕夏尔 - 菲利普·戴维、〔法〕路易·巴尔塔扎、〔法〕于斯丹·瓦伊斯：《美国对外政策——基础、主体与形成》（第二版修订增补本），钟震宇译，社会科学文献出版社，2011，第229~231页。

② 〔法〕夏尔 - 菲利普·戴维、〔法〕路易·巴尔塔扎、〔法〕于斯丹·瓦伊斯：《美国对外政策——基础、主体与形成》（第二版修订增补本），钟震宇译，社会科学文献出版社，2011，第228页。

对外事务中奉行国家利益至上，随时准备退出国际多边机制，通过单独行动解决全球或区域问题；但是在能够为己所用的情况下，也不排除与盟国磋商或者在国际机制内进行多边合作的可能性。① 正如赵怀普所说，美国对多边主义不以为然，只有当多边主义比单干能带来更多回报时，美国才会考虑多边主义，否则单边主义是其优先选择。② 美国对于多边合作抱有深深的怀疑，担忧国际集体决策有损于美国的国家利益。单边主义是小布什第一任期内对外政策的主要特征，只有在单边主义行动目标不明确的情况下，其才会考虑在小范围内与"志愿者联盟"进行合作。小布什政府倾向于扮演国际"独行侠"角色，退出克林顿时期推进的《京都议定书》、拒绝参加国际刑事法庭、反对《全面禁止核试验条约》。学者将小布什的执政理念冠以"布什主义"之名，其具有四大特征，即"先发制人"的武力运用、军事领先地位、单边主义以及民主输出。③

1. 单边主义的美国外交文化根源

小布什政府对伊拉克发动的"先发制人"的战争缺乏联合国授权，并引发美欧分歧。以德国和法国为代表的"老欧洲"在联合国安理会投下反对票，德国施罗德政府对美国单边主义外交公开批评，美欧关系降至冰点。伊拉克战争凸显美欧外交文化差异，欧洲对于美国的霸权扩张与单边主义外交行为深感担忧。

实际上，美国单边主义源于其外交文化，非小布什在执政期间独创。杰斐逊派所代表的"孤立主义"与杰克逊派的"尚武传统"是单边主义的

---

① David M. Malone, Yuen Foong Khong, *Unilateralism and U. S. Foreign Policy: International Perspectives*, Boulder: Lynne Rienner Publisher, 2003, pp. 2 – 3.

② 赵怀普：《欧盟政治与外交》，世界知识出版社，2021，第246页。

③ Lukasz Wordliczek, "Continuity or Change? A Doctrinal Facet of the U. S. Foreign Policy," in Andrzej Mania, Pawel Laidler, Lukasz Wordliczek, eds., *U. S. Foreign Policy: Theory, Mechanisms, Practice*, Kraków: Wydawnictwo Uniwersytetu Jagiellońskiego, 2007, p. 57.

根基。孤立主义主张的在国际上置身事外与单边主义所支持的不受约束的
全球参与看似是一对矛盾体，实则是一把"双刃剑"，二者形成一种奇异的
组合，美国时而展现出好战的单边主义行为，时而又表现出愤慨的孤立主
义倾向。① 实际上，它们均源于以"美国例外论"为特征的外交文化。"美
国例外论"主张美国是一个负有上帝使命的国家，在必要情况下可进行海
外军事干预，以维护美国民主制度或向世界传播美国民主模式，国际法与
国际机制往往被其视为负累与制约，其认为赋予国际机构过大的权力，有
损于美国政治体系与国家利益。因此，美国对国际机制与多边主义外交向
来充满了不信任。

出于对霍布斯世界的悲观认知以及对国际法和国际机制的不信任，
杰克逊派倾向于以单边主义行动实现国家目标，维护国家利益。一旦事
情涉及美国的荣誉、尊严以及国家利益，杰克逊派主张毫不犹豫地投入
战斗，信赖军事手段与速战速决的军事打击。此外，杰克逊派对于胜利
有一种偏执的追求，认为胜利的标志为敌军无条件地投降。他们憎恶对
美国武器进行限制，反对在没有取胜时结束战争。② 杰克逊派支持的
"先发制人"战略及其"胜利是唯一原则"的信条成为美国具有武力倾
向的单边主义基础。可以说，小布什政府的"粗鲁的牛仔风格外交"
就是继承了杰克逊派单边主义的遗风。③

单边主义在冷战后的美国外交中拥有突出地位，在事情涉及美国国家
利益时，国际机制与国际法难以有效地制约美国的外交行动。老布什在第

---

① 王联合：《美国单边主义：传统、历史与现实的透视》，《国际观察》2006 年第 5 期，
第 51 页。

② Walter Russell Mead, *Special Providence: American Foreign Policy and How It Changed the
World*, London：Routledge, 2002, p. 256.

③ Walter Russell Mead, *Special Providence: American Foreign Policy and How It Changed the
World*, London：Routledge, 2002, p. 260.

一次海湾战争中先斩后奏，在部署了 50 万军队之后才争取联合国的授权。克林顿政府的外交纲领就是"如果有可能的话，实行多边主义；如果必要的话，实行单边主义"。[①] 特朗普上台后接连退出多个国际组织与国际条约。2021 年，拜登在阿富汗仓促撤军的行动令欧洲盟友无所适从。美国将本国的国家利益置于《联合国宪章》中的国家主权平等原则之上。克林顿时期，即使发动科索沃战争并不符合国际法，但美国人更偏向于为这场战争寻找道德正义的支点，美国社会上对于北约空袭的支持率曾一度高达 62%。[②] "9·11"事件后，美国社会对恐怖主义的威胁认知加深，这使美国对于国际法有效性的怀疑加深，不少美国政界与学界人士主张为"先发制人"的战争赋予合法性与合理性，为美国未经联合国授权的单边主义行动进行辩护。

然而，美国的单边主义外交只有在所谓的"国际道义"与"国家利益"之间取得平衡时才能获得一定程度的成功。美国外交文化中的"美国主义"与"美国例外"的天赋使命感令美国自诩为世界自由革命的先驱。美国在外交政策表述中不仅强调美国的"国家利益"，也总运用将传播美国民主模式视为"天定命运"的叙事，或将其描述为"国际道义"。在美国的外交实践中，若打破所谓的"国际道义"与"国家利益"的天平，外交失败的风险就会上升。

比如，卡特时期的美国致力于在国际上传播人权政策，弱化美国的强权形象，在中东扮演调停人的角色。卡特过于强调所谓的"国际道义"，在冷战中并不能像现实主义者那样有效地处理危机事件，伊朗伊斯

---

① Walter Russell Mead, *Special Providence: American Foreign Policy and How It Changed the World*, London: Routledge, 2002, pp. 170 – 194.

② Pew Research Center for the People & the Press, "Continued Public Support for Kosovo, But Worries Grow," April 21, 1999, http://www.people-press.org/1999/04/21/continued-pub-lic-support-for-kosovo-but-worries-grow/.

兰革命、德黑兰人质事件以及苏联入侵阿富汗增加了美国民众对于卡特政府的不信任，总统最终不得不黯然离开白宫。① 而小布什政府最大的失败则是忽视了美国的"单极困境"，外交决策者过于强调美国"国家利益至上"，忽略了国际责任、盟友诉求与国际法。小布什政府在伊拉克战争中构建"志愿者联盟"，对联合国授权与北约集体防御原则置之不理，粗暴地奉行单边主义外交。国际上对美国掀起的这场"先发制人"的战争充满质疑，批评其不顾"国际道义"。缺乏盟友的支持不仅损害了美国的国际声誉，也动摇了美国的西方领导地位。

实际上，克林顿政府也在一定程度上放弃了多边主义共识。美国在未取得联合国授权的情况下以"人道主义"为借口发动科索沃战争，通过战争进一步加强了对欧洲的控制。但与小布什政府不同的是，克林顿政府的外交行为并未招致欧洲盟友的明显反感，其中一个原因便是克林顿颇为强调"国际社会"与"多边主义"，其在所谓的"国际道义"的外衣下对美国的"国家利益"精打细算。

2. 单边主义与国家实力

单边主义在很大程度上是大国的奢侈品，中等国家或小国无力在国际上一意孤行。② 新保守主义者坚信美国的综合实力可为美国冷战后的单极强权地位提供保障。冷战后，美国对其强权体系的自信与美国的综合国力为其单边主义行为提供可能性。

冷战时期，面对苏联的威胁，欧美的安全利益一致，由于欧洲是两极对峙的前沿地带，美国为欧洲提供安全保障，其战略目标是保持"西

① 〔法〕夏尔-菲利普·戴维、〔法〕路易·巴尔塔扎、〔法〕于斯丹·瓦伊斯：《美国对外政策——基础、主体与形成》（第二版修订增补本），钟震宇译，社会科学文献出版社，2011，第67页。
② 王联合：《美国单边主义：传统、历史与现实的透视》，《国际观察》2006年第5期，第53页。

方"团结，威慑苏联，跨大西洋多边主义外交与安全机制是维持美欧关系的重要纽带。然而，冷战后的美国依然保持庞大的军费开支，欧洲虽然早已提出发展独立防务的主张，但仍极为依赖北约机制的安全保障。长期以来，欧洲较多的北约成员国的国防开支未达到其国内生产总值（GDP）的2%，美国对于欧洲较低的防务贡献愈发不满，在处理国际问题时倾向采用单边主义行动。卡根直言美国的实力为其武力运用提供了可能性，美欧在军事技术上的差距在20世纪90年代进一步被拉大。美国军队在精确制导设备、联合打击行动、通信以及情报搜集等方面取得巨大进步，美国人比欧洲人更有可能使用武力解决国际问题。卡根无不讥讽地将美国与欧洲的防务分工比喻成美国"烹制晚餐"，而欧洲"清洗盘子"，讽刺欧洲的作用仅限于在美国完成军事行动后派驻维和部队。①

3. 恐怖主义是美国单边主义的催化剂

"9·11"事件令美国外交文化中的美国主义与爱国主义达到顶峰，民众在危急时刻"团结在总统周围"的爱国主义情怀赋予了美国总统更多的外交空间。2001年起，外交决策权向白宫偏移，即使国会发挥制约作用，但在类似于"9·11"事件的国家危急时刻，美国的外交决策在很大程度上取决于美国总统的个人执政风格与内阁。②

恐怖主义时而刺激美国对"他者"一阵痛打，时而使美国退回到保护壁垒之后。③恐怖袭击开启了美国政治生活中的一个非典型时期，美国社会中狂热的爱国主义与国会对总统外交权力制约的缺乏，令小布什新

---

① 〔美〕罗伯特·卡根：《天堂与实力——世界新秩序下的美国与欧洲》，肖蓉、魏红霞译，新华出版社，2004，第29~30页。
② 〔法〕夏尔-菲利普·戴维、〔法〕路易·巴尔塔扎、〔法〕于斯丹·瓦伊斯：《美国对外政策——基础、主体与形成》（第二版修订增补本），钟震宇译，社会科学文献出版社，2011，第120页。
③ 〔美〕查尔斯·库普乾：《美国时代的终结：美国外交政策与21世纪的地缘政治》，潘忠岐译，上海人民出版社，2004，第268页。

保守主义内阁快速推进单边主义外交。其显著特征是，"和平参与"等传统外交手段让位于"先发制人"的武力干预，美国倾向于绕开联合国与北约机制，组建小范围的"志愿者联盟"来发起海外军事行动。

恐怖袭击是美国单边主义盛行的外部刺激因素，但单边主义早已内化于美国外交文化基因中。如上文所述，美国建国先父主张的"美国例外论"、杰克逊派偏好的武力手段以及美国国家实力是美国实行单边主义外交的主要动因。单边主义并不仅仅是反恐时代美国在对外战略上的权宜之计，其也拥有外交文化渊源与物质实力保障。

（二）美国"有条件的多边主义"

自由国际主义者基于"美国例外论"致力于向世界传播美国优越的民主模式，而美国对待"我者"与"他者"的方式决定了美国外交行为模式将在单边主义与多边主义之间徘徊。在美国外交文化中，杰克逊派崇尚以军事力量实现美国霸权野心；而自由国际主义者认为国际机制可以协调无政府状态下的国际关系，注重"美国例外论"中的自由主义核心，不遗余力地在世界范围内传播美国民主模式，但也支持在必要时以武力实现美国目标。美国将西方民主政体国家归为"我者"阵营，在符合美国国家利益的条件下，对其以多边协商的方式或通过国际机制尽量拉拢，以维护联盟利益，共同遏制或威慑"他者"；而在不符合美国国家利益时，则进行单边主义行动。笔者将美国式的多边主义称为"有条件的多边主义"，其以美国"国家利益至上"为前提条件，这与欧洲的多边主义认同有着显著的区别。

此外，关注美国社会经济与地区利益的国会向来较为反对美国过多参与联合国事务，即使白宫在外交决策中具有相对优势，但国会利用对财政拨款的审批权可以制约对白宫的行动。美国国会三分之二的票数门槛将很多白宫认可的国际协议拒之门外。国会与白宫在克林顿执政时期形成鲜明对垒，国会严格限制美国参与联合国维和行动。美国国会对于国际法所规定的超越民族国家的国际义务较为怀疑，在批准国际条约上也较为谨慎，试图压制国际机制与国际机构对于美国的制约作用。因此，美国国会往往成为美国在国际多边合作上的掣肘力量。

单边主义与使用武力是反恐时代美国外交行为模式的显著标志。但单边主义并非一直占据美国外交主场。冷战后，老布什、克林顿、奥巴马与拜登政府均强调国际多边合作。美苏两极争霸结束前夕，福山提出"历史终结论"，西方民主胜利的幻象遍布美国政界。老布什在第44届联合国大会上的演讲中提到："如今终于存在建立一个基于共同利益和理想的国际社会的可能性。"① 他要求把握冷战胜利的时机，以美国实力为保障，提出"世界新秩序"构想，在世界范围内传播美国民主模式、推进自由市场经济；提出新时代国际合作愿景，积极推进美国与联合国的合作，主张实行"有效的国际主义"（Effective Internationalism），补交了巨额的联合国会费欠款，还积极参与联合国维和行动，要求美国在联合国集体行动中发挥更大的作用。加强国际多边合作、尊重联合国权威与国际法成为冷战后现实主义者维护美国国家利益的重要手段。②

克林顿政府同样倾向于多边主义外交手段，上台之初在叙事上转向"坚定的多边主义"（Assertive Multilateralism）。但美国常驻联合国代表奥尔布赖特道出美国多边主义的实质，即美国在国际组织中实行"多边主义"的前提条件是国际组织服从美国的领导，以推进美国的外交政策目

---

① George H. W. Bush, "Address to the 44th Session of the United Nations General Assembly in New York", The American Presidency Project, September 25, 1989, http://www.presidency.ucsb.edu/ws/? pid = 17559，最后访问日期：2014 年 9 月 3 日。

② 赵磊：《冷战后美国维和政策的演变及特征》，《美国研究》2011 年第 4 期，http://intl.cssn.cn/gj/gj_gwshkx/gj_zz/201310/t20131026_587450.shtml。

标为前提。① 克林顿的"民主扩张"战略延续了老布什的"世界新秩序"构想，即通过实行多边主义在世界范围内推广美国民主模式，以"和平参与"等手段培育新的民主国家与市场经济体，支持所谓的"非民主国家"内部的自由运动，将援助资金与受援国的民主进程相结合。此外，克林顿的"民主扩张"战略也认为，在美国国家利益需要的情况下，美国可以考虑单边使用武力。② 奥尔布赖特呼吁美国以"坚定的多边主义"对待联合国维和行动，同时也呼吁为美国单边主义行动留下足够的回旋余地。③ 然而，克林顿执政中后期，美国国会对于将美军置于联合国指挥之下表示强烈反对，克林顿执政初期对于联合国维和行动与国际合作的热情逐渐退去。"坚定的多边主义"逐渐为"有选择的多边主义"（Selective Multilateralism）所代替。美国减少了对于联合国维和行动的支持，提高了维和行动的审批门槛，美国承担的维和费用随之下降。

奥巴马上台之初，欧洲对其外交政策寄予厚望，认为小布什的单极时代终成过往。奥巴马时期，美国智库进行了三项重要国际战略研究，即普林斯顿计划（Princeton Project）、管理全球不安全因素项目（Managing Global Insecurity）以及凤凰动议（Phoenix Initiatives），目的是推动美国在新国际环境中调整实现国家安全与繁荣的战略手段，从依靠实力转向依靠多边合作，增强战略性领导力，构建由美国领导的宪政秩序，推动美国民主自由理想向世界传播。④ 上述研究构成了奥巴马国际战略的重

① Martin Walker, "Present at the Solution: Madeleine Albright's Ambitious Foreign Policy," *World Policy Journal*, Vol. 14, 1997, pp. 1 - 10.
② 韩志立：《奥巴马的国际战略变革——美国智库国际战略报告文本解读》，《美国研究》2010 年第 2 期，第 28~40 页。
③ 赵磊：《冷战后美国维和政策的演变及特征》，《美国研究》2011 年第 4 期，http://intl. cssn. cn/gj/gj_gwshkx/gj_zz/201310/t20131026_587450. shtml。
④ 韩志立：《奥巴马的国际战略变革——美国智库国际战略报告文本解读》，《美国研究》2010 年第 2 期，第 31 页。

要内容。面对国际权力结构变化、国际秩序中的非传统威胁（如恐怖主义与气候变化），以及美国影响力和实力的相对下降（如 2008 年美国爆发次贷危机），在伊拉克与阿富汗战争后，美国国内对单边军事行动所付出的巨大代价进行复盘后，奥巴马政府相信，美国越来越无法通过单独行动有效地处理国际危机。时任美国国务卿希拉里在美国对外关系委员会的演讲中提到"伙伴"的次数高达 27 次，她直言："我们将运用美国的领导地位建立伙伴关系，任何一个国家无法单独克服国际挑战，我们将调动更多伙伴的积极性并且取得成果。"① 奥巴马政府期待作为"我者"的伙伴国家共同分担国际责任，美国则在世界政治中扮演"善意霸权"的角色，这限制了美国的单边权力，却也保障了美国的国际领导地位。然而，奥巴马上台之初的多边合作愿景为其在欧洲"赚足人气"，但随着美国将战略重心转移至亚太地区，欧洲明显感受到了美国的冷落。②

特朗普时期的美国社会两极分化严重，"民粹主义"、"美国优先"与"单边主义"再次占据美国外交主场。在 2020 年美国大选中，民主党胜出，拜登政府发表了关于美国"重返世界舞台"以及建立"民主同盟"的政治宣言，欧盟对于美国重归多边主义"投桃报李"，对美国重振跨大西洋联盟寄予厚望。美欧双方在政治、安全、经贸、科技以及可持续发展领域密切协调。然而，美国并未改变"有条件的多边主义"模式。澳英美新建立三边安全伙伴关系（AUKUS），法国被排挤出局。欧盟外交与安全政策高级代表博雷利表示，AUKUS 成员国的做法"与其在印太地区

---

① "Address by Secretary of State Hillary Clinton," Council on Foreign Relations, July 15, 2009, http://www.cfr.org/diplomacy-and-statecraft/council-foreign-relations-address-secretary-state-hillary-clinton/p19840, 最后访问日期：2014 年 9 月 4 日。

② Katja Petrovic, "Europäische Medien zu Obama in Berlin：'Die Deutschen fühlen sich vernachlässigt'," Spiegel Online, Juni 21, 2013, http://www.spiegel.de/politik/ausland/europas-presse-zum-besuch-von-us-praesident-obama-in-berlin-a-907138.html, 最后访问日期：2014 年 9 月 3 日。

加强同欧盟合作的呼吁背道而驰"。法国外长勒德里安批评拜登政府延续了特朗普时期的"单边主义、不可预测、粗暴以及不尊重伙伴"的作风。[①] 此外，美军在阿富汗的混乱撤离令欧洲怀疑是否应该继续对美国保持高度战略依赖。总之，美国"有条件的多边主义"具有"美国优先"的思维烙印，时常导致美欧之间的"信任危机"。

① 《"历史一步"？"失去理性"？AUKUS 出炉 各方反应大不同》，德国之声，2017 年 9 月 27 日，https://www.dw.com/zh/% E5% 8E% 86% E5% 8F% B2% E4% B8% 80% E6% AD% A5 – % E5% A4% B1% E5% 8E% BB% E7% 90% 86% E6% 80% A7aukus% E5% 87% BA% E7% 82% 89 – % E5% 90% 84% E6% 96% 96% E5% 8F% 8D% E5% BA% 94% E5% A4% A7% E4% B8% 8D% E5% 90% 8C/a – 59200400。

第三章

欧盟外交文化及其外交行为模式

一 欧盟共同价值观

在欧盟成立 50 周年之际，2007 年，欧盟发表了《柏林宣言》，重申欧盟基本价值观，该宣言既确认了欧盟价值观共同体的本质，也勾勒出在经历几个世纪的战争、均势博弈以及构建和平秩序的尝试后形成的欧盟认同。宣言表示，"欧洲"有一个促进和平与相互理解的百年理想，"欧洲联合"是欧洲在经历血腥冲突与惨痛历史教训后得出的经验，欧洲只有联合才能维护其和平与福祉。欧盟共同价值观在于人权、和平与自由、民主与法治、尊重与责任、繁荣与安全、宽容与参与、正义与团结。欧盟维护成员国的独立性和多样性，但欧盟只有团结一致才能实现目标与理想。①

---

① "Erklärung-anlässlich des 50. Jahrestages der Unterzeichnung der Römischen Verträge," Europäische Union，März 26，2007，https：//europa. eu/50/docs/berlin＿declaration＿de. pdf.

实际上,《柏林宣言》中有关欧盟共同价值观的叙事并非首创。欧盟成立以来,从《罗马条约》到《马斯特里赫特条约》再到《欧盟宪法条约》,欧盟以制度化的方式确立了欧盟共同价值观。《柏林宣言》借欧盟成立50周年与欧盟东扩之机,以"欧盟共同价值观"的叙事重申了基于欧洲政治哲学的欧盟认同与欧盟外交文化,以保持其对新成员国的影响力。从宣言中可以看出,"人权"居于欧盟共同价值观的中心位置,"民主与法治"是欧洲自由主义与欧洲宪政文化观的延承,"和平与自由"反映着欧洲百年来在"民族国家主权"与"欧洲联邦"之间探索和平的努力,"尊重与责任"是欧盟各成员国在历经战争和解构与重构和平秩序后对于国际法与国际规则的认可,"繁荣与安全"意味着欧洲相对注重公平的社会市场经济模式,"宽容"则是宗教改革后欧洲多元共存与多样性理念的前提,"参与"是公民参与政治的权利体现,"正义与团结"体现了欧盟以平等和团结为基础,旨在促进各成员国与欧盟机构之间的民主合作,平衡成员国之间的利益。

与作为国家行为体的美国不同,欧盟是超越国家主权的政治机构。在讨论欧盟外交文化时首先要回答的问题是欧洲同一性与多样性的辩证关系。同一性与多样性的辩证关系贯穿于欧洲史,由于民族、文化、宗教派别、语言的多样性,欧洲在本质上就具有多样性的特征。欧盟成员国的历史文化交织,各成员国在《马斯特里赫特条约》与《里斯本条约》后建立共同市场、统一货币政策以及推进欧盟东扩,但"欧洲联合"之举并未消除欧盟成员国的南北经济差异以及东西之间的文化差异。然而,欧洲在历史上始终试图建构新秩序以维持和平,"欧洲联合"的愿望经久不衰,无论是形成"欧洲联邦"还是建立"欧洲邦联"均是维护欧洲和平与推进"欧洲联合"的路径。欧盟外交文化就是在欧洲多样性的基础上强调欧盟国家的外交认同共性。因此,"欧盟外交文化"是一个政治性概念,基于欧洲认同与欧洲政治哲学,界定欧盟在外交上的"我者"认同,回答我们"不是谁"的"他者"问题。①

二 欧盟外交文化的历史脉络与政治思想

"欧盟外交文化"具有历史性，基于欧洲政治哲学，它与自欧洲中世纪至现代的战争史相伴而生。16世纪的宗教战争、17世纪的三十年战争、18~19世纪的法国大革命与拿破仑战争、德意志帝国成立前的三次战争、20世纪的两次世界大战对欧洲乃至世界产生了巨大影响。欧洲人深受战争困扰，探索和平路径也就成为欧洲长期的目标。从16世纪起，欧洲政治哲学大多以维持和平为基本目标，但民族国家之间的均势不断被战争破坏，而后又被重新建立。1648年的《威斯特伐利亚和约》签订后的国家主权体系以及圣－皮埃尔的"欧洲邦联"思想均是欧洲为避免战争而探索出的不同政治路径。

历史上的欧洲大陆充斥着公国战争、教权与君权的博弈以及基督教派别争斗。从西罗马帝国灭亡后的中世纪到二战前，欧洲战争的历史脉络可分为四条主线：权力松散的神圣罗马帝国与各公国之间的战伐、教权与君权之争、天主教徒与清教徒的政权影响力之争以及民族国家之争。然而，历史上的欧洲在经历战争洗礼的同时，也不断反思不同政权、宗教派别与民族文化的共存之道。由此，欧洲成为现代政治思想、启蒙运动乃至国际法的策源之地。

欧洲在战争中不断寻求和平共存的方式，并在历史长河中塑造其政治哲学与外交文化。欧洲的宗教改革奠定了新教的地位，瓦解了天主教会主导的政教体系。其还为西欧资本主义发展和多元化的现代社会奠定

---

① 田德文：《后冷战时代欧洲的世界观念》，载周弘主编《欧盟是怎样的力量》，社会科学文献出版社，2008，第82~83页。

了基础。476年西罗马帝国灭亡后，大部分欧洲国家信奉基督教，但教皇与帝王之间的政权争夺从未停止。11世纪，神圣罗马帝国皇帝亨利四世与教皇格里高利七世围绕主教任命权展开较量，教皇发布敕令废黜亨利四世。此时正值神圣罗马帝国内忧外患之际，最终皇帝通过"卡诺莎之行"在雪中等待三天向教皇"负荆请罪"。其后，亨利四世重整旗鼓，历经七年，最终攻陷罗马，驱逐了教皇。时至今日，西方文学中仍将"卡诺莎之行"隐喻为屈膝投降之举。直至14世纪，文艺复兴中的人文主义运动才向中世纪权威正式发出挑战，这为宗教改革奠定了思想基础。16世纪后半叶，路德宗和天主教之间愈发剑拔弩张，社会上关于实现世俗化与政教分离的呼声强烈。

（一）宗教改革促进宽容与自由主义

1517年马丁·路德以《九十五条论纲》开启德意志宗教改革，新教与天主教之争蔓延至全欧洲，欧洲出现了重大的政治变革。马丁·路德的路德宗、加尔文的加尔文宗、亨利八世的圣公会等被称作新教，各自流行，这使欧洲分为天主教与新教两大阵营，神圣罗马帝国各诸侯在宗教信仰上也出现了严重分歧。在宗教改革之前，罗马天主教会不仅操控民众思想，教权还往往凌驾于君权之上。宗教改革打破了天主教会独大的局面，不同的新教派别与不同的民族国家相结合，使君权迅速上升。欧洲各国增强了民族意识和国家凝聚力。

经过宗教改革的洗礼，欧洲迎来了自由、宽容的新风气，从最初对不同信仰的宽容发展到对不同政见的包容，这场宗教改革促进了欧洲政治、经济等方面的进步。[1] 新教教义中明确个人可不经由教会与上帝直接

---

[1] 赵林：《在上帝与牛顿之间》，东方出版社，2007，第83～84页。

沟通，突出"个人"地位，把个人从天主教的"制度"中解放出来，关于宗教宽容的呼声促进了信仰自由与思想自由，这对个人主义与自由主义价值观的兴起起到了不可忽视的推动作用。[①]

当前，欧洲政治中的宗教因素远少于美国，正如彼得·伯格所述，目前出现了"宗教美国，世俗欧洲"的情景。[②] 16 世纪的欧洲宗教改革很快超越欧洲大陆，对 17 世纪清教徒迁徙至北美与英国自由主义思想产生重要影响。

1620 年，包括 35 名清教徒在内的共 102 名移民登上"五月花"号帆船，从英格兰迁徙至北美，清教徒与其他移民签署了《"五月花"号公约》。公约写道："为了上帝的荣耀，为了传扬基督徒的信仰，为了我们国王和国家的荣誉，我们漂洋过海，在弗吉尼亚北部开垦第一个居住地。我们在上帝面前，也在彼此面前，共同庄严签约，自愿结为一个民事治理团体，为了使上述目的得到更好的维护、实施和发展。因而，我们建立这样一个公正、平等的法律、典章、条令、宪章、职事体系。"[③] 该公约开创了一个自我管理的社会结构，暗示了自宗教改革后的民主信念。

1688 年的英国光荣革命巩固了宗教改革后的宗教宽容观，并发展了公民自由理念，之后的启蒙运动又将人权与精神自由推至高点。自此，外交文化中形成有关"自由主义"的叙事。洛克被称为"自由主义之父"，他出身于清教徒家庭，在《政府论》中为英国光荣革命进行辩护。洛克的自由主义学说主要包括支持政教分离与信仰自由的宗教宽容观、

---

① 邝杨：《欧洲现代政治观念的兴起》，载邝杨、马胜利主编《欧洲政治文化研究》，社会科学文献出版社，2012，第 3 页。

② 〔美〕彼得·伯格、〔英〕格瑞斯·戴维、〔英〕埃菲·霍卡斯：《宗教美国，世俗欧洲?》，曹义昆译，商务印书馆，2015，第 1 页。

③ "May Flower Compact 1620: Agreement Between the Settlers at New Plymouth," Yale Law School, https://avalon.law.yale.edu/17th_century/mayflower.asp.

政府保障人民生命、自由与私有财产权、自由主义宪政观以及人民抵抗暴政的权利。洛克在社会契约理论上做出重大贡献，认为通过订立社会契约，人民建立了由市民社会和政府构成的双层结构，政府权力由人民授予，也应受到限制。由此，洛克提出"三权分立"思想，即国家必须基于契约建立，国家权力分为立法权、执行权和对外权，各权力之间相互制衡。① 后来亚当·斯密在《国富论》中提出，贸易自由体系在政治上对应的是保障公民自由和政治自由的宪政秩序。斯密成为经济自由主义的明确倡导者。

英国自由主义思想与自由主义宪政观对欧洲启蒙运动、法国大革命以及美国独立战争产生了深刻的影响。18 世纪法国的孟德斯鸠进一步发展了洛克的自由主义宪政观，更加细致地区分了国家的政治权力，将其明确划分为行政权、立法权与司法权，构建了三权分立体系。② 尔后，洛克与孟德斯鸠的自由主义观点在英国、美国和欧洲大陆以不同的方式得到发展。

（二）威斯特伐利亚体系的国家主权观

由神圣罗马帝国内战演变而成的三十年战争以波希米亚人反抗哈布斯堡家族统治为肇始，最后以哈布斯堡家族战败并签订世界上首个国际公约《威斯特伐利亚和约》而告终。三十年无义战，然而 1648 年签订的《威斯特伐利亚和约》却是现代国家主权观念与国际法建立的基础，内容包括：每个主权国家对其领土和国内事务拥有主权，建立不干涉别

---

① 〔英〕约翰·洛克：《论三权分立》，载王逸舟《全球政治与国际关系经典导读》，北京大学出版社，2009，第 21～52 页。

② 邝杨：《欧洲现代政治观念的兴起》，载邝杨、马胜利主编《欧洲政治文化研究》，社会科学文献出版社，2012，第 5 页。

国内政的原则，每个国家无论大小在国际法中都是平等的。三十年战争中的欧洲主要参战国，包括神圣罗马帝国、西班牙、法国、瑞典、荷兰，在经历巨大的人口牺牲、政权分割与经济衰退后，都同意尊重彼此的领土完整。随着欧洲的影响力遍及全球，威斯特伐利亚体系的原则，特别是国家主权观念，成为当代国际法和国际秩序的基础，并为《联合国宪章》所继承。

三十年战争后，君权日渐上升，民族国家与国家主权观念最终取代了神权主导的权力模式。三十年战争起初是宗教改革后的教派间的斗争，实际上却遵循了民族国家发展过程中政治与经济利益冲突的逻辑。波旁王朝、哈布斯堡王朝以及德意志诸邦国为了各自利益而混战。最后，无论是新教还是天主教国家都不容许君权与主权再从属于教权，教皇也不再是最高的仲裁者；国家之间的分野更加明确，国与国之间为了休战而签订公约，由此产生国际法；现代国家外交与国际关系初现雏形。① 三十年战争后，1651年霍布斯在《利维坦》中论述人民的义务是通过对社会契约的绝对服从组成国家，国家主权至高无上，抨击教皇掌有超越世俗的大权，但当时霍布斯仍认为国家的最佳形式是君主制。国家的义务有三，即保障国家安全、维护社会和平以及保障人民通过合法劳动生产致富。②

（三）法国大革命的人权与民主思潮

在法国大革命时期对外交文化产生深远影响的是1789年颁布的纲领性文件《人权宣言》。该宣言受到美国的《独立宣言》和美国各州权利法案的影响，吸收了18世纪的启蒙主义和自然权论，宣布自由、财产、安全和

---

① 《陈乐民集》，中国社会科学出版社，2002，第4~5页。
② 〔英〕霍布斯：《利维坦》，黎思复、黎廷弼译，商务印书馆，2009，第128~133页。

反抗压迫是天赋人权；肯定了言论、信仰、著作和出版自由，阐明了司法、行政、立法三权分立的思想，以及法律面前人人平等、私有财产神圣不可侵犯等原则。但当时所谓的"人权"仅仅针对"拥有市民权的男性"。

实际上，法国大革命具有再造欧洲秩序的特性，其规模之大，自欧洲三十年战争后为欧陆所罕见。支持法国大革命的思想家认为，历史进程应是纯粹的民意表达，民意不应受任何内在的束缚，甚至是宪政的束缚，法国大革命所主张的民意表达理念与当时英国盛行的君主立宪制思想截然不同，一切有关君主政体的事务都被视为敌人。法国大革命的精神教父卢梭主张"人民主权的共和思想"，反对圣－皮埃尔提出的通过建立"欧洲邦联"实现欧洲和平的思想。卢梭认为君主"对外不断扩大统治，而对内则强化政治"，支持以革命的方式实现和平。① 他曾写道："凡是拒绝服从大众意愿的人，大众将强迫他服从。"此外，法国大革命推动者期待将自由、民主的共和思想传播至世界其他国家，这模糊了各国内政与外交政策以及合法性与权力之间的界限。1792 年，法国国民议会颁布的法令就以"法国人民致_____人民"开头，法令写道："法兰西民族宣布，任何拒绝自由和平等，希望维护、复辟或与君主及特权阶层谈判的人都将被法国视为敌人。"②

一方面，激进式的法国大革命催生了人权与民主思潮；另一方面，法国大革命也因其激进的改革方式与恐怖手段而引起欧洲政治思想家的批评。康德虽然认为法国大革命体现了启蒙思想中的人民意志、法治与自由主义等思想，但其所采取的"暴力手段"违反了康德的"理性原则"与"和平主张"。③

① 陈乐民：《"欧洲观念"的历史哲学》，东方出版社，1988，第 58 ~ 63 页。
② 参见〔美〕亨利·基辛格《世界秩序》，胡利平等译，中信出版社，2015，第 40 ~ 45 页。
③ 陈乐民：《"欧洲观念"的历史哲学》，东方出版社，1988，第 76 ~ 77 页。

拿破仑以捍卫法国大革命果实的神圣使命起家，自称为卢梭的门生，他把法国共和主义思想与军事手段结合起来，制定出《拿破仑法典》，该法典成为之后欧洲其他国家法统立基的重要参考。其同时又无节制地实行对外扩张，成为穷兵黩武者。1813 年，莱比锡战役中，欧洲联军战胜拿破仑。

1814 年，欧洲各国代表聚集于维也纳，试图重建均势。1789 ~ 1814 年的 25 年内，法国大革命与拿破仑战争取代了欧洲启蒙运动的理性手段。基辛格认为，维也纳会议期间是在查理大帝时期的欧洲帝国灭亡后欧洲最接近实现天下一统的时候，欧洲试图在合法性与权力之间建立平衡。维也纳体系的支柱在于三套机制：其一，由英、普、俄、奥结成的四国同盟反对任何对领土秩序提出挑战的国家；其二，俄沙皇提出由"神圣同盟"防范对一国内部政治体制的威胁；其三，在"大国一致"原则下定期召开由盟国首脑参加的外交会议，各国通过磋商而非战争的方式解决分歧。维也纳会议的"大国一致"运作方式相当于联合国安理会的前身。①

（四）欧洲民族主义观

维也纳会议建立的微妙均势很快因四个事件而动摇。这四个事件是欧洲民族主义崛起、1848 年欧洲革命浪潮、德国统一及意大利统一运动。其中，欧洲民族主义思潮更是 19 世纪德意志统一战争的思想引擎，"排他性"民族主义后又演变成"排犹主义"，为德国纳粹所利用。正如陈乐民先生所说，欧洲"民族主义"与"欧洲联合"主张均是"欧洲观念"之源。②

---

① 〔美〕亨利ꞏ基辛格：《世界秩序》，胡利平等译，中信出版社，2015，第 46 ~ 77 页。
② 陈乐民：《"欧洲观念"探源》，载《陈乐民集》，中国社会科学出版社，2002，第 36 ~ 42 页。

在拿破仑战争后，康德的世界主义理念在欧洲被抑制，欧洲的民族主义观念得到强化。黑格尔与康德在历史观上是对立的，康德抱着世界主义与永久和平的梦想，而黑格尔却执着于民族主义。但黑格尔也弥补了康德的不足，他把国家主权、国际关系和世界历史连成了一个体系。

法国大革命之前，马基雅维利与霍布斯的主张都反映了"民族国家"的思想，但黑格尔将"民族主义"学说哲理化与系统化。黑格尔至今仍毁誉参半，他极其崇拜"国家权威"，为"强权政治"提供了理论依据，从国家的"排外性"推导出"战争观"，他甚至认为战争可令国家机制健全。① 黑格尔的青年时期恰逢法国大革命，他被法国大革命的自由精神打动。他反对封建专制和民族分裂，渴望德国实现统一，把立宪政治制度视为理想的国家制度。黑格尔羡慕法国成为"大革命"的策源之地并在欧洲启蒙运动中取得领先地位。他有着强烈的忧患意识，对于德意志虽是宗教改革发源地，却仍四分五裂的情况，提出"世界精神"，要用其为日耳曼利益服务。1815 年拿破仑战争失败、欧洲封建势力复辟，黑格尔转而赞颂普鲁士王国，主张建立君主立宪制。黑格尔晚年对普鲁士王国表现出忠顺态度，但对法国大革命始终存有好感。黑格尔期待有朝一日德意志成为一个强大的、统一的、享有充分主权的国家，其思想日渐膨胀为"日耳曼民族主义"。②

与此同时，黑格尔以历史性的哲学思维提出了"国家理念"，甚至把国家比作"地上存在的神的理念"。黑格尔的"国家理念"内容如下。其一，国家具有直接现实性，有国家制度和国家法。其二，每个国家必然

---

① 陈乐民：《黑格尔的"国家理念"和国际政治》，载《陈乐民集》，中国社会科学出版社，2002，第 63 页。

② 陈乐民：《黑格尔的"国家理念"和国际政治》，载《陈乐民集》，中国社会科学出版社，2002，第 66 页。

与其他国家建立一定的关系，即国际关系，其强调国家在对外关系中的独立自主性。既存有国际关系，就必有"国际法"。其三，其提出"精神领域"的世界历史观念，认为日耳曼地区是世界历史的"终点"。①

法国大革命对德国政治哲学与德意志政坛产生巨大影响。在拿破仑入侵德意志后，德意志人的民族意识出现了重大转折。1807 年费希特在柏林大学的演讲中多次提到"德国魂"问题，其实质指向了民族统一的政治任务。在此背景下，普鲁士改革吸引众人，民族主义也受到重视。民族主义在普鲁士宰相俾斯麦主导的均势政治中与"权力"相结合。俾斯麦利用作为实力支撑的"铁"和"血"，在欧洲列强之间维持巧妙且均势的"强权政治"。1866 年，普奥战争后，俾斯麦赢得了德意志民族主义者的支持。②在俾斯麦统一德意志前，德意志民族主义者也曾想过用民主方式来实现梦想，但都未能取得成功，而俾斯麦坚持"用铁和血来解决现实问题"，最终完成了德国统一大业。

德国的民族主义发展路径与英国和法国不同。"民族主义"的概念是"一种为某一群体争取自治、统一与认同的意识形态运动，该群体的部分成员认为有必要组成一个事实上或者潜在的'民族'"③。但早期英、法民族主义的演进，大多体现出包容性，其把政治疆界之内的公民统合到民族共同体内，这种民族主义称为"公民民族主义"。它依据人民主权论与民族自决论，确立共和主义、自由主义以及公民权。而在德意志与东欧地区，民族主义逐渐展现出"排他性"，强调语言、历史、民间传统等因素，具有"文化民族主义"特征。"排他性"的民族主义者认为在一个

---

① 陈乐民：《"欧洲观念"的历史哲学》，东方出版社，1988，第 97~98 页。
② 〔德〕卡佳·霍耶：《铁与血：德意志帝国的兴亡（1871—1918）》，徐一彤译，中信出版社，2022，第 2 页。
③ 〔英〕安东尼·史密斯：《民族主义——理论，意识形态，历史》，叶江译，上海人民出版社，2006，第 10 页。

无序世界里，任何民族只有通过不断膨胀自我才能确保自己的安全与利益。此举必然会使世界进一步无序化。这种恶性循环是无解的，最终只能通过战争来部分解决。[1] 一战后，这种"排他性"的"民族主义"延伸到排犹行动中。到了纳粹时期，"民族主义"与法西斯主义相结合，形成"种族民族主义"。[2] 希特勒着力为所谓的"优秀日耳曼民族"寻找更多的"生存空间"。如此一来，排他性的"种族民族主义"融合了军事手段。在20 世纪上半叶的两次世界大战中，国际关系中的零和游戏由此走向极化。

（五）欧洲联合观

从 16 世纪开始，到二战后，"欧洲联合"思想的发展历程超过三个世纪，"联合"的最终目的是维持欧洲和平秩序。历经百年战争洗礼的欧洲，在二战后最终以"欧盟"这样一个超国家机构的形式，从制度上实现了"欧洲联合"理想。欧盟成员国的多边协商与政治妥协是其外交行为的重要特征。欧盟作为国际政治中的重要行为体，其外交文化和欧洲人以欧洲联合观探索和平方案的历史密不可分。

三十年战争的破坏成为欧洲人的梦魇，1693 年英国作家同时身为殖民者的威廉·潘恩（William Penn）撰文提议建立欧洲议会来防止战争，但没有进一步说明这样一个机构如何适应当时欧洲的政治现实。18世纪，法兰西学院院士圣－皮埃尔发表《确立欧洲永久和平方案》，提出实现"永久和平"的方案，即从制度上建立一个欧洲的"邦联政府"，各参与国应服从"邦联政府"的和平原则与相关法律，违反者将

---

[1] 石伟杰：《孟钟捷谈德国民族主义：极端民族主义是现代病》，澎湃网，2017 年 5 月 28 日，https://www.thepaper.cn/newsDetail_forward_1692825。

[2] 邝杨：《欧洲现代政治观念的兴起》，载邝杨、马胜利主编《欧洲政治文化研究》，社会科学文献出版社，2012，第 16 页。

受到制裁。但当时圣 - 皮埃尔的方案旨在对"日耳曼集团"形成制约，也未摆脱基督教精神的束缚。康德在 1795 年写成《永久和平论》，认为"以公共法律所保障的和平是理性（Vernunft）的必要任务"①。康德从政治哲学与历史角度完善了"欧洲联邦"的观念，探讨了实现永久和平的三个层次的方案。第一，通过国家间签订"和平条约"来避免冲突。第二，欧洲各国实行共和制，以"法"约束国家行为。第三，欧洲各国组成联邦，缔结"和平盟约"，以永久结束战争。然后再由欧洲联邦扩大为世界联邦，通过建立"世界政府"防止战争。② 维也纳会议期间，圣西门伯爵是空想社会主义的代表人物，然而他也是欧洲联合方案的建构者，其欧洲观是"欧洲议会"机制的雏形。他主张建立具有超国家性质且具有仲裁权力的"欧洲议会"，依靠行政管理、科技知识和经济专业人才进行管理，欧洲各国议会都应当服从欧洲议会，其拥有最高权力，这种权力超越民族国家政府权力，其可对各国之间的纠纷进行裁决。③

19 世纪欧洲民族主义的浪潮令欧洲列强陷入了激烈的地缘政治竞争，在 20 世纪欧洲又陷入了世界大战，但"欧洲联合观"并未消失。受到"美利坚合众国"联邦主义的影响，19 世纪中叶，意大利的马志尼与法国的雨果是"欧罗巴合众国"倡议的支持者。20 世纪 20 年代，奥地利政治家库登霍夫 - 卡勒吉在其著作《泛欧洲》中以美国模式为样本，倡议欧洲大陆开展"泛欧运动"。在其积极推动下，二战前，欧

① 转引自 Johann Gottlieb Fichte, "Grundlage des Naturrechts（1796/1797）," in R. Lauth und H. Jacob（Hrsg.）, *Gesamtausgabe der Bayerischen Akademie der Wissenschaften*, Abt. I, Werke Band 3, Stuttgart, 1966, S. 323。
② 陈乐民:《"欧洲观念"的历史哲学》，东方出版社，1988，第 71~73 页。
③ 〔法〕夏尔 - 奥利维耶·卡博内尔:《圣西门的欧洲观》，李倩译，北京大学出版社，2016，第 5 页。

洲召开了四次泛欧大会，泛欧运动对"欧洲联合"的观念起到了积极的传播作用，但其影响大多局限在欧洲精英阶层。[①] 与此同时，法国总理白里安在国联会议上提出建立"欧洲联盟"的设想，其原则是：联盟建立在联合而非统一的基础上，应尊重各国主权，在经济上建立共同市场，以促进商品、资本和人员流通。白里安的"欧洲联盟"设想已发展到可操作的阶段，但当时的欧洲各国未能就此提议达成共识。二战期间，法西斯主义的崛起打破了欧洲和平，"欧洲联合"的理念因纳粹势力的打击而受阻，但并未停止传播。

二战后，欧洲联邦主义者让·莫内的渐进式"欧洲一体化"政治设想得到法国外长舒曼的支持，基于这一设想，莫内起草"舒曼计划"，根据这一计划，"欧洲煤钢共同体"成立，其是欧盟的前身。"欧洲联合"的政治思想延绵近三个世纪，至此，历经战乱的欧洲终于在制度上实现了"欧洲联合"的设想，并在其中增加了功能主义的成分。

三 欧盟外交文化特征

（一）二战后的国际环境与欧盟外交文化

中世纪以来，欧洲的均势秩序因战争不断被解构，而后又通过缔结和平条约、政治谈判与政治联姻而被重构。直至第一次世界大战，美国崛起，成为后来居上的世界强国，国际关系才突破欧洲疆界走向世界，限于欧洲国家之间的"均势"模式逐渐失灵。第二次世界大战后，美国放弃"孤立主义"，其和同样实力雄厚的苏联以各自为中心形成对立的两

---

① 邝杨：《欧洲现代政治观念的兴起》，载邝杨、马胜利主编《欧洲政治文化研究》，社会科学文献出版社，2012，第17~25页。

极格局，而东西欧只能在东西方阵营中塑造自身对外政策。

冷战时期，美苏争霸的两极格局割裂了欧洲政治版图，东西欧为生存分别依附苏联和美国，欧洲一分为二，欧洲东西部在意识形态、安全、政治与经济制度乃至社会模式上分庭抗礼，东西欧之间的政治文化联系也被暂时割裂。在意识形态与经济制度上，东西欧分别隶属以苏联为首的社会主义阵营与以美国为首的资本主义阵营。在安全与政治上，东西欧则分别隶属以美国为首的北约和以苏联为首的华约。欧洲秩序"中心论"的时代成为过往，欧洲在冷战时期不得不融入两极格局。

冷战时期，西欧融入以美国为首的西方阵营，在地缘战略中，西欧处于两极阵营的对抗前线，在美苏关系中维持自身的安全与稳定成为西欧外交的主要任务。对西欧国家而言，美国的作用和影响力远远超过欧洲国家，西欧需要在北约机制内依赖美国的安全保障，在外交与安全上形成的"美主欧从"模式是西欧不得不接受的现实。然而，即使是在冷战时期，西欧也从未放弃自主外交，西欧也并不全以美国的外交政策为标杆。无论是60年代的戴高乐主义，还是70年代联邦德国勃兰特政府的"新东方政策"，均是西欧国家在西方阵营中争取更多外交主动权以及塑造欧洲地缘战略的重要举措。[1]

20世纪50年代起，欧洲国家在制度上逐步实现了"欧洲联合"的设想。欧洲煤钢共同体依据"舒曼计划"成立，设立一个高级公署来管理成员国的煤和钢铁生产，其他欧洲国家也可以加入该组织。[2] 实际上，法国对德国戒心犹存，"舒曼计划"也暗含了法国限制德国军事再次崛起的

---

[1] 陈乐民：《西方外交思想史绪论》，载《陈乐民集》，中国社会科学出版社，2002，第162~163页。

[2] "Schuman Declaration May 1950," European Union, https://european-union.europa.eu/principles-countries-history/history-eu/1945–59/schuman-declaration-may–1950_en，最后访问日期：2022年7月11日。

意图，但德国总理阿登纳认为德法双方互有需要，毫不犹豫地同意该计划，认为只有通过合作才能协调德法两国在重要资源上的调配，避免过去两国彼此间的不信任与战争。60 年代，德法最终签订《爱丽舍条约》，实现和解，两国作为"双引擎"在欧洲一体化的进程中发挥了无可替代的作用。与此同时，西欧国家依靠美国的"马歇尔计划"开启战后重建，恢复经济，至今当德国政客谈论起"跨大西洋关系"之时，仍不忘对美国的战后援助表示感谢。

冷战后，"欧洲联合"的政治实践随着欧盟东扩蔓延至曾属于苏联阵营的中东欧国家。欧盟的战略自主诉求愈发强烈，虽然跨大西洋关系仍是欧盟外交的首要任务，欧盟在实力上也仍不及美国，但欧盟不希望再作为"小伙伴"一切听从于美国。从 21 世纪初的伊拉克战争时期"老欧洲"的反美与反战浪潮，到奥巴马时期美国对默克尔的"监听门"，再到 2017 年特朗普上台后美欧关于钢铝关税的激烈争端以及美国退出一系列国际组织的行为，欧盟与美国在安全、经济以及全球治理上争吵不断。

2022 年爆发俄乌冲突，欧盟意识到欧洲的安全仍需要依赖以美国为首的北约机制保护，但欧洲也认识到需要加强战略与安全上的自我负责。为此，欧盟领导力量，如德国突破了二战后的军事"克制文化"，兑现将国防开支提升至 GDP 2% 的承诺，向乌克兰运输武器，开启有关安全与外交政策"时代转折"的社会辩论。俄乌冲突对国际秩序产生冲击，不仅暴露了欧盟自冷战后在安全战略与防务自主上的缺陷，也改变了大国关系，俄欧对立、美欧走近、中美博弈延续，欧盟需要在中、美、俄、欧四角博弈中重新定位并寻求政策方向，以避免其国际地位进一步受损。

然而长期以来，"欧洲联合观"在外交与安全政策上具有局限性。欧盟共同外交与安全政策的政治实践与欧盟防务自主的政治承诺差距颇大。

这与欧盟实力、外交文化以及超国家机构的制度运行息息相关。在安全政策上，欧盟各成员国的军事实力与美国相去甚远，北约欧洲各成员国长期以来并未达到北约规定的国防开支占 GDP 2% 的标准，欧盟各成员国仍将美国视为欧洲的安全保护伞，美国对于欧洲"搭便车"的行为多有不满。在外交文化上，欧盟自视为"文明力量"，主要通过制度性与规范性的"软实力"扩大在国际社会上的影响力，以期维持欧盟作为世界重要一极的地位。欧盟偏好通过政治方式解决争端，往往将军事手段作为最后的解决方案。在制度上，欧盟具有联邦与邦联的双重性质，欧盟共同外交与安全政策属于欧盟的第二支柱，欧洲理事会（European Council）和欧盟理事会（The Council of EU）这两个政府间机构支配了欧盟共同外交与安全政策的决策过程。这表明在国家主权与外交等敏感问题上，欧盟各成员国仍不愿意将权力完全让渡给超国家机构。[①]

值得注意的是，"欧盟外交文化"伴随着欧洲一体化进程，但欧盟永远无法回避其具有"联邦"与"邦联"双重性质的事实，各成员国也并未完全将主权让渡给欧盟。"欧洲联合观"与"欧洲民族主义"相伴而生，关于民族国家与超国家机构的主权辩论延续至今，特别是波兰、匈牙利等国能够接受的上限就是在经济上伴随着欧洲一体化的主权让渡，但在外交与安全政策上两国并不情愿将国家主权过多让渡给欧盟，而是将三个多世纪前威斯特伐利亚体系的捍卫民族国家"主权"的原则奉为圭臬，认为民族国家的主权是至高无上且具有排他性的权力，它们的主权意志与全球新自由主义形成对垒。[②] 在欧洲安全秩序遭遇克里米亚危机

---

① 宋全成：《欧盟的运行体制与机制》，载周弘主编《欧盟是怎样的力量》，社会科学文献出版社，2008，第 49 页。

② Csaba Moldicz, "The Sovereignty Debate: Hungarian Foreign Policy in 2023," *Weekly Briefing*, Vol. 65, No. 4, 2023, https://china-cee.eu/wp-content/uploads/2023/10/2023er09_Hungary.pdf.

与俄乌冲突等挑战之时，德国与法国更加迫切地推进欧洲外交与安全一体化，然而但凡触及将外交与安全政策上的主权让渡至超国家机构的问题，相关提议在匈牙利与波兰等国仍会遭遇较大抵制。此外，进入 21 世纪后，欧盟面临多重挑战，反对向欧盟让渡国家主权并与民族主义相关联的欧洲民粹主义势力也在上升，它们受到反对建制派人群、反移民群体甚至是极右翼势力的青睐，这也成为 2016 年英国脱欧公投举行的重要原因。而在 2017 年欧盟各国大选中，民粹主义政党的支持率大幅上升。自此，欧洲民粹主义成为欧洲政坛上不可忽视的一支力量。

（二）欧盟外交文化特征

虽然美欧的政治思想相互影响，而且二战后西欧融入以美国为首的安全联盟（北约），跨大西洋价值观共同体也一直是维持美欧关系的纽带，但自始至终，欧盟外交文化与其外交行为模式都自成一路，虽然与美国有共同点，但并不是美国的附庸。

依据"外交文化"的定义，国家或超国家机构的外交文化具有稳定性与延续性，为了适应国际环境可缓慢调整，但这是一个渐进式的社会学习过程，除非经历如二战这样一个国际秩序洗牌的"零时刻"，否则外交文化不会断裂。2022 年俄乌冲突为国际秩序与大国关系带来动荡，但其影响力仍未达到二战的破坏力。因此，欧盟外交文化在受到冲击的国际秩序与近年来不断变化的国际关系中仍具有延续性，继续指导欧盟外交行为，并为其设立框架。

"欧盟外交文化"是欧洲多元政治哲学的结晶体。欧洲在百年地缘政治纷争中，历经战争与和平，欧洲政治哲学不断发展。二战后世界秩序重新洗牌，20 世纪 50～60 年代德国开启大规模的历史反思，德法和解，西欧加快欧洲一体化进程，在美苏两极格局中维持欧洲的国际地位，推动欧洲安全与经济发展。二战后，欧盟政治与外交文化和"军国主义"传统与"种族主义"被分割，"欧洲联合"超越"民族主义"观念成为欧洲政治精英的共识。欧洲各界对传统政治思想进行了扬弃，经过长期探索与反思的社会学习过程，塑造了"欧盟外交文化"。基于"欧盟外交文化"，当前欧盟共同外交与安全政策的四大目标是：维护和平与加强国际安全、促进国际合作、发展和巩固民主与法治、尊重人权和基本自由。①

笔者在探寻欧洲政治思想与历史脉络的基础上梳理二战后欧盟外交文化的特征后认为，可以说，欧洲对百年战争历史的反思，以及各派政治思想家所探索的和平方案为二战后的欧盟外交文化奠定了基础。雅尔塔体系重塑世界格局，战后欧洲社会历经去纳粹化、去军事化以及和平主义的社会运动与学生运动，欧盟摆脱了曾经的"法西斯主义"、"种族主义"与"军国主义"糟粕。换言之，欧盟外交文化受到欧洲历史的影响且基于欧洲政治思想，欧盟外交价值取向、价值规范以及外交认同具有传承性，欧盟政治精英与民众对于国际政治以及欧盟在国际政治中的角色形成了稳定看法。欧盟外交文化以自由民主观、和平主义偏好、法治观、人权观以及"文明力量"的角色定位为特征。

1. 自由民主观

在欧洲形成了两条路径：其一是自由主义与民主观念的结合，形成了自由民主主义；其二是社会主义与民主观念的结合，形成了社会民主主义。它们对于政治、经济与社会模式等方面的自由主义的解读并不完全相同，但在自由民主政体、自由市场和自由贸易等领域有着相似语言。在欧盟层面，在欧洲一体化进程之初，"自由民主"便被奉为一种核心价

---

① "Gemeinsame Außen-und Sicherheitspolitik，" Europäische Union，https：//european-union. europa. eu/priorities-and-actions/actions-topic/foreign-and-security-policy_de，最后访问日期：2022 年 7 月 12 日。

值，欧盟在制度和政策上保障和推行商品、人员、服务与资本四大自由，
将其列入欧洲共同体条约与欧盟宪法草案。四大自由是欧盟经济一体化
的基本要求，也是经济竞争的基本原则。欧盟也一直在经济自由与社会
公平之间寻求平衡。受德国影响，欧盟宪法草案明确提出了"社会市场
经济"模式，肯定市场经济和自由竞争是增强欧盟实力的前提，同时也
将社会保障、充分就业、团结互助等原则作为不可忽视的价值目标。[①]

　　自由与民主一体共生，欧盟在其对外政策中强调维护自由民主理念以
及欧盟社会模式，并以欧盟自身的自由民主观为标准，评判世界其他国家
行为体是否属于"我者"阵营，强化欧盟的"价值普世主义"色彩，对外
传播欧盟自由民主价值观。[②] 至 18 世纪，自由主义思想已在欧洲广泛流传，
欧洲建立起议会制度和共同政体。洛克的自由主义学说是自由民主主义思
想的根源，主要包括支持宗教宽容观、政府保障人民生命、自由与私有财
产权、自由主义宪政观以及人民抵抗暴政的权利。英国自由主义思想与宪
政观对欧洲启蒙运动、法国大革命以及美国独立战争产生了深刻的影响。
孟德斯鸠更加细致地区分了国家的政治权力，三权分立的原则使民主成为
一种政治体制和社会组织理论。洛克与孟德斯鸠的自由主义观点在英国、
美国和欧洲大陆以不同的方式得到发展。19 世纪中叶，约翰·密尔脱离了
社会契约等古典自由主义的分析框架，在《论自由》和《代议制民主》
中，密尔更为关注政府与公民以及社会与个人之间的权力划分。在自由问
题上，密尔认为代议制是最佳的政体选择。[③] 密尔的代议制民主观在强调

---

① 马胜利、邝杨、田德文：《价值观共同体：欧盟政治文化的基本体现》，载邝杨、马胜
利主编《欧洲政治文化研究》，社会科学文献出版社，2012，第 304～305 页。

② 马胜利、邝杨、田德文：《价值观共同体：欧盟政治文化的基本体现》，载邝杨、马胜
利主编《欧洲政治文化研究》，社会科学文献出版社，2012，第 322 页。

③ 邝杨：《欧洲现代政治观念的兴起》，载邝杨、马胜利主编《欧洲政治文化研究》，社会
科学文献出版社，2012，第 10～12 页。

个人自由的同时，支持较为负责的政府，这与托克维尔所讨论的美国小政府的民主模式有所不同。

二战后，大多数西欧国家逐步完成了民主化改革，社会民主主义在欧洲也经历变革，比如德国社民党在《哥德斯堡纲领》中放弃将马克思主义作为该党意识形态核心以及对资本主义的敌意，寻求工人阶级的支持，并获得中产阶级、专业人士等更广泛选民群体的选票。① 欧盟的机构是参照行政、立法与司法的分权原则建立的，兼顾主权国家与超国家机构之间的权限分配，欧盟机制在政治上的博弈主要体现在欧盟理事会、欧盟委员会与欧洲议会之间。然而，欧盟奉为圭臬的自由民主观在政治实践过程中也遭遇诸多批评。欧盟内部长期存在着诸如欧盟理事会等决策机构缺乏透明度与民众监督这样的"民主赤字"。

2. 和平主义偏好

欧洲历经百年战争，社会各界深受其苦，经过二战的洗礼后，欧洲不再是世界政治的重心，一分为二，分别依附于美苏两大阵营。二战后，欧洲历经社会运动与政治反思，强烈追求和平秩序，并最终通过欧洲国家的联合来确保和平。如上文所说，和平主义偏好历经三个世纪的发展，从圣－皮埃尔的《确立欧洲永久和平方案》、康德的《永久和平论》、库登霍夫－卡勒吉积极推动的欧洲大陆"泛欧运动"到二战后的"舒曼计划"均主张通过"欧洲联合"的方式确保欧洲的和平秩序。康德甚至提出"世界主义"的理想，认为这可以消除道德与政治之间的矛盾，并保证永久和平。

20世纪60年代，德国的学生运动兴起，反思纳粹历史、反对权威以及反对战争的浪潮令学生们激动不已，该运动后来的发展过于激进，但和平

① "Godesberg Program of the SPD（November 1959）", German History in Documents and Images, https://germanhistorydocs. ghi-dc. org/pdf/eng/Parties%20WZ%203%20ENG%20FINAL. pdf.

主义思潮在欧洲迅速崛起，战后一代年轻人的政治积极性不断被激发，他们倡导和平主义、反对越战，反对政治以及社会生活中尚存的权威主义与专制主义。特别是德国战后一代推动对纳粹的历史反思，对战争事实进行公开的政治与道德反省，支持奥斯威辛审判，以摆脱而非忘却父辈参与纳粹罪行的阴影，从而掀起整个德国社会反省历史、重新进行自我认知与定位的浪潮。[①]

3. 法治观

法治不仅是欧洲国家加入欧盟的标准，也是欧盟在处理对外关系时的重要内容。欧盟外交政策试图以此影响世界其他行为体，强调《联合国宪章》与国际法，在处理对外关系时主张维护"基于规则的国际秩序"（Rule Based International Order，RBIO）。

"法治国"原则在欧洲发展的过程中得到了集中体现。17~18 世纪，欧洲社会上争取民主、自由的呼声渐高，反对专制制度与要求法律保障的声音渐强。康德推动发展了"法治国"概念，却没有使用这个词语。康德在学习和了解了 18 世纪晚期的美国和法国的宪法之后，提出了"宪政国家"概念，即处于理想状态的宪政共和国。康德主张宪法的至高无上性，认为法律存在的目的不是管理国家，而是保障人民长久的福祉。康德的理性 – 法治学说建立在宪政主义的基础之上，认为依据法律组织和治理的国家（法治国家）可实现永久和平。[②] 19 世纪初，德国学者依据康德的理性哲学，开始运用"法治国"（Rechtstaat）这个概念，并将之与自由主义相结合。罗伯特·冯·莫尔（Robert von Mohl）在 1840 年

---

① 李乐曾：《战后对纳粹罪行的审判与德国反省历史的自觉意识》，《德国研究》2005 年第 2 期，第 4~9 页。

② A. Anthony Smith, *Kant's Political Philosophy: Rechtsstaat or Council Democracy?*, Cambridge：Cambridge University Press, 1985, p. 275.

出版的《符腾堡王国宪法》中运用了"法治国"的概念，将之建立在人权与三权分立的基础上。维护人权、自由与财产是国家法律的出发点。"法治国"概念也成为反对君主专制的重要手段。

从欧盟的制度框架到其外交政策均离不开法律的规范，欧盟法已成为一个独特的、自成一体的法律体系，这是欧洲一体化在法律方面的保障体系，也为国际社会提供了重要的参考。但欧盟与主权成员国在法律层面的博弈是欧盟法必须面对的问题。当欧盟法与国内法就某一事实存在法律冲突时，优先适用欧盟法；在欧盟法未规定的情况下，国内法仍然有效。[①] 但欧盟对内的法治要求也蔓延至国际层面，被扩展成其对国际社会的法律期待，因此，欧盟在对外交往中突出强调国际规则与国际法。

4. 人权观

欧洲的人权观由来已久。18 世纪的欧洲启蒙思想家将"天赋人权"作为基本的伦理和社会准则。法国大革命时期颁布的《人权宣言》提出："人生来是而且始终是自由的，并且在权力方面是平等的。"[②] 18 世纪资产阶级革命中确立的"个人政治权利"可被称作"第一代人权"。19 世纪，欧洲社会主义工人运动提出了以集体社会与经济权利为内容的第二代人权。

二战后，欧共体/欧盟以制度化与法律化的形式发展"人权"。20 世纪 50 年代，其根据《保护人权与基本自由公约》建立欧洲人权委员会和欧洲人权法院，以实施人权条款和监督人权条款的执行。1961 年颁布的《欧洲社会宪章》在社会与经济权利方面补充了人权内容。20 世纪 60 年代起，保障人权成为欧洲的一种社会共识，欧洲人权非政府组织兴起。

---

① 马胜利、邝杨、田德文：《价值观共同体：欧盟政治文化的基本体现》，载邝杨、马胜利主编《欧洲政治文化研究》，社会科学文献出版社，2012，第 310 ~ 311 页。

② "Déclaration des Droits de l'Homme et du Citoyen de 1789," Legifrance, https://www. legifr-ance. gouv. fr/contenu/menu/droit-national-en-vigueur/constitution/declaration-des-droits-de-l-hom-me-et-du-citoyen-de-1789.

人权逐渐成为欧盟的核心价值观,《马斯特里赫特条约》《阿姆斯特丹条约》《尼斯条约》都把人权置于重要地位。① 欧盟宪法草案更是把人权定为"欧盟的价值基础"之一。

1993 年,欧盟提出接纳新成员国的"哥本哈根"标准,自此欧盟人权标准成为欧洲国家入盟的门槛。此外,欧盟把人权奉为价值观外交的重要因素,人权外交是欧盟对外政策的重要组成部分,欧盟致力于将自身人权标准作为外交原则在世界范围内传播,在签订国际协定时都要附加人权条款。欧盟每年拿出近亿欧元在国际范围内开展促进民主、废止死刑、反对酷刑及种族主义等捍卫人权的行动。②

欧盟人权政策以对外贸易政策和发展援助政策为支撑,具体列出的人权政策手段有外交、经济援助、制裁、军事出口。实际上,欧盟经常试图通过"人权外交",以实施救助为名干涉其他国家的内政,并将对他国人权状况的判断作为其是否与欧盟维持良好关系的重要标准,向他国推行欧盟的人权与社会模式。1984 年和 1989 年,欧共体在与非加太国家签订的第三期和第四期《洛美协定》中增加了更多的人权与民主限制条件,要求对方加强市场经济体系和民主制度建设。欧盟在向发展中国家提供发展援助时愈发强调政治性附加条件,要求受援国接受西方的民主和人权标准。③

2022 年 2 月,欧盟委员会发布关于企业可持续尽职调查指令的立法提案。欧盟委员会称:"该提案旨在促进全球价值链中的可持续与负责任

---

① 马胜利、邝杨、田德文:《价值观共同体:欧盟政治文化的基本体现》,载邝杨、马胜利主编《欧洲政治文化研究》,社会科学文献出版社,2012,第 306 页。
② 马胜利、邝杨、田德文:《价值观共同体:欧盟政治文化的基本体现》,载邝杨、马胜利主编《欧洲政治文化研究》,社会科学文献出版社,2012,第 307 页。
③ 张浚:《欧盟的民事力量及其运行方式》,载周弘主编《欧盟是怎样的力量》,社会科学文献出版社,2008,第 114～116 页。

的企业行为。企业在建立可持续的经济和社会方面发挥着关键作用。欧盟企业将被要求识别并在必要时预防、停止或减轻其活动对人权的不利影响，如童工和对工人的剥削，以及对环境的影响［……］欧盟新规则将保护欧洲和其他地区的人权。"[1] 但该立法提案遭遇欧盟经济界人士的批评，其认为尽职调查将给中小企业带来过重负担。拜登政府上台后，美欧积极构建"民主同盟"，欧盟对外政策中的人权比重进一步上升，并逐步外溢至经贸与投资领域。

5. "文明力量"的角色定位

欧洲经历了几个世纪的权力博弈，20 世纪受到两次世界大战的荼毒，对战争的反思促使欧洲国家积极寻求和平共处的方式。为了避免欧洲再次沦为战场，欧洲逐渐远离自己创造的霍布斯"强权政治"与"丛林法则"，向着康德式的"永久和平"与"欧洲联合"迈进。欧盟拒绝军事路线，厌恶武力，试图打破依赖武力维持安全的传统，进入"后现代社会"。由于欧盟超国家机构的本质，它是国际关系中的一个特殊行为主体，无论是霍布斯的"硬实力"概念，还是约瑟夫·奈的"软实力"概念，都不适合用来解释欧盟的角色定位。欧盟自诩为"文明力量"，该角色定位也较为符合欧盟的现实状况。

早在 20 世纪 70 年代，法国政治学家提出"文明力量"的概念，用此概念论述当时欧共体的对外政策。欧盟对外政策符合"文明力量"的核心特征：有意识地放弃古典"权力政治"竞争与武力传统，向"世界公民"的形态过渡；积极促进国际关系的文明化与法治化；积极促进西方民主和人权等价值观在世界范围内的传播。欧盟提升在对外政策中的

---

[1] "Proposal for a Directive on Corporate Sustainability due Diligence and Annex," European Commission, February 23, 2022, https://ec. europa. eu/info/publications/proposal-directive-corporate-sustainable-due-diligence-and-annex_en，最后访问日期：2022 年 7 月 13 日。

价值观权重、注重多边机制、偏好政治对话与经济手段等和平解决国际危机的行为符合"文明力量"的核心特征。①

在外交与安全上，首先，欧盟在对外政策中偏好多边主义，强调国际多边合作的重要性，积极参与塑造国际多边机制与国际规则，以增强欧洲制度模式和价值规范的全球影响力。其次，欧盟倾向于通过政治对话与经济手段解决或缓解国际冲突，在必要情况下，对第三国实行集体经济制裁。最后，欧盟通过发展援助手段影响受援国的内部发展，向其输出欧盟制度和价值观。② 比如在科索沃危机、乌克兰危机与叙利亚战争中，欧盟主张政治解决方案，有限度地参与北约框架内的军事任务，在南高加索和阿富汗等国际问题上，欧盟向冲突地区派遣特别代表，加强欧盟与冲突地区之间的联系，协调联合国和欧盟各机构在应对危机时的行动，并通过政治和外交手段实现欧盟的政策目标。③

在经济上，欧盟社会的经济发展植根于共同竞争政策、共同市场政策、共同农业政策，这种结构性经济政策着眼于长期战略目标，通过建立欧盟与第三国的双边或多边经贸投资关系，实现"以贸促变"，影响其他国家行为体，以此加强欧盟的国际伙伴关系，通过"贸易力量"强化欧盟在国际社会上的"话语权"。

在战略目标上，欧盟在《马斯特里赫特条约》中明确规定欧盟共同外交政策的目标是"欧洲和世界的和平、安全和进步"。欧盟的促进民主、加强国际组织、继续发展和完善国际法、促进法治国家以及保护人

① 于芳：《文明力量理论与德国默克尔政府外交政策》，北京外国语大学博士学位论文，2014，第84页。
② 张浚：《欧盟的"民事力量"及其运行方式》，载周弘主编《欧盟是怎样的力量》，社会科学文献出版社，2008，第117页。
③ 金玲：《欧盟对外政策工具中"硬力量"与"软力量"的结合》，载周弘主编《欧盟是怎样的力量》，社会科学文献出版社，2008，第136页。

权等战略目标也符合其"文明力量"的角色定位。

值得注意的是，欧盟是全球重要的规范性力量，但这并不表明欧盟完全放弃防务建设。发展欧洲防务与"文明力量"的角色定位也并不矛盾。作为"文明力量"的欧盟并非完全拒绝军事手段，反而在对外政策中常以防止人道主义危机等"价值观"为由，在政治手段用尽的情况下，不禁止在集体安全机制内进行军事干预，比如1999年欧盟国家参与科索沃战争。但武力仍是欧盟最后的手段选择，且面临成员国国内的政治阻碍。

长期以来，欧盟徘徊在"防务自主"与"北约安全保护伞"的选择之间。作为欧盟领导力量的法国是构建欧盟独立防务的积极倡导者，而中东欧国家等"新欧洲"是美国领导的北约机制的维护者，德国主张欧盟防务与北约机制形成功能互补。实际上，自20世纪90年代巴尔干冲突以来，欧洲人就意识到，如果欧盟没有独立的军事力量，即使是在面对欧洲"家门口"的冲突时也束手无策，不得不听令于美国。1999年，在科索沃战争中欧盟国家军队呈现出结构性缺陷，战后欧盟很难抽出4万人去科索沃执行维和任务。[①] 其后20多年内，欧盟独立防务建设仍未有实质性突破。特朗普政府上台后，美国无意继续为欧洲提供免费的安全保障，跨大西洋关系一度陷入发展瓶颈，法国总统马克龙甚至发出北约"脑死亡"的言论。2018年马克龙主张建立欧洲军队，但该倡议并未得到欧盟另一领导力量德国的切实支持，且受到欧盟成员国军费分摊、利益不一问题与美国因素的制约，此外，欧洲军队倡议与欧盟"永久结构性合作"（PESCO）和"欧洲干预倡议"的任务界定也并不清晰。[②] 2022年

---

① 王湘穗：《欧盟军事力量和民事力量》，载周弘主编《欧盟是怎样的力量》，社会科学文献出版社，2008，第102~103页。
② 《张林初：马克龙倡议就法核威慑进行战略对话谈何容易》，国际网，2020年2月13日，http://comment.cfisnet.com/2020/0213/1318712.html，最后访问日期：2022年7月15日。

俄乌冲突爆发后，欧洲再次暴露防务短板。来自俄罗斯的安全威胁重新激活北约功能，二战后的中立国，如芬兰与瑞典加入北约；美欧加强安全合作，北约愈发成为美国全球战略扩展的工具。俄乌冲突的爆发令欧盟意识到亟须加强安全上的自我负责，但欧盟战略自主的政治实践前景愈发暗淡。2022 年出台的《欧盟战略指南针》明确指出，欧盟防务需与北约形成互补，而非代替关系。①

欧洲与美国对于战争与暴力有着不同的理解，在"文明力量"角色定位下，欧盟的外交政策更为关注长期目标，厌恶武力手段，偏好以规范的力量为引导，注重多边协调机制、政治对话与经济手段。欧盟积极参与塑造国际规则，从康德哲学出发，重新确定和改进国际法及其相关制度，以期建立一种新的国际权力分配机制，并试图将其他国际行为体纳入西方规范与价值体系中来。进入 21 世纪后，在日趋激烈的大国博弈中，欧盟致力于"用一个声音说话"，以提升欧盟在国际政治中的话语权。欧盟成员国的对外政策的欧洲化趋势也得到进一步加强。然而，欧盟在政治、经济、军事三个领域的一体化发展节奏仍严重失衡。长期以来，欧盟注重通过"规则"与"价值观"等规范性要素发挥国际影响力，在地区危机与国际冲突上，欧盟缺乏军事应对能力、军事资源与统一行动力。此外，欧盟的制度性结构深刻影响了欧盟的共同外交与安全政策。因各成员国国内利益不同，欧盟对外"用一个声音说话"往往受到成员国之间的分歧影响，这增加了各国集中调配军事资源的难度，减慢了欧洲部队的反应速度。未来，欧盟在共同外交与安全政策上仍需处理成员国与超国家机构之间的主权分配问题。

但值得注意的是，2022 年俄乌冲突将热战带回欧陆，欧盟对俄罗斯

---

① "Ein Strategischer Kompass für Sicherheit und Verteidigung," Europäischen Union, März 21, 2022, S. 2.

的安全威胁认知加深，这同时也暴露了长期以来欧洲防务一体化的缺陷。多年来由欧盟领导力量德国和法国力挺的旨在增强欧盟防务实力以及防务自主性的"永久结构性合作"仍无实质性进展。在欧洲防务一体化进展缓慢的情况下，欧盟意识到北约对欧洲安全的保障仍不可或缺，在美欧加强安全合作的同时，欧盟也致力于加强在北约机制内的"欧洲支柱"建设，分摊联盟防务成本，防止在联盟政治中被美国盟主"抛弃"。在防务领域，2022 年的《欧盟战略指南针》要求全方位加强欧洲安全机制建设，其核心行动是在 2025 年前建立包括陆、海、空军在内的拥有 5000 人的欧洲新型快速反应部队。① 除了《欧盟战略指南针》，2022 年的《北约2022 战略概念》以及 2023 年的北约维尔纽斯峰会公报也充分体现了北约与欧盟防务的嵌合性互补而非代替的关系。在俄乌冲突的背景下，欧盟政界不断反思"文明力量"的角色定位在应对国际地缘政治博弈时的缺陷。在此背景下，欧盟领导力量德国逐渐改变原有的军事领域"克制文化"，开启外交与安全政策的"时代转折"，大幅增加国防预算并且首次向冲突地区乌克兰提供武器。欧盟政界人士也在国际场合多次强调塑造欧盟的"地缘政治力量"，即未来以硬实力与规则主导权为基础，与俄罗斯展开在西巴尔干地区的地缘竞争。而在经贸领域，欧盟发布《欧洲经济安全战略》，以"去风险"（De-risking）为核心议题，直言"去风险"是基于国际地缘政治的考量。② 此外，在俄乌冲突中，美欧加强地缘经济协调。美国–欧盟贸易和技术委员会（TTC）的功能定位已从美欧经贸规则与科技标准的协调机制发展成应对所谓的地缘政治与经济挑战的跨大

---

① "A Strategic Compass for Security and Defense," Council of the European Union, Brussels, March 2022, pp. 13 – 14.

② "An EU Approach to Enhance Economic Security," European Commission, June 20, 2023, https://ec. europa. eu/commission/presscorner/detail/en/ip_23_3358.

西洋协调中心，其在出口管制、投资审查与科技标准等方面试图重塑西方规则。[①] 由此可见，在俄乌冲突的背景下，在防务领域，欧盟致力于促进各成员国加强国防建设，加强在北约机制内的"欧洲支柱"建设；在地缘政治领域，欧盟加快西巴尔干国家入盟进程，与俄罗斯进行地缘竞争；在经贸领域，欧盟以"泛安全化"的方式应对国际地缘经济竞争，将经济、技术、气候、网络与粮食供应等议题与安全问题广泛相连。可以说，在欧洲安全秩序遭遇挑战之时，欧盟外交角色正在从"文明力量"向"地缘政治力量"演变，其力争成为国际地缘政治中的"玩家"而非"旁观者"。

---

① 黄萌萌：《德国安全政策新态势：动力与制约因素》，《德国研究》2023 年第 1 期，第 51 页。

第四章

——✦◆✦——

美欧外交文化与外交行为模式对比

一 美欧外交文化对比

美国先民大多来自欧洲，美欧在民主、人权、法治以及自由主义等方面同出一源。二战后，美国通过"马歇尔计划"获得欧洲对其国际领导地位的认可，美欧维持各层级交流，跨大西洋价值观共同体是二战后美欧在国际事务中展现西方团结的"金字招牌"。然而，近年来在不稳定的国际环境中，欧盟期待通过战略自主维护其作为世界多极格局中重要一极的地位，但欧盟的战略自主不等于在大国博弈中维持中立，跨大西洋价值观共同体的韧性犹在。经历特朗普时期的美欧关系低谷后，拜登在上台后借助多边机制塑造"民主同盟"，期待以西方价值观维护美国在安全、经济、科技乃至全球治理领域的领导权。

尽管美欧政治思想同源，但由于美国缺乏历史经验与历史反思，美欧外交文化存在着较大差异，二战后，美国尚在重复欧洲国家在过去几个世纪中犯过的错误。正如法国前总统希拉克所言，"美国有着单边主义色彩极为强烈的世界观，而我本人则有着多边主义世界观，与单边主义世界观水火不容"①。即使过去近20年，希拉克之言仍是美欧不同外交文化与外交行为模式的真实写照。

欧洲历经百年战争，在战争后不断反思维护和平的方式，孕育出"永久和平"与"欧洲联合"等政治哲学思想。二战后因受到两极格局的限制，欧洲各国的军事硬实力始终不及美国，欧洲超国家机构欧盟致力于通过规范性与制度性影响力维持欧盟在国际政治中的地位。如今的"欧盟外交文化"更具有多元性与辩证性，在强调民主、自由与人权等西方价值规范的基础上，比美国更加期待和平秩序、注重国际法与国际规则、偏向多边主义。

美国建国200多年，从脱离欧洲大陆，怀揣建立新世界梦想的清教徒，到奉行"孤立主义"以确保自身制度优越性的建国先父，再到积极参与世界政治的"自由国际主义"政治家，美国既无沉重的战争历史包袱，也无大规模的社会历史反思，美国外交文化中的"美国例外论"与"美国主义"延续至今，塑造了美国人十分强烈的民族自豪感，并融合了"善与恶"的"非黑即白"式的宗教二元思维。无论是在冷战时期还是在冷战后，美国不断寻找或者塑造对手，定义"他者"，深陷"霸权国"与"崛起国"进行零和博弈的"修昔底德陷阱"。美国倾向于从现实主义与实用主义的视角，通过"硬实力"、"软实力"、"蛮权力"或"巧实力"等手段处理对外关系。② 在近年的国际变局中，美国从中东与阿富汗反恐战争中的泥沼中撤出，将战略重心转移至印太。

---

① 中国社会科学院欧洲研究所、中国欧洲学会编《欧洲模式与欧美关系：2003—2004 欧洲发展报告》，中国社会科学出版社，2004，第22页。

② 赵晨：《特朗普的"蛮权力"外交与美欧关系》，《世界经济与政治》2020年第11期，第71~88页。

（一）美欧外交规范与安全观对比

1. 对于世界秩序的认知不尽相同

美欧均致力于维护西方主导的国际秩序与国际规则。但欧盟主张建立一个多种力量并存且各种力量既合作又相互制约的"多极世界"，也致力于成为"多极世界"中重要的一极，维护欧盟的国际地位与话语权；而美国则致力于建立由美国主导的国际政治、经济与金融秩序，维护美国的"善意霸权"、"盟主"，或者是"单极霸权"的角色，从而在全球推行美国民主和政治制度。

2. 对于实力的不同认知

冷战后欧洲重视经济发展，由于历史沉疴，欧洲大国，特别是德国对增强军事实力有所"克制"，将武力视为最后的解决手段，奉行联盟集体行动的原则。法国虽然积极倡议欧洲独立防务建设，但其实力不足以独自支撑欧洲独立防务建设；而美国作为超级大国，其安全观、威胁认知以及战略文化与欧盟不尽相同，强大的军事实力使得武力更容易成为其运用的一种手段。二战后美国倾向于采取现实主义政策，结合"硬实力"与"软实力"，实行"软硬兼施"的外交战略。

3. 在国际事务中不尽相同的外交规范

欧盟认为在相互依存的世界里应当尊重国际法与联合国在解决国际问题上的"中心作用"。二战后西欧各国积极加入国际组织，坚持国际合作，奉行联盟外交以及"多边主义"原则，通过欧洲煤钢共同体限制"德国特殊道路"，避免历史重演，欧共体/欧盟与其成员国接受国际法和国际条约对于国家权力的制约，反对动辄使用武力；美国则一直对国际法超越其国家主权与国家法律权威不满，有选择性地遵守国际法，或者与联合国等国际组织进行务实合作，采取"有用则用，无用则弃"的做法。① 当国际法与国际组织与美国国家利益相抵触时,美国则回归单边主义。

"9·11"事件后,美国对于恐怖主义的威胁感知较欧洲更为敏感,这使美国对于联合国等国际机构对其外交行动的限制更加不满。而欧盟是国际法与国际刑事法庭的支持者,并且希望借此限制美国单极霸权;对于美国来说国际刑事法庭是制约其海外军事行动以及侵蚀美国士兵豁免权的因素,其在拒绝加入国际刑事法庭的同时向一些国家施压,阻挠国际刑事法庭的工作,欧盟对于美国立场的批评之声强烈。② 此外,欧盟及其成员国对于美国的人权状况时有批评。德国默克尔政府上台后,明确无误地向美国小布什总统提出关闭"关塔那摩"监狱的建议。欧盟也在一直指责美国的死刑制度。

4. 安全观差异

不同的历史经历让美欧形成了不同的安全观。欧盟通过一体化的方式解决了德国和法国的百年宿仇,因此,欧洲的安全观是以"共同安全"替代国家安全。协商与多边谈判等政治手段是解决安全问题的优先选择。对美国而言,安全的主体是作为民族国家的美国,美国实现国家安全的途径是军事手段(硬实力),配备政治谈判与经济手段(软实力),美国信奉在科技、军事以及经济领域的"实力至上",经常根据实力地位处理对外关系,包括使用"先发制人"的武力手段对待"他者"。美国在确保军事力量绝对领先的基础上具有使用武力的冲动。在国际政治领域,美国最为关注的问题是霸权国与崛起国之间的竞争,美

---

① 倪军:《德国的美国政策及美欧关系》,载殷桐生主编《德国外交通论》,外语教学与研究出版社,2008,第263页。

② 倪军:《德国的美国政策及美欧关系》,载殷桐生主编《德国外交通论》,外语教学与研究出版社,2008,第263页。

国安全观的目标是保证美国霸权的持久性，认为只有建立霸权秩序才能保证美国的国际领导地位以及西方的自由主义制度，霸权国与崛起国之间的零和博弈是美国的外交思维惯性。

冷战时期，美国强化国家安全概念，发展军事技术，扩大美国对各个地区安全的主导权和控制权。冷战后，西方自由民主制度并未取得如福山所说的"历史终结"般的胜利。南北经济差距加大、地区冲突不断，非传统安全威胁上升，民粹主义在美欧沉渣泛起。特别是在国际权力对比不断变化的背景下，美国并未跳出冷战思维，倾向于通过经济制裁、军事威慑以及塑造"价值观联盟"对待所谓的国际体系中的"他者"。

欧洲从理性主义与和平主义外交文化的角度出发，更为强调规则，在对外交往中强调"基于规则的国际秩序"，但该"规则"仍为由西方主导的规则，欧盟擅于通过外交谈判、多边协议以及经济手段维护其国际地位与国际话语权。鉴于欧盟的军事实力短板，欧盟无法像美国那样依靠军事手段，而是更多地借助经济工具与多边主义机制发挥对于其他国家的规范性与规则性的影响力，认为发展援助政策是有效的安全政策，倾向于采取谈判和对话的方式解决国际冲突，并不认可美国的单边主义行为。

但 2022 年的俄乌冲突挑战了欧洲安全秩序，也是欧盟安全观转型的催化剂。欧盟认识到北约的安全保护不可或缺，但各成员国亦趋向加强安全上的自我负责，特别是德国突破了多年来的"军事禁忌"，向乌克兰提供武器并大幅增加国防预算。德国安全政策的新动向对欧盟其他国家产生联动效应：芬兰和瑞典改变长达半世纪的中立地位，加入北约；东欧国家不断向乌克兰运输武器；欧俄关系陷入对立僵局。欧盟各成员国认为北约机制对于保障欧洲安全来说必不可少，北约功能因此被重新激活；其还认为北约与欧盟防务需要形成互补而非替代关系，法国总统马克龙所称的北约"脑死亡"言过其实。欧盟的战略自主诉求并非脱离美国与北约机制的安全保障，而是加强在安全上的自我负责，并在供应链与产业链上增强自主，实现多元化。

基于后民族国家以及后现代国家的观念，欧盟依靠一体化机制解决欧洲内部的安全问题，通过国际机制与政治谈判解决国际冲突，但未来欧盟安全观的转型方向是加强北约机制内的"欧洲支柱"建设。欧盟要求所有入盟国家都要和周边国家签订和平条约，否则不予考虑。[①] 俄乌冲突使允许乌克兰入盟的呼声渐强。然而，无论是乌克兰的内政改革还是其安全环境都不符合入盟标准，因此欧盟只能给予乌克兰候选国地位，而无推动其迅速入盟的实质性举措，欧盟极力避免与俄罗斯发生直接对抗。

（二）美欧外交文化的异同

1. 美欧外交文化共性

美欧在自由、民主等方面仍拥有相似的价值观，这是跨大西洋价值观共同体的形成基础，也是美欧外交文化的共性所在，双方各自建立了实现上述价值观的基本政治制度。美欧双方在国际事务上的协调以及美欧关系缓和也是以西方"价值观联盟"为旗号的。经历特朗普执政时期的美欧纷争后，拜登在上台后积极打造"民主同盟"，以价值观链接向盟友展示"美国归来"的盟主形象。俄乌冲突后，美欧因安全问题而再次捆绑在一起，同时跨大西洋价值观共同体也是美国巩固西方阵营，推进美欧战略协调的重要手段。

跨大西洋价值观共同体旨在传播西方价值观以及促进国际自由贸易

---

① 中国社会科学院欧洲研究所、中国欧洲学会编《欧洲模式与欧美关系：2003—2004 欧洲发展报告》，中国社会科学出版社，2004，第 18~19 页。

发展。二战后，美国大力援助西欧重建，冷战期间西欧国家发展成为美国的"小伙伴"与"跟班"。欧洲民众对于美国的援助也心存感激，选择融入西方安全与政治阵营，这是跨大西洋价值观共同体存在的制度保障。冷战后欧盟加强了自身的外交认同与角色定位，在外交与安全政策上不再对美国言听计从，致力于推进欧盟国家的一致行动与欧盟战略自主，对于美国的单边主义外交多有批评。美欧深层次的结构性矛盾逐步显化，美欧关系从二战后的"亲密盟友"发展成为在争论与分歧中寻求共同点与妥协的"民主同盟"，双方倾向于进行务实性的联盟合作。

尽管如此，跨大西洋价值观共同体仍是维持美欧关系的纽带，冷战后美欧在国际事务上的纷争增多，但美欧关系的裂痕以及跨大西洋联盟的危机不应被夸大，双方依然致力于在国际事务中进行沟通、协调与合作，传播西方民主、自由思想仍为跨大西洋联盟的共识。即便美欧在国际事务中的分歧时有发生，但这些分歧仍无法撼动欧盟将美国视为最重要盟友与对外政策根基的事实，特别是欧盟在安全利益上仍与美国捆绑在一起。在国际冲突与国际危机中，美欧大多致力于寻求政府层面的对话与磋商，即使"貌合神离"也会尽力维护联盟团结的表象。美欧之间由不尽相同的外交文化导致的外交行为差异与相互批评更像是盟友之间的"我者"矛盾，美欧并不将彼此视为"他者"。欧盟官方文件多次强调跨大西洋价值观共同体的重要意义，美欧政府与民间各机构保持长期紧密的协作与磋商。

2. 美欧外交文化差异

美欧外交文化差异与美欧的历史背景差异息息相关。欧洲政治与外交文化经历了断裂，而美国政治与外交文化没有发生重大转折。欧洲大陆百年来战争不断，经历了数次统一和分裂，欧洲安全秩序不断被解构与重构，欧洲在二战后推进"欧洲联合"，从欧共体到欧盟，成为国际政治中独特的力量，并致力于成为世界多极格局中的重要一极。欧盟始终在民族国家与共同体的基础上寻求多样性中的同一性。与欧盟相比，美国没有沉重的历史包袱，美国18世纪以来的领土扩张以及南北战争没有从根本上动摇美国建国以来所形成的政治体系、政治思想与价值观，美国的政治与外交文化没有像欧洲那样发生重大断裂，而是不断扩大对世界的影响力。

（1）外交文化中的政治思想

二战后，欧洲安全秩序被美苏两极格局代替，欧洲政治与外交文化发生嬗变。战后，德国率先发起对军国主义、种族主义以及"德国特殊道路"的历史反思，"欧洲联合"不仅是为了恢复战后经济，也以制约德国再次走上军事道路为目的。20世纪60年代发源于德国的和平主义与反威权左翼社会运动浪潮蔓延至西欧各国，西欧各国告别几个世纪以来的军事强权状态。此后，环境保护、女权运动以及反抗威权等后现代观念也在欧洲更为广泛地流传。而美国外交文化仍秉持200多年来作为"上帝选民"的美国人被赋予"天定命运"及"美国例外论"的思维惯性，美国政治思想中的孤立主义、理想主义、民族主义以及新保守主义都与上述理念有着千丝万缕的联系，它们传承自早年的清教徒，认为美国的发展历程注定与传统国家完全不同。①

（2）自由主义分歧

美欧在自由主义上的分歧主要体现在经济方面，而非政治领域，特别是国家对于市场经济的作用方面。美国的自由市场经济模式（free market economic model）赋予市场充分的权力与空间，主张减少政府干预。②

---

① Ben J. Wattenberg, *The First Universal Nation: Leading Indicators and Ideas about the Surge of America in the 1990's*, New York：Free Press, 1991, p. 418.

② 殷桐生：《德国外交的欧洲情结》，载殷桐生主编《德国外交通论》，外语教学与研究出版社，2008，第33页。

欧盟实行社会市场经济模式（social market economic model），主张企业竞争与国家监管相结合。

二战后，美国以"马歇尔计划"帮助欧洲经济重建，输出美国"自由市场"理念与规则；冷战后，美国致力于在世界范围内建立起一套基于"规则体系"、以美国为中心的"市场帝国"体系。在这一体系下，"美国例外论"始终发挥着作用，美国否认其他国家在联盟内部的领导权，强调自由贸易理念的政治正确性，乐见欧洲市场一体化的发展，迫切希望降低甚至消除欧洲基于国家主权设置的贸易壁垒。然而，欧洲市场一体化始终存在发展悖论。一是"政治一体化的欧洲"与"市场一体化的欧洲"之间的紧张关系。在法国学者萨莱斯（Robert Salais）看来，"向市场低头"几乎是欧洲的原罪，完全依靠"全球市场自由化"是将欧洲的命运置于美国霸权之下。二是"普通民众的欧洲"与"精英的欧洲"之间的紧张关系。欧盟的机构设计是由欧洲政治和经济精英联合推动的，普通民众对欧洲一体化的"宽容共识"主要是基于对各国政治和经济精英的信任。[1] 欧盟曾向各成员国的公民承诺创设一个权利平等、公平公正、人人自由和福利水平更高的共同体。然而，随着欧洲统一自由市场的发展，欧盟南北成员国之间的差距，乃至成员国社会内部阶级的经济差距并未缩小。在欧债危机后，欧盟在经济模式上需要重新审视经济发展与社会的平衡关系。

2007 年，欧盟将"社会市场经济模式"作为基本经济制度写入《里斯本条约》。欧债危机后，在欧洲一体化进程中，社会市场经济模式逐渐成为欧盟经济治理的基本原则。与强调自由竞争、崇尚市场效率并批评政府干预的美国自由市场经济模式不同，欧盟社会市场经济模式尽管仍

---

① 魏南枝：《欧洲为什么不能掌控自己的命运？》，《文化纵横》2022 年第 3 期，第 49~57 页。

然遵循市场经济原则，但国家对实现经济繁荣和社会公正负有更多责任。在这一模式中，竞争秩序是实现经济增长与保障全民福祉的基础。保障竞争秩序也就成为欧盟社会市场经济模式区别于美国经济模式的鲜明特色，即国家一方面要借助各类制度安排和经济政策维护竞争秩序，另一方面要避免不必要的经济干预与社会政策损害竞争秩序。[①]

（3）国家与民族认同

欧洲流行"后民族国家"理念，对于"后民族国家"理念的热捧使得不少欧洲学者把民族主义和民族国家视为"过时"的理念。[②] 走出霍布斯"无政府世界"而进入康德"永久和平世界"的政治理想推进了欧洲一体化，"欧洲联合"是缓解欧洲百年来民族矛盾与冲突的重要途径。德国前外长费舍尔直言"欧洲联合"的核心思想在于"通过各国利益交织以及各国向欧盟上交部分主权摆脱《威斯特伐利亚和约》后的欧洲均势以及单个国家的霸权主义"[③]。冷战后，东欧国家申请加入欧盟。自由、人权、民主、法治、团结互助与多样性是欧洲认同的基础，它们是新成员国入盟的必要条件，在欧洲一体化过程中发挥了重要作用。不可否认的是，欧盟各民族国家的融合过程仍然面临巨大挑战。"新欧洲""老欧洲"在政治、经济、社会和政治文化上的差异较为明显，中东欧国家融入欧盟价值观共同体也是一个漫长的过程。特别是在欧债危机后，欧洲民粹主义势力再次上升。但"欧洲认同"仍是连接欧盟各成员国的重要纽带，促使欧盟

---

① 胡琨：《后危机时期欧盟经济治理模式变迁刍议——社会市场经济模式的视角》，《欧洲研究》2018 年第 4 期，第 27 ~ 47 页。

② 刘立群：《德国政治文化：当代概观》，载邝杨、马胜利主编《欧洲政治文化研究》，社会科学文献出版社，2012，第 202 ~ 203 页。

③ Joschka Fischer，"Vom Staatenbund zur Föderation-Gedanken über die Finalität der europäischen Integration. Rede in der Humboldt-Universität in Berlin am 12. Mai 2000," Johannes Kepler Universität Linz，http://www.jku.at/eurecht/content/e69262/e69667/e69692/files69693/Fischer_Finalitaet_ger.pdf，最后访问日期：2015 年 4 月 20 日。

在多样性的基础上寻求同一性与共同行动，捍卫欧盟在国际事务中的独特地位。由此，国家民族认同意识的淡化、后民族国家思想以及欧洲联邦主义成为欧盟外交文化的亮点。

　　美国外交文化中的"美国主义"与"美国例外论"塑造了美国人强烈的民族国家自豪感，甚至是本国的民族主义，美国可谓彻底的主权主义者。美国建国先父建立了与欧洲大陆不同的政治模式。19世纪，美国孤立主义政治家反对欧洲干预美国事务或者美国卷入欧洲事务，以保证美国在国际纷争中独善其身。二战后，美国的外交政策更具有现实主义色彩，但美国对欧洲的后民族国家思想较为怀疑，甚至认为维持联盟的成本与代价都过于高昂。小布什政府中的新保守主义者不断加强美国军事建设，进行对外干预，但维护美国霸权一直是美国外交中不可摒弃的王牌。罗伯特·卡根直言"美国单方面使用武力的倾向是对欧洲'后民族国家'本质的一种冒犯"①。大多数欧洲人并不认可美国人"霍布斯"式的世界观，更难以接受美国的"单极霸权"。②

　　（4）和平主义与军事行动的偏好

　　近百年来，强权政治与军国主义给整个欧洲带来了巨大的痛苦。二战后，欧洲在国际事务中尽可能不使用武力，把武力仅作为最后手段，欧洲民众强烈的反战情绪与"和平主义"倾向成为二战后欧盟外交文化的突出特点。学界将欧盟称为"文明力量"，其典型特征是以国际法和国际机制发挥在国际事务中的影响力；而美国自诩为"山巅之城"，拥有"上帝选民"般的"道义使命"，即有责任传播美国的民主与其他价值观，认为即使动武也具有正义性，由此呈现出"霸权主义"特征。美国在历

---

① 〔美〕罗伯特·卡根：《天堂与权力——世界新秩序中的美国与欧洲》，刘坤译，社会科学文献出版社，2013，第87页。
② 赵怀普：《当代美欧关系史》，世界知识出版社，2011，第217、316页。

史上并未经历强权政治所带来的巨大痛苦，其对待权力与军事力量的态度与欧洲有较大差异。美国自二战结束以来不断增加军费开支，在冷战时期为欧洲提供安全保障，具有单边使用武力的意愿和能力，其强大的军事实力为其使用武力以及军事威慑手段提供了保障。但美国频繁动武也不时引发社会大众的厌战情绪，特别是在越南战争后，美国对于海外军事干预开始了社会反思，牺牲自身社会福祉而军事干预外国事务的做法在美国国内时常引起民众的示威游行，也成为国内两党竞争的重要话题。欧盟试图通过国际法与国际机制对美国权力加以限制或者说服美国回归多边谈判，这也是美欧在国际事务上争吵的重要原因。

（5）多边主义在美欧外交文化中的地位

"多边主义"在欧盟具有权威性，不仅是欧盟的外交原则，在其外交实践中也被奉为圭臬。欧盟在国际危机中擅于进行外交斡旋，通过国际机制与国际法解决国际危机是欧盟"多边主义"外交原则的集中体现。在外交实践中，欧盟向来积极支持联合国决议与行动，或者在北约框架内的集体行动，而非单独行动。比如德国与欧盟曾在中东地区与乌克兰危机中多次开展"穿梭外交"，致力于和平解决国际冲突，寻求外交解决方案，达成多边协议，谨慎使用武力；而美国对于"多边主义"的理解则更多地建立在维护国家利益的基础之上，其参与国际机制与遵守国际法主要是为了服务于美国国家利益，国际机构被视为执行美国意志的战略工具。当国际多边协议有违美国国家利益时，美国又将回归单边主义。

（6）国家利益观

欧盟各成员国签署入盟条约，将部分主权，特别是货币主权上交给欧盟。随着欧洲一体化的深入与欧债危机后的欧盟改革，欧盟更加致力于"用一个声音说话"，各国签署"财政契约"，成员国加强财政政策与经济政策的协调与监管。近年来在激烈的大国博弈中，欧盟各国在外交与安全政策上也更深地嵌入欧盟这一超国家机构之中。各成员国"抱团取暖"，在全球竞争中通过妥协与共识确保各自的经济、外交与安全利益，优先采用非军事手段维护本国利益。而美国外交文化中的"美国主义"与"美国例外论"共同塑造了美国强烈的"国家利益至上"的观念，美国从建国起就是一个商业社会，因此也是一个奉行实用主义的社会。现实主义者与新保守主义者均认为美国利益优先，认为在全球范围内实现美国的政治与经济利益是确保美国霸权以及美国在国际政治中立于不败之地的关键因素，武力从来不是最后的手段。①

（7）经济、社会与生态的平衡发展

欧盟向来重视气候变化应对以及环保方面的政策，制定雄心勃勃的气候保护以及能源转型目标，期待在气候保护与全球治理上发挥国际引领作用，并影响其他国家行为体。2019 年 12 月，欧盟委员会发布《欧洲绿色协议》，提出让欧洲在 2050 年前成为全球首个"碳中和"的大洲，改革领域包括能源、工业、生产和消费、基础设施、交通、粮食和农业、建筑、税收和社会福利等。② 2020 年 3 月，欧盟委员会发布《欧洲气候法》草案，以立法的形式明确到 2050 年实现"碳中和"的目标，并将欧盟"碳中和"长期战略提交给联合国。而为了保护本国石油、汽车等传统能源与工业集团，加之国会的阻力，美国在社会及生态平衡领域没有成为国际引领者，并且与欧盟在上述议题上争执不断。比如小布什政府曾退出《京都议定书》，特朗普在执政时期拒绝承认气候变化并退出《巴黎协定》，美欧曾因此陷入艰难的谈判。

---

① Daniel Deudney, Jeffrey Meiser, "American Exceptionalism," in Michael Cox, Doug Stokes, eds., *US Foreign Policy*, Oxford: Oxford University Press, 2008, pp. 25 – 36.

② "The European Green Deal: Striving to be the First Climate-Neutral Continent", European Commission, https://ec. europa. eu/info/strategy/priorities – 2019 – 2024/european-green-deal_ en, 最后访问日期：2022 年 7 月 30 日。

（8）美国宗教性与欧盟世俗性

美欧有不同版本的启蒙运动，美国代表的是"自由主义政治学"，这与法国和德国代表的"理性主义政治学"有所不同。早在殖民地时期，美国就已推行教会与国家分离政策，美国教会是由社团运作的。因此美国的启蒙运动思想家和政要并不反对教权，也不反对基督教，而是将宗教信仰自由作为基本公民权。正因如此，美国政治与社会生活中的基督教色彩浓厚，民众普遍具有宗教心理。在美国市民社会和公共生活领域，宗教一直扮演着重要角色，并对美国的外交政策有直接影响。小布什政府的施政纲领在形式上也秉承了自美国启蒙运动以来的清教主义叙事方式，在中东以武力推行美国式的政教分离与宗教自由理念，并将其视为美国民主理念的重要组成部分。美国福音教派在人权领域扮演着重要角色，在世界范围内广泛资助人权组织与团体。美国的妇女权益问题也与宗教信仰息息相关。

而宗教在欧洲国家外交政策中所发挥的作用和影响力无法与美国相比。欧洲人更多地选择世俗化。德国与法国的启蒙运动具有鲜明的"反教权"性质，将矛头对准基督教，以温和或者激进的方式推进"理性主义"，对宗教组织及与之相关的世界观提出挑战。法国直至20世纪初才真正实施政教分离政策，这与美国宪法中规定的"政教分离"含义颇为不同：法兰西共和国作为"世俗性的"、彻底清除所有宗教象征的国家而存在。法国的"世俗化"国家理念影响了整个欧洲大陆。在德国，二战后虽然基督教民主联盟成为主流政党，但宗教因素在德国内政与外交政策中的影响力较小，德国不再在国家层面设立建制性教会。德国的社民党与绿党等左派政党崛起，它们大多具有强烈的世俗色彩，工会以及社会福利制度也代替了基督教的功能。随着欧洲一体化的深入，即使是天主教影响较深的南欧国家也在向"世俗化"靠拢，世俗左派与宗教右派之间的博弈愈发激烈。因此，欧洲在世俗化道路上走得更远。而宗教在美国仍扮演着重要政治角色，但欧盟无意参与美国以捍卫宗教自由为名发起的对外军事干预行动。①

二　美欧外交行为模式对比

（一）美欧关系的裂变与回温

20世纪前半叶，两次世界大战给欧洲带来了巨大创伤。二战后，在美国"马歇尔计划"的扶持下，西欧进行战后重建。西德的阿登纳政府顶住国内党派不同意见的压力，在"何去何从"的问题上选择加入西方阵营，在美国的支持下，西德成为北约成员国。至今欧洲国家仍对美国的战后政治与经济援助心存感激。冷战时期，出于防范苏联的目的，西欧国家依赖美国主导的北约机制提供的安全保障，跨大西洋联盟的基础是安全战略汇合与跨大西洋价值观共同体。

跨大西洋价值观共同体的核心是所谓的西方"自由、民主、人权"理念，它们的形成是基于美欧外交文化的共性。相对而言，美国民主党总统擅于应用"巧实力"外交，即巧妙结合"硬实力"与"软实力"，根据国际形势、"我者"与"他者"的类别，混合应用现实主义者所重视的军事与经济手段、自由主义者与制度主义者所关注的国际合作与制度性权力，以及建构主义者所看重的规范性力量。② "巧实力"外交的原则是：军事上保持绝对优势，可以根据情势需要使用武力；经济上保持西方

---

① 〔美〕彼得·伯格、〔英〕格瑞斯·戴维、〔英〕埃菲·霍卡斯：《宗教美国，世俗欧洲？》，曹义昆译，商务印书馆，2015，第22～31页。

② Joseph S. Nye, Jr., "Hard, Soft and Smart Power," in Andrew F. Cooper, Jorge Heine and Ramesh Thakur, eds., *Oxford Handbooks of Mordern Diplomacy*, Oxford：Oxford Universiy Press, 2013, pp. 402 – 414.

自由主义国际秩序；制度上捍卫美国所建立的国际多边机制与北约机制；观念上发挥"人权""民主""自由"等西方价值观的影响力，并结合硬实力遏制或打击"他者"国家或政治行为体。在"巧实力"外交框架下，美国民主党总统积极寻求与欧洲盟友达成多边共识，支持美欧在国际事务中加强对话与协调，向欧洲展现"软实力"，以维持美国在跨大西洋联盟内的"善意霸权"形象、美国国际领导力以及"以西方规则为基础"的国际秩序。跨大西洋关系在民主党总统执政时期，如奥巴马、拜登执政时期都有所回温，这种回温不仅是美欧双方在国际权力对比变化加剧的环境下寻求战略汇合的结果，也是由于美欧外交文化共性的联结作用。

与民主党政府不同，美国共和党政府更加偏好单边主义行为，倾向于消极看待国际合作、国际机制与国际法，轻视甚至忽视欧洲盟友的作用。比如小布什政府在第一任期内奉行新保守主义路线，在尚无联合国授权的情况下，组建"志愿者联盟"，发动对伊拉克的战争，在政治叙事中分化"新""老"欧洲；小布什政府退出《京都议定书》，认为雄心勃勃的气候目标会损害美国经济。当时，德、法等"老欧洲"对于美国单边主义行为的抵制情绪严重，欧洲蔓延着反美情绪。

特朗普在上台后奉行"民粹主义"执政理念。由于美国国内日益严重的两极分化，特朗普的"让美国再次伟大""工作岗位回流"等口号吸引了大批美国白人与中低收入选民。美国将自身社会与经济困境归咎于"他者"的不公平竞争行为。为此，美国接连退出一系列国际组织，也对欧盟的钢铝产品与食品征收惩罚性关税。继小布什政府后，跨大西洋关系再次裂变，美欧外交行为方式的分歧也再度成为国际关注的焦点。以往美国共和党政府的对欧政策仍保持开放，美国愿意扮演"善意霸权"的角色；而特朗普的单边主义行为具有明显的"内顾性"，其自利性极为突出，秉持美国"国家利益至上"的观念。特朗普在对外政策上实施

"蛮权力"外交，其特征是追求即时收益的实用主义、将经济相互依赖和国际机制"武器化"以及粗鲁无礼的外交风格。"蛮权力"的外交手段不仅包括军事威慑，美国还将经济、贸易、投资、科技以及人文交流等原本的"软实力""武器化"。欧盟面对美国的"蛮权力"外交转向，试图通过增强欧盟自主性与团结性来提高联盟韧性，在经济、规范等优势领域进行反击。但是由于欧盟的实力所限，其对特朗普政府"蛮权力"外交的反击仍属于制约行为，而非制衡行为，其寄希望于美国国内政治发生变化，从而使美国外交从"蛮权力"战略重回"巧实力"战略。①

拜登赢得美国大选后，欧盟在修复跨大西洋关系上对拜登寄予厚望。但美国在阿富汗仓皇撤军等单边主义行径仍时而出现。2022 年，俄乌冲突在极大程度上挑战了欧洲安全秩序，欧盟意识到欧洲安全仍离不开美国与北约的保护，美欧因安全议题重新捆绑在一起。② 这也是基于长期以来以"文明力量"角色定位为特征的欧盟外交文化。冷战后，欧盟仍偏重经济发展，轻视安全建设，欧盟的共同防务建设由于欧盟的制度性制约与各成员国的半心半意而缺乏实质性进展。近年来，在中美俄欧四方博弈中，欧盟从不"选边站"的观望状态变为愈发向美国靠拢。在美国压力下，欧盟战略对冲空间变小。但欧盟在大国博弈中仍是一个不确定变量。认知美欧外交文化及其外交行为模式的异同，对我国有针对性地制定对欧与对美战略，稳住欧洲变量，在百年变局中处理好大国关系，维护国家利益至关重要。

总而言之，美欧外交文化与军事实力存在天然差距，这导致冷战后的美欧在国际事务上分歧不断。冷战后，随着欧洲一体化的进一步发展，

---

① 赵晨：《特朗普的"蛮权力"外交与美欧关系》，《世界经济与政治》2020 年第 11 期，第 71～88 页。

② 赵晨：《欧美关系被安全议题重新"绑定"》，《世界知识》2022 年第 10 期，第 15～17 页。

欧盟力求改变冷战时期唯美国马首是瞻的"小伙伴"身份，寻求战略自主，致力于实现与美国平起平坐，通过国际多边机制扩大对美国的影响力，增强欧盟在国际事务中的话语权。冷战后，欧盟战略自主与美国霸权之间存在着结构性矛盾，美欧关系的回温并不能消除双方在国际问题上的异见，美欧在外交行为模式上的固有分歧不断显化，主要表现在单边主义与多边主义、军事力量与外交力量、基于规则的国际秩序或基于美国利益的西方秩序等领域。

（二）美欧外交行为模式差异

由于欧盟和美国的历史背景、政治生态以及社会各界的外交价值取向不尽相同，双方外交文化的差异，以及国际环境变化、实力差距、国家利益差异等客观因素导致美欧外交行为模式的差异明显。

美欧外交行为模式的差异主要体现在对待武力的态度、对多边主义的运用、对国际秩序的认知等方面。欧盟主张建立多种力量并存、文明化与法治化的国际秩序，后民族国家思想以及欧洲联邦主义是欧盟外交文化的亮点；欧盟更加注重联合国与国际法的作用，反对美国的"单边主义"以及"实力至上"原则。经过战后反思，欧盟的领导力量德国告别了强权政治与军国主义，欧洲由于军事实力限制，对于使用武力也较为谨慎，因此欧盟政界主张世界不同文化与政体之间的合作和对话，其外交文化更加具有思辨性，将武力仅作为最后手段，在很大程度上并不认同美国急躁的军事行动。此外，欧盟的实力不及美国，因此欧盟在外交行为上更加注重多边主义，限制武力运用，以北约和联合国等国际机制为依托发挥国际影响力；各成员国将国家利益置于欧盟这样一个超国家机构之中，在国际事务中通过外交斡旋发挥超越自身实力的国际作用。

拜登上台后，通过塑造"价值观联盟"争取欧洲盟友的支持，巩固"盟主"地位，不断寻求与欧盟以及"志同道合"伙伴之间在"国际秩序"上的共同话语。虽然美欧均支持西方主导的国际秩序，但欧盟对于国际秩序的理解更多的是基于二战后的《联合国宪章》与国际法，而美国对于国际秩序的理解仍是基于美国利益的内核。美国的外交文化具有"天定命运"观以及"美国例外论"等思维烙印，深受"非此即彼"的二元对立论的影响，认为美国价值观理应成为世界典范，过高估计美国在世界行使权力的正义性，联合国与国际法往往被认为是限制美国外交行动力的因素，而不认可美国理念的国家往往被贴上"威权国家"甚至"邪恶国家"的片面道德标签；由于美国强大的军事实力令美国能够在多边主义与单边主义之间自由转换，这使得美国外交行为具有过度使用军事手段、有选择性地遵守国际法与国际机制以及有限度地回归多边主义的特征。近年来，跨大西洋联盟也因美国的单边主义倾向而面临多重挑战，美欧双方在外交与安全争论中寻求妥协方案。

冷战后，欧盟虽然在安全领域仍然依赖美国及北约，但随着欧洲一体化的深入，欧盟战略自主的诉求上升，其积极推动欧洲外交与安全政策的协同，不愿再唯美国马首是瞻。冷战后，欧盟谋求在更加平等的基础上与美国开展合作，致力于在跨大西洋各层级机构中通过对话、磋商与游说影响美国白宫与国会的外交政策与外交意见。

但在欧盟战略自主的追求过程中，欧盟与美国的外交与安全战略因各自外交文化与外交行为方式的差异，时常在离心力与聚合力之间徘徊，从而引起美欧关系的变化。21世纪初，德国总理施罗德与法国、俄罗斯和中国一道，共同抵制美国发动的伊拉克战争，甚至宣称德国作为自信国家应当走"德国道路"，公开批评美国有违国际法的"先发制人"的战争，德美关系由此陷入僵局，甚至引发"新""老"欧洲的分歧。在20年后的俄乌冲突中，德、法作为欧盟的领导力量仍致力于通过重启"诺曼底模式"谈判来解决俄乌危机,但当战火发生在"家门口"后,欧盟为之震惊,意识到欧洲安全无法脱离美国与北约的保护,进而明确欧盟战略自主诉求并非脱离美国安全保障,而是加强欧盟在安全上的自我负责,在北约框架内加强"欧洲安全支柱"建设。

第五章

——⚜——

美欧外交文化与外交决策机制

对于任何一个国家而言，外交决策机制都是多种因素互动作用的结果，涉及国家行为体或超国家机构的决策机制、各职能部门的权力分配以及决策者性格等因素。外交决策的具体形式由此也可以分为理性决策、组织过程决策和官僚政策决策三种模式。美欧外交文化的作用存在于上述三种决策模式之中，并对美欧外交决策产生深刻的影响。

一 美国外交文化与美国外交决策的"多元参与者"

美国外交文化中的个人主义与自由主义决定着美国民众对于政府权力持有怀疑与防备的心态，这使得美国在建国之初便形成了三权分立的机制，政治精英将权力的"利维坦"锁在"笼子里"。美国外交政策的显著特点是立法机构、市民社会与媒体在美国外交决策中共同发挥着重要作用。美国学者帕金斯曾言，"美国外交政策并不源于外交秘密策划，而是源于公众舆论……没有哪个国家像美国那样具有如

此强烈的公共参与对外事务的传统"①。法国历史学家瓦伊斯也认为:
"在对外关系上,美国立法机关占有优势,即使总统仍然是美国外交事
务的核心人物……但与其他民主国家相比较,美国国会以及公民社会表
现出来的影响力更大。美国公民社会力量包括:公众舆论、政治经济力
量、游说集团和非政府组织等。"② 无论上述言论对于不同时期的美国
政府外交决策而言是否有些言过其实,美国国会、媒体、民众舆论对其
外交政策的影响都不可忽略。实际上,美国外交决策的运行机制对托克
维尔的民主观点提出了挑战,托克维尔曾言"一国的对外政策不需要
民主所具有的任何素质"③,但在美国百年外交实践中,美国的外交政
策是内政的延续。各方力量的相互制衡决定着美国外交政策走向,美国
总统的外交权力受到诸多制约,美国外交决策的机构设置也体现了这一
制度文化。

根据邢悦的划分,参与美国外交决策的角色可以被分为四个圈层。
前三个圈层为核心圈层的美国总统及其顾问、政府部门、国家安全委员
会、国会,中间圈层的美国利益集团、政党与智库,以及第三圈层的美
国公众舆论,特别是媒体舆论与选民舆情。然而,美国外交文化经过社
会学习过程,根深蒂固地根植于美国社会各界的外交认知之中,作为外
交规范影响着美国人的思维方式、外交价值取向与外交偏好,因此,美
国外交文化对上述三个圈层均有着深刻而持久的影响,形成第四个圈层

---

① Dexter Perkins, *Foreign Policy and the American Spirits*, London: Cornell University Press, 1957, p. 3.

② 〔法〕夏尔-菲利普·戴维、〔法〕路易·巴尔塔扎、〔法〕于斯丹·瓦伊斯:《美国对外政策——基础、主体与形成》(第二版修订增补本),钟震宇译,社会科学文献出版社,2011,第218~219页。

③ 转引自〔法〕夏尔-菲利普·戴维、〔法〕路易·巴尔塔扎、〔法〕于斯丹·瓦伊斯《美国对外政策——基础、主体与形成》(第二版修订增补本),钟震宇译,社会科学文献出版社,2011,第218~219页。

（见图 5 - 1）。

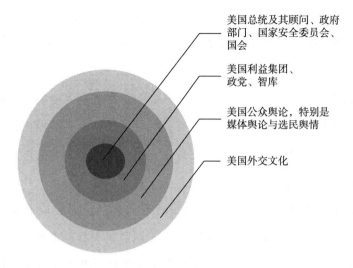

美国总统及其顾问、政府
部门、国家安全委员会、
国会

美国利益集团、
政党、智库

美国公众舆论，特别是
媒体舆论与选民舆情

美国外交文化

图 5 - 1 参与美国外交决策的角色

资料来源：邢悦《文化如何影响对外政策——以美国为个案的研究》，北京大学出版社，2011，第 218 ~ 223 页。

美国外交文化的核心要素之一就是"美国主义"，其以自由主义、限制政府权力以及爱国主义为显著特征。美国外交决策机制也呈现出美国外交文化的显著特征，为美国各界参与外交决策创造了空间。不仅美国外交决策核心圈层内各方的权力相互制约，美国外交决策参与者还具有"多元主体性"的特征。具体而言，一方面，在美国三权分立、民主选举以及舆论监督的政治体制下，白宫的外交决策过程受到立法机构——美国国会的牵制，白宫与国会之间的争执司空见惯；另一方面，美国外交决策还受到公众舆论以及利益集团等的制约。[1] 值得注意的是，不同时期的美国外交决策方面的权力分配比重不同，特别是在危急时刻，美国人出于威胁认知与爱国主义心理，展现"团结在总统周围"的外交偏好。比如

---

[1] 邢悦：《文化如何影响对外政策——以美国为个案的研究》，北京大学出版社，2011，第 237 页。

"9·11"事件后，美国总统在外交决策中旋即获得核心地位，小布什总统在安全和外交上的权力也随之扩大。但在常规时刻，美国总统的外交决策权受到各方牵制，即使总统和行政部门在外交事务上具有较大的权力优势，却并不是最终权威。①

美国外交文化对美国外交决策的核心圈层有着巨大的制约作用。无论决策机构的权力如何，决策者拥有何种领导风格，其所做出的外交决策都必须符合其所拥有的外交文化背景，否则就会被大众质疑。美国的政治领袖反映了美国社会的价值观念，一旦他们在执行国家外交政策时严重违背这些价值观念，他们就会受到政府部门、国会以及媒体的批评，甚至可能会加剧国内社会分裂。在美国总统中具有理想主义色彩的就是威尔逊与罗斯福总统，他们分别鲜明地反映了当时美国的主流文化与价值观。特别是对于罗斯福而言，自由国际主义不仅是他的执政理念，奉行自由国际主义也是珍珠港事件后美国大力从事反法西斯斗争的绝对必须。而美国特朗普总统的执政理念与以往共和党总统格格不入，其"民粹主义"执政理念不仅导致跨大西洋关系的裂痕，也加剧了美国社会分裂。特朗普执政期间，美国自由国际主义者不断进行示威游行，与支持特朗普的白人优越主义者对抗。因对2020年的选举结果不满，特朗普的支持者暴力闯入美国国会大厦，这场骚乱是美国国会200多年来遭受的最严重的袭击，直接造成5人死亡、约140名警察受伤以及国会大厦的财物损失。包括奥巴马在内的美国多名政客与美国《华尔街日报》等媒体均将该事件形容为美国的"国家耻辱"与"对民主的侵害"。②

---

① 赵学功：《当代美国外交（修订版）》，社会科学文献出版社，2012，第488页。
② 《特朗普支持者冲击国会酿成五人死亡和"对民主的侵害"》，BBC中文网，2021年1月6日，https://www.bbc.com/zhongwen/simp/world-55565454。

　　按照美国的宪法，美国总统因拥有最高行政权而在外交决策上具有最直接的权力，美国总统领导下的行政部门包括国家安全委员会、国务院、国防部、商务部以及中央情报局等，它们在外交决策中的作用和影响力视其与总统的亲疏关系以及总统的执政风格而定。外交事务的决策权掌握在总统、副总统、国务卿、国防部长以及总统国家安全事务助理等人手中。然而，美国国会在宪法上掌握着立法权，从而在外交决策上拥有和美国总统同样重要的权力，对总统的外交权力起到极大的牵制作用。美国总统在外交决策中的权力主要表现为：每年向国会提交外交政策咨文；作为国家元首主持外交活动，任命大使，并接见外国使节；作为美国武装部队总司令，掌握着对外采取军事行动的权力；与外国缔结具有法律效力的行政协定。美国国会在外交决策中的权力主要有立法权、财政拨款权、外贸管制权以及对外宣战权等；美国总统缔结的条约以及大使的人事任命须经美国国会参议院的批准方能生效。美国国会往往通过立法、拨款等手段制约美国总统的外交决策权。[①] 但从历史来看，美国总统与国会在外交决策中的权力有着此消彼长的关系。总体而言，在美国势力膨胀期往往出现总统权力上升的情况，而美国势力收缩期则伴随着国会权力的上升。[②]

　　美国外交文化也限定了美国外交决策的中间圈层。文化价值观在客观上确定了政治言论的合法性和政策选择的空间，由此限定了美国利益集团、政党和智库在政策辩论中的言行与政策建议的范围。历史上，政党政治对美国外交政策的影响虽然不像对国内政治那样突出，但在白宫

---

① 赵学功：《当代美国外交（修订版）》，社会科学文献出版社，2012，第489页。
② 〔法〕夏尔-菲利普·戴维、〔法〕路易·巴尔塔扎、〔法〕于斯丹·瓦伊斯：《美国对外政策——基础、主体与形成》（第二版修订增补本），钟震宇译，社会科学文献出版社，2011，第221页。

与国会分属两党的情况下，其影响便得到凸显。进入 21 世纪后，在美国政坛上较为频繁地出现这种情况。一般而言，美国民主党较为注重人权，强调美国的理想主义外交传统，而美国共和党则较为看重实力，主张增强军备，强调现实主义与新保守主义等。然而，美国两党与利益集团之间的大辩论看似混乱，但在辩论的背后，其对国家意识形态和文化价值观具有基本认同，都致力于产出一个符合美国价值观和现实利益且为美国社会各界都接受的外交政策方案。比如二战后，在美国外交政策大辩论中，各派都认为"苏联是对美国的最大威胁"，只是各派在应对苏联的策略与手段上有不同的主张。有些美国学者曾言，"为了能在未来的美国对外政策中占主导地位而进行竞争的各种外交政策观点，将会同美国文化和民族主义的道德基础相一致"，"不管它们的目标是多么不同，它们有着共同的价值观，包括对美国政治制度本身的认同，它们之间最终还是能够达成一致的"。①

美国外交决策的第三圈层是公众舆论，特别是媒体舆论与选民舆情。美国民众主要通过选举投票制约参与决策过程的政治官员，并且通过媒体对美国外交政策进行监督。此外，公众舆论对危机事件的情绪化反应会直接影响美国政府的外交决策。在不同的国际环境下，美国公众舆论对美国外交政策发挥的作用不尽相同。一般而言，在和平时期，公众舆论颇为关注内政，而对于外交政策，民众与媒体则会追随当时盛行的外交理念，呈现比较稳定的趋势，对政府的影响力也相对较弱。但在涉及美国国家利益与国家安全的危急时刻，民众的威胁认知加深，公众舆论是民众情绪的反映，此时，高涨的民众情绪就会对美国政府的外交决策产生较大影响。在危急时刻，美国民众往往展现出"团结在总统

---

① 邢悦：《文化如何影响对外政策——以美国为个案的研究》，北京大学出版社，2011，第 225 页。

周围"的爱国主义情怀，支持美国总统的决策。但随着危机缓和，民众对总统的支持率又会下降，这在美国"9·11"事件发生后体现得尤为明显。①

二　欧盟外交文化与欧盟共同外交与安全政策决策机制

从国家主权理论来看，欧洲一体化的整个进程是各成员国将国家主权与职能不断让渡给超国家机构的过程。然而，在不同的政治领域，欧盟各成员国对于向欧盟的主权让渡的意愿不同。可以说，欧盟既具有超越国家主权、基于"欧洲联合观"的联邦特征，也有由各成员国政府发挥重要作用的自由政府间主义的特质。对于后者，莫劳夫奇克曾提出，经济利益才是欧洲各国政府推动一体化的根本原因。欧洲一体化是民族国家领导人为了追求经济利益，通过国家间博弈，理性地选择将部分主权让渡给超国家机构欧盟的结果，经济利益是欧洲各国政府领导人的最核心追求。② 实际上，当前的欧洲一体化仍不完全，这实际上反映了欧盟外交文化中的"欧洲联合观"与"民族主义"间的分歧。因此，也有学者认为欧盟在决策机制上处于联邦与邦联之间。③

欧盟的最初设计是经济共同体，其确立了共同关税，实行共同的对外贸易政策，其后随着经济一体化不断加强，它开始朝政治一体化与共

---

① 邢悦：《文化如何影响对外政策——以美国为个案的研究》，北京大学出版社，2011，第 233～237 页。
② 〔美〕安德鲁·莫劳夫奇克：《欧洲的抉择——社会目标和政府权力：从墨西拿到马斯特里赫特》，赵晨、陈志瑞译，社会科学文献出版社，2008，第 7～11 页。
③ 宋全成：《欧盟的运行体制与机制》，载周弘主编《欧盟是怎样的力量》，社会科学文献出版社，2008，第 49 页。

同外交与安全政策方向发展。但欧盟共同市场、共同关税与共同货币联盟是欧洲一体化最为突出的领域，欧洲经济一体化进程已经达到经济货币联盟的高度，被称作欧盟的第一支柱，欧盟实施"超国家"治理模式，并成立欧洲中央银行，加入欧元区的成员国的货币政策已转移至欧盟层面。欧债危机后，欧盟再次强调《稳定与增长公约》，德国倡议的财政紧缩政策扩大了其在欧元区内的影响力，此后从欧元区一系列制度建设来看，如财政纪律、结构性改革、银行业联盟、欧洲结构与投资基金以及欧洲稳定机制，欧盟不断向德国式的社会市场经济模式靠拢。欧盟各成员国控制财政赤字，在共同货币政策的基础上，采取措施加强各国之间的经济政策协调。一方面，强化遵守财政纪律的欧盟共同政策，维护欧盟的竞争秩序；另一方面，加大结构政策力度，引入稳定政策等工具，确保竞争秩序所处的宏观经济环境的稳定。[1]

共同外交与安全政策是欧盟的第二支柱，有着显著的"政府间主义"的协商特征，欧盟各成员国仍不愿意将这部分权力完全让渡给欧盟。[2] 从决策机制看，欧盟理事会（也称欧盟部长理事会，是由各成员国政府部长组成）是欧盟事实上的上议院，与欧洲议会同为欧盟的主要决策机构，欧盟理事会是欧盟成员国的政府间议事机构，各国理事基于本国政府立场发表意见。其中，欧盟理事会的政治和安全委员会是处理欧盟共同外交与安全政策的"轴心"，它由各成员国驻欧盟代表、欧盟委员会代表和欧盟理事会秘书长的代表共同组成。欧盟成员国国家元首或政府首脑及欧洲理事会主席、欧盟委员会主席组成的欧洲理事会制定共同外交与安

① 胡琨：《后危机时期欧盟经济治理模式变迁刍议——社会市场经济模式的视角》，《欧洲研究》2018 年第 4 期，第 27 ~ 47 页。

② 宋全成：《欧盟的运行体制与机制》，载周弘主编《欧盟是怎样的力量》，社会科学文献出版社，2008，第 49 页。

全政策的原则、指导方针与共同战略，欧洲理事会具有欧盟对外政策与
对外战略的动议权。

在共同外交与安全政策方面，欧盟各国的政治意愿远超政治实践。
1992 年签署的《马斯特里赫特条约》对于欧盟外交与安全政策的表述如
下：联盟及成员国应确定和实施一项共同的外交与安全政策。1997 年的
《阿姆斯特丹条约》将表述修改为"欧盟应确定并实施一项覆盖外交与安
全政策所有领域的共同外交与安全政策"，进一步突出欧盟在制定和执行
该政策上的主体性意向。2009 年正式生效的《里斯本条约》设立欧盟外
交与安全政策高级代表，即欧盟外交部长，但其更多的是欧盟共同外交
与安全政策的协调人，而非决策人。① 在政治实践中，欧盟共同外交与安
全政策上的"超国家"性质的一体化进程仍较为缓慢。在历次欧洲危机
中，欧盟虽然强调团结一致，对外"用一个声音说话"，但外交与安全领
域的欧盟治理仍有浓厚的"政府间主义"特征，各成员国之间存在不同
程度的分歧，欧盟防务与北约的关系以及欧盟防务的最终目标也在德法
分歧中表现出较大的不确定性。② 比如在欧盟安全与防务问题上，法国
是"欧洲主义者"，主张建立相对独立于美国与北约的欧盟独立防务体
系，比如欧洲军队，全方位实现欧盟战略自主。美国特朗普执政期间，
法国总统马克龙甚至提出"北约脑死亡"论。而德国则是北约与欧盟
防务的"平衡者"，倾向于扮演"跨大西洋主义者"的角色。德国认为
北约与美国对欧洲的安全保障不可或缺，坚持欧盟防务与北约形成功能
互补而非代替的关系。不仅如此，2014 年克里米亚危机后，波罗的海

---

① "The Treaty of Lisbon," European Parliament, https://www.europarl.europa.eu/factsheets/
en/sheet/5/the-treaty-of-lisbon.

② 吴志成：《世界多极化条件下的欧洲治理》，载周弘主编《欧盟是怎样的力量》，社会科
学文献出版社，2008，第 57～58 页。

国家与波兰、捷克等中东欧国家因对俄罗斯安全威胁的恐惧上升，不断争取美国安全背书，从而与德法等"老欧洲"在欧盟外交与安全政策上的影响力产生对冲。在 2022 年的俄乌冲突中，无论是在援乌武器、欧盟防务战略上还是在欧盟对俄政策上，中东欧国家在欧盟内的话语权上升，出现欧盟外交与安全政策"中东欧化"的趋势，德法等国也往往被"裹挟前进"。

此外，近年来欧洲经历多次危机，伴随着英国脱欧公投举行，欧盟外交文化中的"欧洲联合观"与"民族主义"之间的对冲更为激烈。从这个意义来说，欧洲"命运共同体"并不具备一个完全有宪法基础的"公民国家"的特性。

一方面，在欧盟决策机制中一直存在着"民主赤字"，这在国际危机中更为凸显。无论是欧盟决策机构与公众之间的疏离感，还是各成员国政府之间的分歧，欧盟多层级治理所依赖的多元性与民主合法性难以完全体现出来。① 从欧盟外交与安全决策机制看，为提升欧盟决策效率，《里斯本条约》废除了投票权重，转向成员国多数和人口多数的双重多数表决制，同时还减少了需要一致同意才能通过的事项。根据议案的提出机构和性质，通过议案的方式共有三类：简单多数（超过一半成员国同意），通常适用于程序问题；有效多数（超过 55% 的成员国同意，并且同意的成员国至少拥有欧盟 65% 的人口），适用于一般性议题；一致同意，适用于公民资格认定、接纳新成员国等重大议题。② 关于欧盟共同外交与安全事务的决策原则上需要由欧洲理事会全体一致同

---

① 吴志成：《世界多极化条件下的欧洲治理》，载周弘主编《欧盟是怎样的力量》，社会科学文献出版社，2008，第 58～59 页。

② "Voting System: How Does the Council Vote?" European Council, February 2, 2023, https://www.consilium.europa.eu/en/council-eu/voting-system/.

意，但根据共同战略采取的联合行动、共同立场可以由其以特定多数表决制决议。欧洲理事会（由欧盟成员国政府首脑与欧盟委员会主席组成）不仅是政府间合作的代表，还拥有对欧盟的其他权力，也被称为欧盟的"最高政治权力机构"。中东欧国家等欧盟中小国家一般较为支持一致同意的原则，但德法等大国则多次倡议欧盟决策机制改革，在外交与安全政策上实施"多数通过制"。在俄乌冲突的背景下，德国在援乌武器、对俄制裁以及乌克兰入盟议题上往往是被中东欧盟友"裹挟前进"的。德国总理朔尔茨在"时代转折"的演讲中多次呼吁改革欧盟决策机制，从一票否决制变为多数通过制。① 德国总理对于欧盟决策机制的改革倡议，因会削弱欧盟中小成员国对欧盟决策的影响力，遭到了诸多反对。

另一方面，近年来欧洲危机不断涌现，欧洲内部的不平衡发展导致民族主义与民粹主义浪潮兴起，不断挑战着欧洲认同。欧洲认同与民族主义是欧洲一体化进程中的一体两面，形成了在欧洲一体化程度与限度问题上互不妥协的两股力量，即使欧洲早已习惯妥协与共识型的外交协商过程，但欧盟成员国在经济实力、社会发展水平、政治文化传统上呈现较大的异质性。要实现外交上的共同利益，达成共同目标并非易事。欧盟拥有共同外交与安全政策，但这取决于各成员国能否达成共识，进行多样化政策偏好的妥协。②

此外，"反欧洲一体化"的力量也一直存在。欧债危机后，民粹主义政党不仅相继进入各成员国议会或组成执政联盟，还进入欧洲议会，

---

① Olaf Scholz, "Eropa-Rede an der Karls-Universität am 29. August 2022 in Prag," in Presse- und Informationsamt der Bundesregierung (Hrsg.), *Bundeskanzler Olaf Scholz: Reden zur Zeitenwende*, 2. Auflage, Die Bundesregierung, 2022, S. 21 – 50.

② 〔美〕西蒙·赖克、〔美〕理查德·内德·勒博：《告别霸权！——全球体系中的权力与影响力》，陈锴译，上海人民出版社，2017，第 61 页。

它们持有"欧洲怀疑论",有些还具有排外主义与分离主义的思想,其形成的动因也与欧洲一体化进程中的利益重新分配引发的欧洲大国与中小国家、先行者与后来者之间的利益冲突息息相关。① 欧洲一体化进程不断遭到民族主义者与主权理论捍卫者的反对,他们对于将国家主权让渡给欧盟较为抵触,反对欧盟过于"联盟化",倾向于以政府间合作的方式促进"欧洲联合"。欧盟外交决策机制的顶层设计也不完全有利于培育和发展"欧洲认同"。在共同外交与安全政策上,欧盟的诸多目标往往通过战略纲领与倡议来推动,但欧盟对各成员国的约束力则展现出随意性和弹性。欧盟的权威在这些制度设计中并未得到强化,这也为成员国在国家主权或民族主义意识下各行其是,或挑战欧盟权威留有较大的余地。

进入 21 世纪后,大国地缘政治博弈日益激烈,欧洲大陆上也先后发生克里米亚危机、恐怖主义袭击、俄乌冲突等事件,欧盟各成员国对于欧盟外交与安全政策一体化的诉求进一步增加,德国与法国等欧盟大国在其外交与安全战略文件中也倡导对外政策"欧洲化",而非单打独斗。特别是在俄乌冲突后,《北约 2022 战略概念》明确了北约和欧盟防务的互补性。② 欧盟明确欧盟防务与北约的关系,进一步促进联盟防务一体化进程,但强调欧盟防务是对北约的补充,而非替代,是指在北约内加强"欧洲支柱"的建设。2022 年的《欧盟战略指南针》要求从"行动、投资、合作与安全"四个方面全方位加强欧洲安全机制的建设,但明确指出北约是欧洲安全的基础。《欧盟战略指南针》的"核心行动"是在

---

① 吴志成:《世界多极化条件下的欧洲治理》,载周弘主编《欧盟是怎样的力量》,社会科学文献出版社,2008,第 61 页。

② NATO, "NATO 2022 Strategic Concept," Brussels, June 2022, p. 10, http://www.nato.int/strategic-concept/.

2025 年前建立包括陆、海、空军在内的拥有 5000 人的欧洲新型快速反应部队，各成员国对此均做出不同程度的贡献承诺。尽管如此，欧盟成员国在外交与安全政策上的主权仍未被完全移交至欧盟，欧盟在外交与安全政策一体化上的制度设计仍需要不断完善。

第六章

2017年欧洲选举年后的美欧关系

一 2017 年欧洲选举年后的欧盟政坛

（一）欧洲一体化的内外挑战

在欧盟内部，首先，欧洲一体化始终伴随着各成员国"经济与财政异质"的结构性矛盾，欧洲有统一货币区却无统一经济政策。欧元区的货币一体化先行于经济与财政一体化，欧元区各成员国的不同经济模式为欧洲一体化带来挑战。2001 年引入欧元后，欧元区国家却并未形成单一经济区，彼此间的经济总量差距较大，但欧洲一体化的政治目标具有优先性，即建立统一货币区以展示欧洲一体化的不可逆转性，这却埋下了欧元区的结构性风险，统一货币欧元甚至将欧盟推入困境，一些国家债台高筑，一些国家的资本投资行为导致货币危机。欧盟领导力量德国的应对之法是通过建立永久救助机制来维持欧元稳定，但条件是被救助国家实施财政紧缩政策，削减国家债务以及减少国家支出。德国的财政紧缩政策得到了北欧与东欧国家的支持。但不具备充分刺激经济增长措施的紧缩政策也加大了不同阶层民众的福利差距，进一步降低了普通民众对于欧盟的支持。2009 年欧债危机爆发后，德国凭借其债权国身份在各方之间斡旋，勉强让希腊、意大利与西班牙等南欧债务国家接受并推行德国倡议的财政紧缩政策。在后欧债危机时代，欧盟在欧洲一体化上致力于财政政策与经济政策协同以及劳动力市场改革，但德国作为欧盟内最大的债权国，其倡议的财政紧缩政策令南欧诸国的不满情绪叠加，导致欧盟南北成员国以及成员国内部不同社会群体之间的贫富差距加大，特别是青年的就业问题在中短期内未得到有效缓解，成员国内部的社会不满情绪严重。

　　其次，新自由主义政策侵蚀了欧洲的团结性。欧洲一体化事业成功的基础是通过"欧洲联合"的机制化建设保证和平，促进成员国战后和解与经济发展。欧共体国家因经济增长、社会福利与和平安全曾一度是世界范围内的发展模式典范。但 20 世纪 90 年代随着经济全球化的进一步发展，在与新兴市场的竞争中，各成员国政府与欧盟相关机构不断采取措施促进企业提高利润，提升区位竞争条件被视为比加强社会团结更为重要的事项。21 世纪初欧盟东扩后，这种趋势进一步增强，新自由主义在后计划经济时代的东欧的发展势头比在西欧更甚。[1] 不仅是欧洲的自由保守主义党派，就连社会民主主义党派也支持新自由主义政策，比如英国布莱尔政府与德国施罗德政府奉行的"第三条道路"。欧盟也成为新自由主义政策的代言人，特别是在欧盟委员会主席巴罗佐任内的 10 年间（2004～2014）。尽管欧盟在官方文件中要求在全球化进程中促进欧盟的社会福祉与经济平衡，但该目标在政治实践中经常被忽视。这导致欧盟

---

① Philipp Ther, *Die neue Ordnung auf dem alten Kontinent. Eine Geschichte des neoliberalen Europa*, Berlin：Suhrkamp Verlag, 2014.

各成员国的贫富差距越来越大，社会福利国家的绩效递减，欧盟的社会团结也逐渐被侵蚀。[①]

此外，在21世纪前十年，欧盟不断东扩，但未深化欧洲一体化的结构性改革。中东欧国家加入欧盟后，欧盟扩大了地缘面积，却未及时进行决策机制改革，欧盟外交与安全政策的协同成效更是有限。一方面，欧盟大国，特别是德国，仍是一个"未成熟的领导力量"。出于二战历史原因，欧盟大多数成员国无法接受德国单独领导欧盟，德国的军事与外交资源也不足以完成此项任务。为此，施罗德与默克尔在执政时期更为偏向"政府间主义"，即由欧盟各成员国国家元首或政府首脑及欧洲理事会主席、欧盟委员会主席组成的欧洲理事会寻求解决方案，德国与法国、意大利等重要成员国的首脑进行充分协商，寻求共同领导权，而欧盟委员会的重要性因此下降，这就削弱了欧盟的"共同体原则"。另一方面，欧盟内部的协调能力也因新、老成员国之间的立场分歧而被削弱。中东欧及南欧新成员国的经济模式与西欧国家相去甚远，很多新成员国国内的民族主义色彩仍然浓厚，它们在历史反思上还处于初始阶段，以至于很多中东欧成员国的主流政党较为反感欧盟机制，抵制欧洲一体化对其民族国家主权的侵蚀。[②]

在国际层面，阿拉伯世界的转型为中东地区带来不稳定因素。2011年开始的叙利亚危机影响欧洲的安全，但美俄是叙利亚危机中的主角，欧盟仅扮演配角，其所有结束叙利亚危机的尝试均未奏效。2015年由叙利亚危

---

① 〔德〕米歇尔·施塔克：《德国在欧洲的角色：未成熟而又不可或缺的领导者》，黄萌萌译，载黄平、周弘、程卫东主编《欧洲发展报告（2016～2017）》，社会科学文献出版社，2017。
② 〔德〕米歇尔·施塔克：《德国在欧洲的角色：未成熟而又不可或缺的领导者》，黄萌萌译，载黄平、周弘、程卫东主编《欧洲发展报告（2016～2017）》，社会科学文献出版社，2017。

机引发的中东难民危机挑战着欧盟团结性，各成员国的"离心力"愈发明显。难民危机冲击了欧洲一体化的理想，欧盟在外部边境管控、难民永久配额方案、共同外交与安全政策、法律与内政合作方面的"一体化"步伐仍相对落后。欧盟各成员国在危机预防与管理上"各自为政"。

2015～2016 年，德国与瑞典实行开放性难民政策，德国仅 2015 年一年就接收近 110 万名难民，并呼吁欧盟其他成员国共同分担。欧盟各国虽就 16 万名难民的配额方案达成妥协，但在具体执行过程中半心半意，仅有三个国家采取了实际行动。继伊拉克战争后，欧盟因难民危机而再次分裂为以德国为首的"老欧洲"与以波兰等东欧国家为代表的"新欧洲"阵营，欧洲团结目标再度遭受重创。时任德国总理默克尔直言对欧盟在难民事务中的不团结表示失望，警告欧盟在难民危机中不可退回至曾经的民族主义。但波兰、匈牙利等中东欧国家的右翼政府抵制难民入境并且拒绝难民配额方案。随着涌入的难民人数成倍增长以及 2015 年巴黎恐怖袭击的发生，欧盟各国倍感无力，国家财政负担、社会文化冲突以及与之相连的恐怖主义威胁令各成员国不得不面对由难民危机引发的一系列现实问题。巴黎遭遇恐怖袭击后，法国超过 60% 的民众也开始反对接纳更多的中东难民，法国指责默克尔的开放性难民政策将法国选民推至右翼民粹主义政党"国民阵线"的怀抱中。德国与瑞典的开放性难民政策刺激了更多战争或经济难民无序涌入欧盟。欧盟也批评德国无视《都柏林协议》中对于首次入境欧洲难民的审批规定，从而拖累了整个欧盟。①

进入 21 世纪后，欧洲一体化并未因货币一体化的实现而一劳永逸，反而面临更多的内外挑战。新自由主义政策与财政紧缩政策令欧洲部分

---

① 黄萌萌：《德国开放性难民政策的成因与挑战》，《理论视野》2016 年第 1 期，第 63～67 页。

选民因自身经济、就业问题以及社会福利下降而对本国的建制派政党的政策愈发不满。2015 年的难民危机沉重打击了欧洲团结性，欧洲一体化对于民众的吸引力下降。欧洲民粹主义势力趁势兴起，特别是欧洲右翼民粹主义政党在欧盟各成员国中的势力倍增。它们指责建制派政党在欧债危机、难民危机中无所作为，质疑欧洲一体化造成的社会福利损失，通过渲染上述话题夺得大量选票，挑战欧盟各国的建制派政党。右翼民粹主义政党接管任何一个欧盟国家都将增加欧盟或者欧元区解体的风险，即使作为议会反对党也将对各国政治生态产生较大的影响。无论是右翼还是左翼民粹主义势力都令欧洲各国的政府组阁陷入了困境，也令欧盟达成共同解决方案难上加难。

（二）欧洲民粹主义势力兴起

2017 年，欧盟各国普遍患上了"选举焦虑症"。每一次选举之前，欧洲主流政党都难掩焦虑，这一点在 2017 年表现得尤为明显。欧洲民粹主义势力的兴起动摇了欧洲建制派主导的政坛与欧洲一体化的进程。[①] 有些欧洲右翼民粹主义政党被冠以"自由"之名，但党名中的"自由"并不是指"古典自由主义"，而是指"民族自由主义"。2017 年欧盟迎来"超级选举年"，各成员国的选举如期而至，涉及德国、法国等欧盟大国，还包括奥地利、荷兰、捷克等规模相对较小的国家。早已兴起的欧洲民粹主义政党分走了更多民众的选票，建制派政党的选票大量流失，引发欧洲各国主流政党的"焦虑"。欧洲各国左翼或右翼民粹主义政党纷纷进入议会，欧盟各成员国或陷入组阁危机，或建制派政党因组成弱势政府而面临执政困境。

---

① 李靖堃：《欧洲缘何产生"选举焦虑症"》，《人民论坛》2018 年第 18 期，第 116～118 页。

在 2017 年 4 月开始的法国总统选举中，极左和极右翼政党同时取得了历史性突破，而法国传统大党，中左翼政党社会党与中右翼政党共和党的总统候选人在第一轮投票中均被淘汰，两者的得票率合计仅为 26%。中间派政党"共和国前进党"和法国极右翼政党"国民阵线"的总统候选人马克龙和勒庞分别以 24.01% 和 21.3% 的得票率位居前二，左翼政治家梅朗雄位列第三。但所有候选人的得票率均未超过 50%，直至第二轮投票马克龙才以超过 65% 的得票率击败勒庞，成为法国总统。①

2017 年 9 月，在德国联邦议会选举中，德国全民政党联盟党和社民党式微，与 2013 年的上届选举相比，德国联盟党与社民党分别流失 8.6% 与 5.2% 的选票。德国右翼民粹主义政党——选择党成为第三大党，进入联邦议会与州议会。德国各主流政党均拒绝与选择党组阁，但默克尔领导下的联盟党也难觅执政伙伴。最初，社民党拒绝与联盟党再度联合执政。在联盟党与绿党和自民党的组阁谈判失败后，德国政界与民众担忧重新选举或者组成少数派政府会造成政局不稳。在德国总统施泰因迈尔的斡旋下，社民党高层对党内基层与青年团体展开艰苦游说，2018 年 1 月，社民党投票通过开启大联合政府组阁谈判的决议。德国两个主流政党——联盟党与社民党在围绕执政纲领以及内阁职位的激烈的讨价还价后，最终达成妥协。2018 年 3 月，默克尔再次就任联邦总理，在微弱多数的情况下开启其第四任期。② 至此德国组阁耗时接近半年之久，最终由联盟党与社民党组成的大联合政府继续执政。

在荷兰，维尔德斯领导的右翼民粹主义政党——自由党自 2012 年起

---

① 《2017 年法国总统选举》，中国网，http://news.china.com.cn/node_7248402.htm，最后访问日期：2017 年 9 月 27 日。

② "Bundesregierung: Die neue Bundesregierung ist im Amt," Zeit Online, März 14, 2018, http://www.zeit.de/politik/deutschland/2018 - 03/bundesregierung-kabinett-minister-vereidigung-bundestag, 最后访问日期：2018 年 3 月 15 日。

支持率不断攀升,与首相吕特领导的中右翼政党自由民主人民党势均力敌。荷兰自由党以反移民、反穆斯林、反伊斯兰教、支持公投脱离欧盟等右翼民粹主义主张而闻名。该党在 2017 年议会选举中跃升为第二大党。同样因为荷兰建制派政党拒绝与该右翼民粹主义政党组阁,① 荷兰组阁历时近 7 个月才得以成功。最终由首相吕特领导的自由民主人民党与基督教民主联盟、六六民主党和基督教联盟组成中右翼政府,进行四党联合执政,形成内部需要不断妥协的"弱势政府"。

在奥地利,右翼民粹主义政党不仅进入议会,还曾成功获取执政权。2017 年,建制派大党人民党结束与社民党长达 10 年的联合执政,提前举行国民议会选举。人民党取得 62 个席位,保住第一大党的地位,库尔茨成为新任奥地利总理,并与得票率第三的奥地利自由党领导人施特拉赫进行组阁谈判。奥地利自由党是右翼民粹主义政党,该党的反移民与反欧盟立场是欧洲右翼民粹主义的典型主张,但其极右翼特质被削弱了。2019 年 5 月,因奥地利自由党主席施特拉赫涉嫌与俄罗斯富商"利益输送",总理库尔茨结束人民党与奥地利自由党的执政联盟。在 2019 年 9 月提前举行的国民议会选举中,人民党保持国民议会第一大党的地位,与得票率第四的绿党进行联合执政。②

2018 年的意大利选举更被喻为"反建制派政党的胜利"。一是迪马约领导的反建制派政党"五星运动"以 31% 的得票率成为意大利最大的单一政党。二是由萨尔维尼领导的右翼民粹主义政党——联盟党成为中右翼联盟的领袖。萨尔维尼反超前总理贝卢斯科尼,这不仅令中右翼政

---

① 《焦点:荷兰大选将测试反移民和民族主义情绪》,路透社,2017 年 9 月 27 日,https://www.reuters.com/article/netherlands-election-poll-immigrant-idCNKBS16M0DR,最后访问日期:2017 年 9 月 27 日。

② 《奥地利人民党和绿党就联合执政达成一致》,新华丝路网,2020 年 1 月 3 日,https://www.imsilkroad.com/news/p/397388.html,最后访问日期:2020 年 2 月 14 日。

治力量的领导权从贝卢斯科尼到萨尔维尼手中，还导致中右翼联盟的政治路线彻底右转，加强了联盟内部的疑欧立场。[①] 而伦齐领导的中左翼政党民主党的得票率仅位列第三。在 2018 年大选中，意大利没有任何政治团体或政党能够获得绝对多数，历经三个月的艰难组阁谈判，最终"五星运动"领导人迪马约和联盟党领导人萨尔维尼达成妥协，同意更换原先提名的疑欧派经济部长候选人，提名不属于两党中任何一党的法学教授孔特为总理候选人，带领新一届意大利政府在欧盟预算、接收难民和银行业联盟等问题上与欧盟展开谈判。

欧洲一体化在选举年中历经波折，2017 年及之后，荷兰、法国、德国、奥地利与意大利等欧盟国家纷纷迎来大选，建制派政党与民粹主义政党展开了艰难博弈。在选举造势活动中，荷兰自由党、法国"国民阵线"、德国选择党、奥地利自由党、意大利的"五星运动"与联盟党将右翼民粹主义主张广为传播，其疑欧主义、反欧元、反全球化以及反移民等立场吸引了大量对建制派政策不满的欧洲选民。2017 年及之后，欧洲右翼与左翼民粹主义政党在不断"攻城略地"，打破了原来由建制派政党轮流执政的局面，欧盟各成员国的政党格局呈现不同程度的"碎片化"现象，为其政府组阁带来了重重困难。

（三）欧洲建制派的艰难胜利

2017 年欧洲选举年后，"命运之轮"指向欧洲建制派政党，特别是在作为欧盟领导力量的德国与法国，建制派主导的政党格局并未被日益上升的民粹主义势力打破。在德国，联盟党与社民党达成妥协，德国建制

[①] 《意大利 2018 年政治大选：五星运动是最大党，北方联盟反超政治盟友意大利力量党》，Corriere，2018 年 3 月 5 日，https://www.corriere.it/chinese/18_marzo_05/2018 - a658bb50 - 20a4 - 11e8 - a659 - e0c6f75db7be.shtml，最后访问日期：2020 年 2 月 14 日。

派大联合政府继续执政，这为德国的欧盟"稳定锚"的身份认同注入
"强心剂"；在法国，"共和国前进党"的领导人马克龙在总统选举第二轮
投票中击败右翼民粹主义政党"国民阵线"领导人勒庞。马克龙宣称要
推动法国经济与劳动力市场改革，弥合左右两派的分歧，重振德法共同
领导欧盟的事业，因此颇受民众欢迎。奥地利自由党尽管获得了执政权，
但 2019 年因利益丑闻而退出执政联盟，换由人民党与绿党联合执政。
2019 年 8 月，意大利民粹主义政党"五星运动"与联盟党组成的联合政
府成立仅一年零两个月即倒台。由此可见，欧洲民粹主义政党即使在短
期内凭借"议题"获得极高的关注度，但它们未能撼动欧洲代议制民主
的基本秩序，欧盟的政治与外交文化仍具有韧性。

戈尔德根据意识形态将右翼政党划分为极端右翼（extreme right）、
激进右翼（radical right）、民粹主义（populism）、民族主义（national-
ism）以及法西斯主义（fascism）政党。其中，极端右翼与法西斯主
义政党本质上是反民主的（anti-democratic），在欧洲民主制度下被禁
止。而激进右翼、民粹主义与民族主义政党更多地呈现出"反建制"
（anti-system）的特性。无论是激进左翼还是激进右翼政党，都是在欧
洲民主制度框架下成立的反建制派政党。激进右翼政党往往呈现民粹
主义特征，被统称为"右翼民粹主义"政党。从本质来看，民粹主义
是精英主义与多元主义的对立面，渲染"人民"至上，不允许任何有
违"人民"意志的观点存在，在政治实践中遵从"非黑即白"的逻
辑。民粹主义者否认建制派政治精英具有代表人民利益的可能性，故
而倾向于采用全民公投的直接民主运作方式。欧洲的右翼民粹主义政
党普遍具有"本土主义"（nativism）核心意识形态，一切非本国的人
或者观念一律被视为对本国的威胁，这也是欧洲右翼民粹主义政党竞
选纲领中经常提到的反移民、反全球化、反欧洲一体化、反现代化以

及反后现代自由主义思想的根源。①

欧洲右翼民粹主义政党对建制派政党造成冲击，具有攻击性，但也有与生俱来的脆弱性。在 2017 年欧洲选举年，欧洲右翼民粹主义政党挑战着欧洲自由民主制度的基本格局，导致主流政党的政治精英与媒体产生了"选举焦虑症"。② 然而，纵观欧洲右翼民粹主义政党近二十年来的选举表现，其虽然呈整体上升态势，但在各国的发展极不平衡。欧洲右翼民粹主义政党并未真正撼动欧洲建制派政党在民主政治中的执政地位的原因如下。

其一，它们受制于欧盟各成员国特定的选举制度、规则与建制派政党的组阁偏好。一是，"选举门槛"是政党进入国家议会的制度性限制，目的是防止小党过多导致政党格局过于碎片化，这对那些尚未占据主流的右翼民粹主义组织构成了最直接的制度性约束。欧盟国家中，德国的选举门槛最高，为 5%，奥地利为 4%，希腊为 3%，意大利为 3%，丹麦为 2%。选举门槛越高，对各种右翼民粹主义势力进入议会的阻碍作用就越大。二是，欧盟各国的选举规则也可能对右翼民粹主义政党起到钳制作用。"国民阵线"遭遇的最大障碍就是法国总统选举的两轮投票制。第二轮投票给选民重新思考总统人选以及给各种政治力量进行重组或相互背书的机会。三是，即使右翼民粹主义政党获得较多的选票，但建制派政党在组阁过程中较为抵制与右翼民粹主义政党联合执政，而是偏好与不同"政治光谱"上的建制派政党进行组阁谈判。为了阻止右翼民粹主义政党入阁，建制派政党之间达成妥协的意愿与机会上升。

其二，欧盟右翼民粹主义政党的纲领定位较为复杂，为争取更多选民，原本的"激进"主张需要在一定程度上"去极端化"，导致形成目

---

① Matt Golder, "Far Right Parties in Europe," *Annual Review of Political Science*, Vol. 19, No. 1, 2016, pp. 478 – 482.

② 李靖堃：《欧洲缘何产生"选举焦虑症"》，《人民论坛》2018 年第 18 期，第 116 ~ 118 页。

标冲突与发展悖论。此外，右翼民粹主义政党在上位后也面临民意挑战。在全体选民的意识形态并未集体走向极端的情况下，右翼民粹主义政党的激进定位必招致中间选民的排斥，其只能徘徊在选举格局的边缘。若要赢得更多选票，右翼民粹主义政党需要完成意识形态"去极端化"的任务，但这又违背政党存在的初衷。近年来，法国"国民阵线"、意大利"五星运动"、匈牙利尤比克党、保加利亚进攻党等右翼民粹主义政党都呈现出"去极端化"趋势。在见证了英国脱欧的艰难历程后，欧洲右翼民粹主义政党的脱欧论调逐渐弱化。此外，在 2017 年欧洲选举年，欧洲右翼民粹主义政党的选民基础有所扩张，但其执政基础并不牢固。2019 年意大利民粹主义政府更迭，由反对党"晋级"为执政党一年后，"五星运动"对于破解国内经济困局也束手无策，不断流失选民。联盟党依靠强硬的难民政策获得较高支持率，但面对严峻的经济形势同样拿不出行之有效的解决方案。①

其三，在欧洲，反移民、反欧洲一体化、反后现代自由主义价值观是绝大多数右翼民粹主义政党的政策定位，但它们对于经济政策的立场各自不一，相互矛盾，较难形成联盟合力。以法国"国民阵线"和德国选择党为例，德国选择党在经济上倡导个人自由与自我责任，而"国民阵线"则强调国家控制与再分配，主张银行和部分产业国有化，呈现出更多的社会主义倾向。但两者均较为质疑经济全球化，反对国际投资协定，如跨大西洋贸易与投资伙伴关系协定（TTIP）。

其四，保守主义政党在与右翼民粹主义政党的对峙过程中，亦吸收了后者的一些颇具吸引力的政策主张，包括在反恐、反对非法移民等领域的立场，这进一步挤压了右翼民粹主义政党的生存空间。右翼民粹主

---

① 孙彦红主编《意大利发展报告（2019～2020）——中国与意大利建交 50 年》，社会科学文献出版社，2020，第 3～5 页。

义势力反而成为一股刺激力量，促进建制派保守主义政党的纲领革新。①
比如 2017 年荷兰大选中，吕特在选举前对土耳其的强硬外交回应及移民
立场的转变使部分原本支持右翼民粹主义政党自由党的选民转为支持吕
特领导的自由民主人民党。

2017～2018 年，欧洲经历了选举风波，民粹主义虽然给欧洲政坛带来
了强烈的冲击波，但在欧盟各国的选举制度、右翼民粹主义政党定位与目
标的矛盾及其自身执政能力等因素的影响下，欧盟各成员国的政治文化与
政党格局仍以建制派力量为主，即使是右翼民粹主义政党上位，也会受到
议会与民意的重重制约。可以说，经历欧洲选举风波后，欧盟主流政治与
外交文化并未发生断裂。但欧洲建制派力量亦需要在政党格局碎片化的情
况下付出更多努力，革新纲领，争取选民，以维持其在政坛上的地位。

与欧洲的情况不同，2016 年美国大选后，特朗普入主白宫，特朗普
执政期间，民粹主义与民族主义思想扩大了在美国的影响力，令本就两
极分化的美国社会更为分裂。深受"民粹主义"侵蚀的欧盟机构与欧盟
成员国势必与美国产生规范与规则上的分歧。2017 年的欧洲选举后，美
欧关系陷入重重困境。

对内方面，特朗普"民粹主义"思想对美欧关系产生消极影响，特
朗普内阁一改二战后美国对欧洲一体化的支持态度，对欧盟在安全与经
贸事务上对美国的依赖提高要价，甚至认为欧洲应回归主权国家状态。
民粹主义和疑欧主义的崛起近年来最为困扰欧盟，欧盟主流政党担忧在
特朗普上台后，欧洲右翼民粹主义势力进一步获得美国背书。② 英国脱欧

---

① 祁玲玲：《欧洲激进右翼政党选举格局论析》，《世界经济与政治》2019 年第 2 期，第 4～
32 页。
② 郑春荣：《欧盟逆全球化思潮涌动的原因与表现》，《国际展望》2017 年第 1 期，
第 34～51 页。

公投后，欧盟政界本就对民粹主义和民族主义更加警惕，但在欧盟多事之秋，特朗普内阁在英国脱欧问题上表示支持，认为英国之所以选择脱欧是因为国家更倾向于自己掌控货币政策、边境管理等方面的主权。特朗普对欧洲后现代主义思潮与"欧洲联合"的主张表现出明确的反感，其内阁要员也展现出反欧盟的立场。时任美国国务卿蓬佩奥在布鲁塞尔发表演讲时甚至敦促欧洲各国对欧盟重申国家主权，收回曾让渡给超国家机构的"主权"。2018 年，特朗普政府降低欧盟驻美国代表机构的外交级别，将欧盟的外交地位从"盟国"降级为"国际组织"。① 欧盟担忧，特朗普的"民粹主义"言论与行为或将为欧盟的右翼民粹主义政党所效仿。法、意、奥等国的右翼民粹主义政党均对特朗普的上台表示欢迎。由于这些右翼民粹主义政党对欧元、欧盟机构与欧洲一体化抱怀疑态度，一旦它们在选举中获胜，将严重制约欧洲一体化的发展。此外，特朗普思想以"本土主义"与"排外主义"著称。特朗普曾对德国的难民政策多有指责，公开批评默克尔的开放性难民政策是欧洲动荡不安的最主要原因，欧盟接纳中东穆斯林难民就是在欧洲引入恐怖主义。特朗普上台后，欧盟担忧内部的"逆全球化"思潮可能得到进一步强化，右翼民粹主义政党将借助"危机话题"进一步扩大地盘，迫使欧盟建制派政党不得不采取右倾立场，以迎合民众的不满情绪。

对外方面，特朗普执政时期，一个崇尚"国际规则与国际秩序"以及"多边主义"的欧盟与奉行"美国优先"、"民粹主义"以及"单边主义"的美国在外交与安全、经贸和科技、全球治理以及价值观等领域的分歧势必增多。欧盟认为特朗普政府将率先挑战二战后由美国主导建立的西方国际秩序，这令欧洲各国无所适从。2017 年特朗普入主白宫后，

---

① 赵怀普：《欧盟政治与外交》，世界知识出版社，2021，第 270 页。

中欧学者均预测到了这一趋势。赵怀普教授指出，特朗普激进的"民粹主义"执政理念及其提出的颇具颠覆性的对外政策主张，加深了欧洲对未来美欧关系不确定性的担忧。在"美国优先"的原则下，特朗普通过施压和采取"交易"的方式同欧盟在诸领域讨价还价，寻求利己的解决方案。① 德国学者米歇尔·施塔克提出，对于欧洲一体化来说最具挑战性的欧盟内部事件是法国大选。法国大选的结果决定着德国作为欧盟的"稳定锚"是否仍能够与建制派的法国形成欧盟的"双引擎"领导合力，推动欧洲一体化。但除此之外，美国总统特朗普上台后，美国是否仍支持二战后建立的"基于规则的国际秩序"、是否仍尊重人权是欧盟的核心关切。当时，施塔克就曾预测德国很有可能发展成为西方世界中特朗普领导下的美国对极。②

民粹主义挑战着跨大西洋关系。2016~2018 年，接踵而至的英国脱欧公投、美国大选与欧洲各国选举为美欧建制派主导的西方政坛带来了巨大的不确定性，民粹主义政党与政客成为西方政坛中的"黑天鹅"事件。最终的结果是，在美国严重两极分化的社会中，特朗普以"美国优先""工作岗位回流""抵制难民与移民"等民粹主义口号吸引了大量美国白人蓝领选民，得以入主白宫，此后以民粹主义与单边主义为代表的"特朗普主义"成为跨大西洋关系中最大的不确定因素。与美国不同，2017年欧洲选举年之后，德国和法国作为欧盟领导力量仍能够发挥推动欧洲一体化的"稳定锚"作用。除了英国脱欧属于欧盟内部的"失控"事件，在欧盟大多数成员国中，建制派政党仍掌控局面，但也不得不在执政中克服

---

① 赵怀普、赵健哲:《"特朗普冲击波"对美欧关系的影响》,《欧洲研究》2017 年第 1期, 第 1~17 页。
② 〔德〕米歇尔·施塔克:《德国在欧洲的角色: 未成熟而又不可或缺的领导者》, 黄萌萌译, 载黄平、周弘、程卫东主编《欧洲发展报告 (2016~2017)》, 社会科学文献出版社, 2017。

更多的议会挑战与民意分歧。欧盟经历内外危机，南北成员国的经济差异与东西成员国的认同差异难以消除，欧盟各国建制派政党本就对国内的民粹主义政党崛起极为担忧，而美国总统特朗普上台后却为西方民粹主义思潮背书，由此，美国对于欧盟的政治挑战日渐明朗，美欧之间在外交文化领域的分歧亦不断被外化与扩大。2017 年欧洲选举年后的美欧关系走向引起国内外的关注。

二　2017 年至 2020 年的美欧关系

2017 年欧洲选举年后，欧盟领导力量——德国和法国仍由建制派政党掌局，欧盟政治虽遭遇民粹主义挑战，但欧盟仍是全球化的支持者以及多极世界格局中的重要力量。欧盟外交文化具有稳定性和韧性，在欧洲选举风波后仍得以延续。然而，2016 年美国大选后白宫易主，特朗普上台，在民粹主义等因素的影响下，美欧关系面临更多的矛盾和纷争。特朗普的执政理念对以自由、民主与人权为核心的跨大西洋价值观共同体、北约集体安全机制以及二战后建立的国际政治与经济秩序提出了挑战，跨大西洋关系因此充满不确定性。彼时，欧盟建制派政治家对美国总统特朗普的批评不断。德国总理默克尔直言特朗普上台后，美欧彼此完全信任的时代渐行渐远。① 而法国总统马克龙则称北约因美国领导力的减弱而正在经历"脑死亡"。② 跨大西洋关系的裂痕明显。

---

① "Die Zeiten, in denen wir uns auf andere völlig verlassen konnten, die sind ein Stück vorbei," Zeit Online, Juni 1, 2017, https://www.zeit.de/2017/23/angela-merkel-rhetorik-deutschland-usa? utm_referrer = https%3A%2F%2Fwww.google.com%2F, 最后访问日期：2017 年 6 月 1 日。

② "Emmanuel Macron Warns Europe: NATO Is Becoming Brain-Dead," The Economist, November 7, 2019, https://www.economist.com/europe/2019/11/07/emmanuel-macron-warns-europe-natois-becoming-brain-dead, 最后访问日期：2019 年 11 月 7 日。

　　美欧外交文化分歧在国际事务中更加凸显，"美国利益至上"遭遇欧盟"后民族国家"理念。双方因经贸投资、全球治理、安全政策以及价值观领域的分歧而龃龉不断。当美国特朗普政府退出部分国际机制导致出现国际"权力真空"之时，欧盟随即接棒并发挥"康德式"的规范性与制度性影响力，崇尚多边主义的协商方式与政治解决方案，但这就不可避免地与美国"罗马式"霸权、"美国优先"理念及其单边主义外交行为发生激烈碰撞。欧盟考虑到美国自身对于西方国际秩序与跨大西洋价值观共同体的挑战，并不情愿参与特朗普政府主导的"新冷战"布局，在欧盟对外政策上，也尽量避免在大国博弈中"选边站"。

　　实际上，二战后的美国是欧盟最重要的伙伴。但二战后的跨大西洋关系因双方外交文化的异质性也时常经历各种挑战。特别是在美国总统特朗普执政时期，美欧不仅升级了在经济与科技等领域的竞争，双方价值观与安全观之争也愈发激烈。欧盟主张"基于规则的国际秩序"和多边主义外交，而美国特朗普政府偏好"美国优先"、"民粹主义"以及"单边主义"外交，这让欧盟对跨大西洋联盟感到担忧，继而在外交与安全上谋求更大程度的"欧盟战略自主"。但这反过来又遭到美国的质疑，更加独立的欧盟共同外交与安全政策挑战着美国作为霸权国的盟主地位及其在北约内的主导地位。然而，除了美欧外交文化上的差异，在特朗普执政时期，欧盟对美国产生了"联盟异化"行为，这也是基于"成本－利益"计算的。特朗普政府不断指责欧盟军费开支不足，美国不愿或减少提供联盟安全资源，甚至威胁退出北约机制以及其他一些国际机构。欧洲盟友认为无法从美国那里获得足够的安全与政治收益。基于"成本－利益"计算，欧盟对美国进行了"选择性背离"。比如特朗普政府对欧盟钢铝产品征收惩罚性关税，降低了欧盟经济收益，因此欧盟不再完全追随美国制衡中国的战略，而是与中国进行功能性合作。在经济领域，中国在 2020 年前 7 个月中首次超越美国成为欧盟最大的贸易伙伴；而在全球治理领域，欧盟亦接受中国为应对全球性危机而提供的全球公共产品。①

尽管如此，跨大西洋联盟仍具有较强的韧性，本质上欧盟是西方价值观与西方主导的自由主义国际秩序的"维护者"，欧盟期待拜登执政时期的美欧关系"正常化"，因此，基于彼此的战略利益诉求，美欧分歧仍处于可控范围内。美国在欧洲的全球战略利益并未改变，欧盟也仍旧依赖美国的安全保护，因此美国不可能完全撤出北约，但会提高对欧盟的要价。特朗普执政时期，虽然美国对欧盟的外交叙事较为强硬，但在美国国会与国内因素的制约下，跨大西洋纷争并未完全"脱轨"。依赖美欧成熟的各层级交流机制与平台，美欧在政治、经济、科技以及人文等领域仍保持密切沟通。美欧发展成为在争论与分歧中寻求妥协的"选择性同盟"，倾向于进行务实性合作。因此，应正确评估而非夸大美欧关系的裂痕与危机，更应看到，寻求共识与妥协仍是跨大西洋联盟的共识。

（一）美欧经贸纷争

特朗普上任后，以"蛮权力"外交处理对外关系，在对待欧洲盟友上也不例外。与美国奥巴马时期有效结合"硬实力"与"软实力"的"巧实力"外交不同，"蛮权力"外交的特征是追求即时收益的极端实用主义，将原本属于"软实力"领域的经贸工具"武器化"，以交易筹码衡量经贸关系，并结合粗鲁无礼的外交方式对待其他国际行为体。在经贸领域，特朗普政府将经贸工具全面"武器化"，使用关税制裁、经济封锁、长臂管辖等经济胁迫工具与经济强制性政策针对中国、欧盟、日本、

---

① 任琳、郑海琦：《联盟异化的起源》，《国际政治科学》2021 年第 2 期，第 33～58 页。

韩国、加拿大等美国主要的贸易对象，对其全面加征惩罚性关税。特朗普自称是"关税人"，认为对美贸易顺差过大的国家均通过"不公平贸易"损害了美国利益，造成美国工作岗位流失。在这一点上，美国的传统盟友——欧盟也并未被区别对待。特朗普任内，美国不仅发动了对中国的"贸易战"，也向欧盟发起了"无甚差别"的关税攻击，这对二战后由美国主导建立的西方自由资本主义国际体系产生了"自我攻击"。美国此举也令二战后融入西方阵营，并在"以规则为基础的自由国际贸易秩序"中获益的欧盟无所适从，跨大西洋关系不仅出现自冷战以来最严重的裂痕，也因中欧频繁的经贸往来，而令欧盟在中美博弈中陷入"两难境地"。

特朗普政府在经济领域发动"贸易战"与"关税战"的行为与美国外交文化相关联，特别是与"民粹主义"和"美国利益至上"的外交文化传统相关联。美国建国之初，第三任总统杰斐逊便与华盛顿政府的财长汉密尔顿有着截然不同的对外经贸政策主张。二者虽然都认为美国应该成为民主的资本主义国家，但汉密尔顿主张通过建立贸易帝国实现美国实力最大化。而杰斐逊则强调美国应独善其身，减少对外干预，避免美国政治与经济制度受到威胁。美国二战前的"孤立主义"外交特征明显，其不愿过度卷入国际纷争。特朗普在一定程度上激活了美国"孤立主义"传统，在竞选时打出"让美国再次伟大""美国优先"等口号，在执政后退出一系列被认为有损美国利益的国际组织、阻碍世贸组织正常运作、抵制自由主义国际秩序，践行反经济全球化理念。① 此外，杰克逊派的"爱国主义尚武传统"与"民粹主义"思维也是"特朗普主义"的思想根源。入主白宫后，特朗普在总统办公室悬挂杰克逊画像，他从不否认对杰克逊的崇拜。而杰克逊派始终对国际自由贸易持怀疑态度，

---

① Walter Russell Mead, *Special Providence: American Foreign Policy and How It Changed the World*, London：Routledge，2002，pp. 99 – 112，183 – 186，231 – 263.

他们不赞成美国过度参与全球事务，也不支持频繁进行海外军事行动，但杰克逊派的"爱国主义"情怀为美国进行军事行动赋予了合理性。他们支持美国使用武力进行自卫，遏制他国对美国构成的安全威胁。因此，特朗普批评小布什总统，认为其在伊拉克战争中并未找到大规模杀伤性武器，令原本认为美国动武具有合理性的杰克逊派受到愚弄，这在美国引起了较多共鸣。①

特朗普政府将"美国优先"与"重商主义"理念发挥到了极致，在其"狭隘的现实主义"思想的指导下，美国将与各国之间的经济交往视为"零和博弈"，凡是影响美国贸易和就业的国家均被视为对美国国家利益，甚至是美国国家安全的威胁，即使是欧洲盟友也不例外。特朗普政府摒弃了自由国际主义倡导的各国因经济相互依赖而获得相对收益的理念，对二战后由美国主导建立的西方政治与经济自由主义秩序提出了挑战。美国甚至以"国家安全"为由，向欧盟征收钢铝关税，威胁对欧洲汽车、飞机以及农产品征收高额关税；发起美欧"三零"贸易谈判，要求美国产品在欧洲获得零关税待遇。

美欧在经贸问题上的纷争成为双方争吵的主旋律。特朗普的核心观念是将"美国利益"置于"西方价值观"之上，"公平贸易"乃至"贸易保护"优于"自由贸易"，这改变了美欧经贸合作的传统模式，也是对西方自由主义秩序的背离。实际上，如果美国仍延续民主党惯用的"巧实力"外交，那么跨大西洋关系会更为稳定，美欧传统的分工模式也将延续，即欧盟发挥经济与制度性软实力，美国提供军事硬实力保护，美欧在解决地区冲突与国际危机上因此更容易达成妥协与合作。但特朗普以"蛮权力"外交打破了美欧传统分工模式与跨大西洋关系的平衡。美

---

① Walter Russell Mead, "The Jacksonian Revolt: American Populism and the Liberal Order," *Foreign Affairs*, Vol. 96, No. 2, 2017, pp. 2–7.

国将经贸工具"武器化",批评欧盟,特别是德国对美国长期以来的贸易顺差,对欧盟发起"关税战"。

对此,欧盟在经贸领域对美国做出了强硬回应,并实行一系列反制手段。2018 年,美国对欧征收钢铝关税后,欧盟立即对从美国进口的威士忌、哈雷摩托车、玉米和钢材等产品征收对等的 25% 关税;针对美国对欧汽车的关税威胁,欧盟也拟定了反制清单;欧盟空客与美国波音公司继续就补贴问题在世贸组织展开诉讼;欧盟各成员国也并未就美国的"三零"贸易谈判中的"零关税"倡议取得一致。此外,欧盟还以征收数字税和反垄断行政处罚等措施对美国发起主动攻击。在中美贸易争端中,欧盟不愿紧跟美国的战略布局,而是强调"战略自主"。由此,2017 年欧洲选举年后,美欧关系的裂痕在经贸领域扩大。

欧盟出于制度与外交文化的原因而对美国的"贸易保护主义"做出回应。制度上,欧洲一体化较为成功的领域就是货币与经贸领域。欧盟拥有对外贸易谈判的专属职能,各成员国足以"抱团取暖"。外交文化上,欧盟以"文明力量"角色自居,发挥在国际事务上的制度性与规范性影响力。一方面,欧盟以经济实力为基础,发挥其作为重要国际"贸易力量"的作用,依靠在国际贸易和市场规则上的影响力,签署符合自身利益与价值观偏好的双边或多边自贸协定,引领国际多边贸易投资谈判。另一方面,欧盟通过发挥在国际机制、价值观与文化等领域的影响力,引领国际规范与国际规则的制定。但由于欧盟缺乏军事硬实力的支撑,欧盟凭借其"贸易权力"与"规范性权力"在国际舞台上展现出一个有别于美国"霸权"的形象。在国际经贸领域,欧盟较美国更加注重多边协商、国际规则、国际法与联合国机制,外交风格也更为平和。①

---

① 赵晨:《特朗普的"蛮权力"外交与美欧关系》,《世界经济与政治》2020 年第 11 期,第 71~88 页。

然而，即使欧盟对于特朗普的"贸易保护主义"抱怨尤多，并实施反制措施，但这不意味着美欧彻底"闹僵"。实际上，在经贸领域，欧盟在欧美博弈中的筹码略显单薄，特别是作为欧盟领导力量的德国是"出口导向型"国家，其经济增长有赖于高端产品出口，而美国正是德国最大的出口市场。长期以来，德国对美存在大额的贸易顺差，德国就业对对美出口的依赖性要大于美国就业对对德出口的依赖性。[①] 一旦美国向欧盟发动"贸易战"，德国作为欧盟的经济主力，必然会遭受较大打击。因此，特朗普执政时期，默克尔历次访美的首要任务就是通过谈判尽可能缓解美欧在贸易政策上的争吵。

1. 美欧"关税战"与"关税威胁"

（1）钢铝

2018 年美国进口价值为 295 亿美元的钢铁，其中来自德国的钢铁占总进口额的 4%，在欧盟内占比最高。美国铝产品进口总额达 243 亿美元，同样是德国在欧盟内占比最高，但仅为美国铝产品进口总额的 3%。[②] 2018 年 3 月，特朗普以"国家安全"为名，对进口的钢铝产品全面征税（232 关税措施），税率分别为 25% 和 10%。欧盟获得临时豁免权，豁免期至 2018 年 5 月 1 日。

美国此举引发欧盟，特别是德国的恐慌。德国希望通过与美谈判与反制清单避免美欧钢铝"关税战"。2018 年 3 月，德国经济部长赴美就钢铝关税与美商议。[③] 4 月，为争取欧盟长期豁免权，德、法、英领导人先

---

① 黄萌萌：《默克尔见特朗普：话不投机，但还得说》，《世界知识》2017 年第 8 期，第 33 ~ 35 页。

② Daniel Workman, "US Aluminum Imports by Supplying Country," World's Top Exports, March 14, 2019, http://www.worldstopexports.com/us-aluminum-imports-by-supplying-country/，最后访问日期：2019 年 4 月 18 日。

③ 《德国新任经济部长赴美 就惩罚性关税与美协商》，新浪网，2018 年 3 月 19 日，https://news.sina.com.cn/w/2018 - 03 - 19/doc - ifysmain8168199.shtml，最后访问日期：2019 年 6 月 20 日。

后访美，默克尔、马克龙和特雷莎·梅讨论了美欧贸易关系。三人一致认为，美方不应向欧征收惩罚性关税，否则欧盟将在多边贸易框架下采取反制措施，以维护自身利益。① 但欧盟领导力量的游说并未让特朗普在对欧关税问题上改变立场。

豁免期过后，2018 年 5 月底，美国开始对欧盟征收 25% 和 10% 的钢铁、铝产品的惩罚性关税。欧盟也立即采取反制措施。从 2018 年 6 月 22 日起，欧盟对自美国进口的价值 28 亿欧元的产品加征关税，包括钢铁、铝产品、玉米、大米、橙汁和摩托车等 200 多种美国商品。

（2）汽车

在美欧钢铝"关税战"正酣之时，特朗普又对欧盟发出加征汽车关税的威胁。美国以汽车关税为交易筹码，对欧盟施压，要求欧盟在贸易谈判中做出妥协。② 在美国"国家安全""工作岗位回流""美国优先""反对不公平贸易"的口号下，美欧之间的经济相互依赖成为"零和博弈"，美国发出的惩罚性关税威胁成为西方舆论的焦点。

2018 年 5 月，特朗普威胁对欧盟进口汽车征收多达 25% 的关税，要求美国商务部对欧盟进口汽车是否对美国国家安全构成威胁展开调查，这与此前美国对欧征收钢铝关税的理由如出一辙。此前，美国对从欧盟进口的汽车仅征收 2.5% 的关税，而欧盟对从美国进口的汽车则征收 10% 的关税，加之欧盟大国，特别是德国多年来保持对美国的贸易顺差，特朗普因此将汽车行业视为美欧"贸易不公平"的典型案例，宣称欧盟对美国利益造成损害。

---

① 《美国对欧盟惩罚性关税将至》，凤凰网，2018 年 5 月 2 日，http://finance.ifeng.com/a/20180502/16229283_0.shtml，最后访问日期：2019 年 6 月 20 日。

② 《汽车关税牌只是表象　三大分歧严重撕裂美欧》，海外网，2019 年 5 月 21 日，http://m.haiwainet.cn/middle/353596/2019/0521/content_31560437_1.html，最后访问日期：2019 年 8 月 2 日。

若美国对欧盟汽车加征关税，德国汽车行业将受到最为严重的冲击。特朗普的多次关税威胁引发了德国汽车制造商的极大恐慌。作为汽车大国，德国每年向美国出口约 49 万辆汽车，德国跨国汽车企业驻美工厂的年产量约为 80 万辆，占美国汽车市场的 7.4%。一旦美国征税，德国车企将损失惨重，但美国也会流失较多的就业岗位。美国对欧加征汽车关税消息公布的当天，德国法兰克福股票交易所的汽车厂商的股价下跌。[①]

然而汽车关税属于美国对欧的"关税核选项"。从 2018 年 7 月到 2019 年 5 月再到 2019 年 11 月，美国一再推迟对从欧盟进口的汽车征收惩罚性关税，此举亦成为美国对欧盟经济威胁的手段之一。美国由于未在最后期限前采取行动，特朗普已丧失根据"232 条款"加征进口关税的权力。一是若特朗普对欧盟汽车加征关税，欧盟将会立即实施反制措施，并不再兑现从美国进口更多大豆与液化天然气（LNG）的承诺。这将给美国农民带来巨大损失，动摇特朗普的选民基础。美国共和党议员也向特朗普施压，要求其让步。二是汽车关税仍是特朗普在对欧贸易谈判中的重要筹码。欧盟各大汽车制造商均曾预测美国会推迟有关对汽车征收惩罚性关税的决定。主要原因是当时中美贸易争端进入关键时刻，为避免四面受敌，美国特朗普政府更倾向于同欧盟和日本就汽车贸易壁垒与降低关税展开谈判。[②]

（3）飞行器

在航空领域，由于欧洲空客公司的强大竞争力，美国对欧飞行器的贸易由顺差迅速转为逆差。其中，2016 年美国对德国飞行器的出口呈现

---

① 《特朗普威胁对从欧盟进口汽车加征 20% 关税》，新浪网，2018 年 6 月 23 日，https://news.sina.com.cn/w/2018－06－23/doc-iheirxye5467528.shtml，最后访问日期：2018 年 6 月 23 日。

② 青木：《对欧汽车关税仍是美国"谈判砝码"》，环球网，2019 年 11 月 15 日，https://finance.huanqiu.com/article/7RCfIyyVPvq，最后访问日期：2019 年 11 月 20 日。

26.5 亿欧元的顺差，至 2017 年，形成 9598 万欧元的逆差，2018 年的逆差达到 5690 万欧元。[①] 对特朗普而言，美欧飞行器的"贸易不公平"主要是由国家补贴等非关税壁垒导致的。

实际上，美欧就"空客和波音的补贴"问题早已进行了十多年的贸易诉讼。在此期间，美欧互相指控对方为飞机制造商提供上百亿美元的违规补贴，助其进行不正当竞争，世贸组织也对"空客和波音的补贴"争议做出过不少判决，认定美欧双方均有违规补贴行为。美欧双方在世贸组织的诉讼耗时良久，案情复杂，彼此不断实施报复，对第三方市场的争夺也日趋激烈。[②]

特朗普政府升级美欧在飞行器领域的缠斗，将此作为对欧贸易谈判的筹码。2019 年 4 月，美国贸易代表办公室公布了一份总价值为 110 亿美元的关税报复清单，理由是欧盟违规向空客公司提供补贴。美方将报复的范围设定为两组：一组针对空客的四个补贴提供国——法国、德国、西班牙及英国，拟征关税的飞行器产品包括直升机、货运机以及部分飞机零部件；一组针对欧盟 28 国，涉及直升机、摩托车、红酒、奶酪等具有欧盟地理标志的产品。

2019 年 10 月，世贸组织对"美国诉欧盟补贴空客"案做出仲裁，最终批准美国每年对价值约为 75 亿美元的欧盟进口商品和服务加征关税。随后，美国贸易代表办公室发布征税清单。清单的覆盖范围广泛，从飞行器领域到威士忌、酸奶、咖啡、奶酪、冷冻肉等食品与农产品领域，涉及欧盟多国。在拟征税幅度上，除飞机是 10% 外，其余基本上都是

---

① "USA-EU-International Trade in Goods Statistics", European Commission, April 26, 2019, https://ec.europa.eu/eurostat/statistics-explained/index.php/USA-EU-international_trade_in_goods_statistics, 最后访问日期：2019 年 4 月 18 日。

② 丁纯、强皓凡、杨嘉威：《特朗普时期的美欧经贸冲突：特征、原因与前景——基于美欧贸易失衡视角的实证分析》，《欧洲研究》2019 年第 3 期，第 1～37 页。

25%。这是世贸组织有史以来最大规模的贸易纠纷仲裁。[①]

针对美国在飞行器领域的惩罚性关税征收，欧盟表示将开展团结行动，且准备了反制清单。欧盟拟对120亿美元的美国出口欧盟的产品征收惩罚性关税，并筛选了在美欧贸易中敏感度较高的产品，包括视频游戏机、健身器材、赌场游戏桌、烟草以及橙汁、巧克力、番茄酱和冷冻龙虾等美国食品。[②] 欧盟贸易委员马姆斯特罗姆表示，相互加征关税令美欧两败俱伤，这不仅对美欧高度整合的飞机供应链造成严重的损害，也对其他行业造成连锁损害。

2019年，美欧关于"空客和波音的补贴"争议助推了美欧贸易纷争升级。但主要原因仍是欧盟与美国的"三零"贸易谈判僵局。美国与欧盟在"三零"贸易谈判中的根本分歧在于农业领域，美国不能同欧盟谈一份没有农业的协定，而欧盟不能谈一份有农业的协定。因此，美国数次将惩罚性关税作为对欧谈判的交易筹码，这也正是美国使用"蛮权力"外交的具体表现，即将贸易与投资作为武器，在经贸等"低政治"领域采取强制性的方式，胁迫对方妥协。

2. 美欧"三零"贸易谈判

从美国奥巴马时期的"跨大西洋贸易与投资伙伴关系协定"（TTIP）谈判到特朗普时期的美欧"三零"贸易谈判，美欧双方展现出降低关税、消除贸易壁垒以及监管协调的意愿。然而，美欧各行业不同的利益诉求、欧盟内部分歧、美欧不同的经济模式以及双方在外交文化上的差异令达成一致的过程道阻且长。

---

① 《美国正式对75亿美元欧盟输美产品加征关税》，新华网，2019年10月19日，http://m. xinhuanet. com/2019 -10/19/c_1125125295. htm，最后访问日期：2019年10月20日。
② 《欧盟或对120亿美元美国商品加征关税，清单下周公布》，搜狐网，2019年4月14日，https://www. sohu. com/a/307829105_557006，最后访问日期：2019年4月20日。

　　奥巴马时期，美欧已进行多轮 TTIP 谈判，试图消除美欧贸易壁垒，但因美欧在政府采购、金融法规、贸易争端解决机制以及农业等领域的重大分歧，TTIP 谈判无法继续。特朗普入主白宫后，推进美欧"零关税、零壁垒、零补贴"的"三零"贸易谈判。上述"三零"目标可以说是特朗普推进所谓的"公平贸易"理念的具体体现。在美欧 TTIP 谈判时，双方就曾提出对 97% 的进口商品取消关税。可以说，"三零"贸易谈判在某种程度上是 TTIP 谈判的延续。

　　特朗普将对欧"关税战"作为筹码，推动欧盟在"三零"贸易谈判中做出妥协，美国多次暗示，如果美欧"三零"贸易谈判无法展开，美方就有可能对欧开征汽车关税。但欧盟贸易委员马姆斯特罗姆也指出，只要美国对欧征收的钢铝关税还在，协定就不可能达成。如果美国单边增加更多针对欧盟产品的贸易限制，欧盟就将暂时中止谈判。① 美欧"三零"贸易谈判在美国"关税威胁"与欧盟反制措施的博弈中艰难启动。

　　美欧之间乃至欧盟各成员国之间的外交文化分歧为达成"三零"贸易协定带来重重挑战。作为欧盟领导力量，法国和德国在"三零"贸易谈判中也代表了不同的意见。在外交文化上，德国倾向于在外交中以政治谈判解决争端，寻求妥协方案。因此即使德美政治龃龉不断，在贸易问题上，为防止两败俱伤，德国不愿与美国打"关税战"或"贸易战"。而法国外交文化中的"戴高乐主义"色彩浓厚，其在政治上强调欧盟作为世界一极的作用，经济上强调社会福祉，对于美国在经济上的"新自由主义"多有反感。美国外交文化中的"美国主义"与"美国例外论"共同塑造了美国强烈的"国家利益至上"的观念。美国从建国起就是一

---

① 《欧盟版"胡萝卜加大棒"！一边放行谈判，一边准备对美200亿美元关税清单公示》，搜狐网，2019年4月16日，https://www.sohu.com/a/308161956_114986，最后访问日期：2019年4月16日。

个商业社会，政治上奉行"实用主义"，经济上偏好"新自由主义"。无论是民主党还是共和党执政，美国均致力于输出"自由市场"理念与规则，在世界范围内建立起一套以美国为中心的"市场帝国"体系。美国将欧洲市场一体化视为提高美国主导的"市场帝国"体系影响力的重要布局。特朗普则通过"蛮权力"外交要求欧盟降低甚至消除贸易壁垒，由此推进美欧"零关税、零壁垒、零补贴"的"三零"贸易谈判。

在经济模式上，德国莱茵模式的特征是在维持强势货币政策的同时，有效控制通货膨胀，保持出口盈余和经济持续增长，劳资双方实行企业共同管理。德国经济模式更为适合出口导向型经济，工业出口对于德国经济增长的意义重大。作为欧盟经济领头羊的德国比法国更为依赖美国市场，德国拥有对美大额贸易顺差，最担心美欧关系恶化导致德国产业受损，特别是在汽车行业，德国对美国市场的依赖大于美国对德国市场的依赖，德国工业界支持"三零"贸易协定。因此，德国在应对欧美贸易摩擦方面的制衡手段较为有限。[①]

而法国经济模式是混合经济和市场经济相结合，注重产业结构平衡，强调保护国内经济的自给自足，以公正、平等和人道的名义抵制市场竞争，特别是在农业领域。但21世纪以来法国经济模式的弊端也不断显露，尽管法国在工业生产上仍表现出色，但社会失业率上升，社会保障入不敷出，国债高举。欧盟"双引擎"法德之间因各自不同的经济模式，产生不同的利益诉求。在对外贸易领域，德国存在着巨额对美贸易盈余，但法美之间已达到贸易平衡。

因此，在与美国进行"三零"贸易谈判前，德法的利益出发点并不一致。法国总统马克龙极力要求保护欧盟农业部门的利益，制衡美国，

---

① 郑春荣等：《特朗普执政以来德国对美政策的调整：背景、内容与特点》，《同济大学学报》（社会科学版）2018年第4期，第43页。

为此，法国在欧盟中反对美欧"三零"贸易谈判，导致谈判延后数月。而德国则试图通过"三零"贸易谈判，令美国延缓甚至撤回征收惩罚性关税的决定。但德国政界与工业界对"三零"贸易谈判的支持态度也遭遇国内环保组织与劳工组织的多次抗议。

但由于欧盟采取多数投票的原则，最终欧盟被授权与美国开启谈判。不过法国的意见也被融入欧盟的谈判条件中。欧盟的谈判清单限于工业产品。2018 年 7 月，美国总统特朗普和欧盟委员会主席容克会晤，双方发表《美欧联合声明》，具体涉及领域如下。

贸易壁垒：美欧共同致力于实现零关税、消除非关税壁垒、消除对非汽车工业产品的补贴，并在服务贸易、化工、医药产品以及大豆等领域减少贸易壁垒，增加贸易量。

能源进口：美欧同意加强能源战略合作。欧盟将从美国进口更多液化天然气（LNG），实现能源供给多样化。

技术标准：美欧围绕技术标准展开密切对话，放宽交易限制，减少官僚障碍，降低成本。

WTO 改革与贸易规则：美欧共同致力于保护美国和欧盟公司，保护其免受不公平的全球贸易行为的侵害。美欧推动 WTO 改革，解决不公平贸易行为，包括知识产权窃取、强制技术转让、违规工业补贴、国有企业造成的竞争扭曲以及产能过剩等问题。

惩罚性关税：美欧有意向解决钢铝惩罚性关税的问题。[①]

《美欧联合声明》隐藏了诸多细节"魔鬼"。其一，美欧在"三零"贸易谈判后最终形成了一份"声明（statement）而非协定（agreement）"。协定属于国际条约，具有法律效力和约束力，在签订之前往往需要经过

---

① "Joint U. S. – EU Statement Following President Juncker's Visit to the White House," STATE-MENT/18/4687, European Commission, July 25, 2018.

文本起草与数次谈判，短则几年，长则数十年。而声明的约束力极其有限。① 其二，农业领域是美欧达成"三零"贸易协定的最大障碍。欧盟最难放弃的"三零"领域包括一般健康与安全、地理标志（GI）、共同农业政策（CAP）等。尽管特朗普抱怨欧盟对农业的补贴政策，但美国也对本国农业进行高额补贴。特朗普在"三零"贸易谈判后对外宣布，欧盟会进口更多的美国大豆，然而在容克返回欧盟后，欧盟官员直言，欧盟并非计划经济体，需要根据市场来决定要进口多少美国大豆。其三，美欧在技术标准趋同方面仍有很大谈判空间，但这涉及更加敏感的数字领域，欧盟较难在数据和隐私方面做出让步。

（二）美欧全球治理分歧

1. 美欧全球治理观差异

在全球治理领域，"美国优先"外交理念放大了美欧双方在社会与经济发展观、国际秩序理念以及价值观上的分歧。"美国优先"外交理念与美国"单边主义"外交传统相伴而生，主张美国不应受到国际机制与国际法的制约，美国利益是其对外政策的唯一准绳，欧洲盟友也并不能得到"美国优先"原则下的"特殊对待"。在该领域，美欧外交文化的差异主要体现在经济、社会与生态的平衡发展，多边主义与单边主义的选择以及对国际规则的重视程度上。

欧盟支持多边主义以及"基于规则的国际秩序"，重视生态、社会与经济发展的平衡，致力于在全球治理领域，包括气候变化、文化交流、无核世界以及人权等议题，成为国际的"领先力量"，并承担相应的国际责任，通过国际制度、国际组织与多边协定发挥欧盟对其他国家行为体

---

① 彭德雷：《"美欧联合声明"的可能误读：贸易战中的"假想敌"》，Wells 核心文献库，https://www.wells.org.cn/index.php/home/Literature/detail/id/788.html。

的影响力。为此，欧盟制定了雄心勃勃的气候保护与能源转型目标，推动其他国家参与《巴黎协定》，并积极支持《伊核协议》等国际协定。

在全球治理领域，美国并非国际引领者，时常无法平衡经济、社会与生态的发展。对内，美国的国内医疗保险体系与社会福利不及欧洲。对外，特别是美国共和党执掌白宫或掌控国会之时，美国并不情愿接受国际法与国际机制的制约，也不情愿承担过多的国际责任，美欧曾为此争执不断。比如小布什政府曾退出《京都议定书》。2016 年美国大选后，在美国国会中更为强大的共和党与特朗普对多边气候协定持消极态度。2017 年，美国宣布退出《巴黎协定》。特朗普政府不仅否认全球变暖及其危害，还支持美国企业继续将化石燃料作为主要能源，以保护本国传统工业。2018 年，美国退出《伊核协议》，原因是特朗普不相信伊朗会按照协议履行相关义务，并宣称该协议是奥巴马政府签署的一份灾难性协议，威胁要推翻它。2020 年，新冠疫情肆虐全球之际，特朗普政府以世界卫生组织缺乏改革与偏向中国为由，暂停对其的资助，并于同年退出该组织。欧盟委员会主席冯德莱恩和欧盟外交与安全政策高级代表博雷利在一份声明中对美国此举表示不满，敦促美国重新考虑其决定。他们直言："面对新冠疫情全球威胁，应加强国际合作，共同解决问题，避免采取削弱国际合作的行动。"① 在难民与移民问题上，美欧在人权等价值观上的分歧愈演愈烈。特朗普秉持"国家利益至上"的实用主义思维，在他看来，人权应让位于美国利益。他极力反对非法移民经由墨西哥入境美国，高调宣称建造美墨边境墙，对于欧盟接收中东难民的决定更是横加指责。

---

① 《特朗普宣布美国退出世卫组织，受到国内外广泛批评》，BBC 中文网，2020 年 5 月 31 日，https://www.bbc.com/zhongwen/simp/world-52866820，最后访问日期：2020 年 5 月 31 日。

特朗普政府"退群弃约"的一系列单边主义行为加大了跨大西洋关系裂痕。一是侵蚀了曾经美国在全球治理领域的"善意霸权"地位，冲击了多边主义国际秩序；二是削弱了以自由主义和多边主义为基础的跨大西洋关系框架，以及突出人权的跨大西洋价值观共同体。特朗普在全球治理领域实施了全面收缩的战略，美国的消极态度与欧盟的"积极有为"的意愿形成鲜明对比。在特朗普看来，在全球公共产品领域，美国承担的国际责任均"明码标价"，其要求"公平交易"，国际规则与国际协定时常被视为对美国利益的损害，为此，美国以"国家利益"为由做出一系列"退群"行为。

实际上，特朗普此举与美国外交文化中的"美国主义"与"美国例外论"密不可分。因不同时期的国际政治与经济环境的差异，美国"孤立主义"以及"民族主义"倾向时而闪现。美国是坚定的"主权主义者"，并不认可欧洲康德式的"永久和平世界"的政治理想。实际上，自美国建国以来，特别是19世纪，美国孤立主义政治家就反对美国过度卷入全球事务，以保证自身在国际纷争中独善其身。历经"9·11"事件、金融危机以及伊拉克战争的美国民众对于美国在全球的参与逐渐持怀疑态度。随着美国国内社会环境的改变，实际上自奥巴马时期开始，美国民众便不再支持美国过度参与全球事务。为此，奥巴马在全球事务上也采取了一定程度的战略收缩，美国外交政策趋于内顾，特别是在安全领域，比如美国视利比亚危机为"欧洲后院的危机"，期待欧盟发挥领导作用。① 特朗普在执政时期将这一趋势"极端化"，并配合"民粹主义"的政治口号，重新激活了美国"孤立主义"与"保守民族主义"的传统，主张减少美国对欧洲以及对世界的承诺，认为过多的全球责任削弱了美

---

① 赵怀普、赵健哲：《"特朗普冲击波"对美欧关系的影响》，《欧洲研究》2017年第1期，第1~17页。

国的实力和国际地位，只乐于缔结符合美国利益的双边协定，削弱了曾经美国国际主义者对于美国参与全球事务的热忱。

2. 美国"退出主义"外交及其影响

特朗普执政时期，美国外交政策在"全球治理领域"在一定程度上恢复了二战前的"孤立主义"传统。美国政治精英与学者对此多有批评。美国对外关系委员会会长理查德·哈斯称特朗普外交为"退出主义"（The Withdrawal Doctrine）并指出特朗普是"新孤立主义"的代表者。[①]特朗普"退出主义"外交是以"单独行动"的名义令美国摆脱诸多国际多边协议和机构的束缚。特朗普在执政时期更乐于重塑"双边"或者"小多边"贸易协定，而视国际多边协议为制约美国行动力的主要因素。在经济治理领域，美国退出跨太平洋伙伴关系协定（TPP）谈判，该谈判涉及占世界 GDP 约 40% 的国家以及自由化的贸易规则。在国际卫生合作上，特朗普政府在新冠疫情中退出世界卫生组织。在气候保护领域，特朗普政府退出《巴黎协定》。在核不扩散问题上，美国退出《伊核协议》以及美俄签订的《中程核力量条约》（INF），美俄双方不再履行从各自的国家军火库中消除短程和中程核武器的义务，这增加了美俄重启核竞赛的危险。此外，特朗普政府还退出联合国教科文组织和联合国人权理事会。特朗普的"退出主义"外交否认了由全球各国共同定义的挑战，仍以"美国利益优先"为准绳。

在全球治理领域，特朗普的"退出主义"外交损害了美欧的互信，导致欧盟无所适从，需要"另寻他伴"。特朗普在其政治叙事中经常将美国视为全球化的受害者，指责其他国家利用了美国，多次表示美国需要予以反

---

① Richard Haass, "Trump's Foreign Policy Doctrine? The Withdrawal Doctrine," *The Washington Post*, May 27, 2020, https://www.washingtonpost.com/opinions/2020/05/27/trumps-foreign-policy-doctrine-withdrawal-doctrine/，最后访问日期：2020 年 5 月 27 日。

击。从墨西哥、伊朗、中国到激进的恐怖主义势力，甚至欧洲盟友，均被特朗普以"零和博弈思维"看待。他甚至多次指责德国以欧盟共同市场为工具，通过贸易打击美国，否认欧盟是在二战后确保欧洲和平的重要机制。奥巴马时期的美国国务卿希拉里·克林顿批评特朗普"正在毁掉美国的联盟体系"①。

（1）美国"退出主义"外交

①全球气候保护——美国退出《巴黎协定》

2017年6月，特朗普宣布美国退出《巴黎协定》，此举主要是基于美国经济利益的考量。特朗普认为《巴黎协定》给美国带来"苛刻的财政和经济负担"，威胁美国的经济和就业。其一，特朗普宣称，为达到《巴黎协定》的气候目标，至2040年美国经济将损失近3万亿美元，削减千万个就业岗位。其二，《巴黎协定》要求：发达国家在2020年之前每年筹集1000亿美元作为"绿色气候基金"；2020年至2025年，发达国家每年向发展中国家提供1000亿美元援助。特朗普不情愿美国在气候保护上承担过多全球责任，认为这将导致美国的财富被重新分配给其他国家。其三，特朗普不认同《巴黎协定》的气候目标，认为这对保护全球气候起到的作用"非常微小"。② 其四，退出《巴黎协定》也与特朗普的票仓有关。共和党基层选民大多为保守主义者，他们对《巴黎协定》提出质疑。退出《巴黎协定》不仅是特朗普个人风格的体现，也是美国共和党基层选民的主流立场。作为反建制派代表人物的特朗普，他缺乏像布什家族那样根深蒂固的党内利益团体，他与共和党高层的政治友谊"飘忽

---

① "Read Hillary Clinton's Speech on Donald Trump and National Security," *Time*, June 2, 2016, http://time.com/4355797/hillary-clinton-donald-trump-foreign-policy-speech-transcript/.

② "Statement by President Trump on the Paris Climate Accord," The White House, June 1, 2017, http://trumpwhitehouse.archives.gov/briefings-statements/statement-president-trump-paris-climate-accord/.

不定"，这使得特朗普比任何美国总统都更依赖"基层选民"的认可。

②全球核安全治理——美国退出《伊核协议》

2006 年 6 月，中、美、俄、英、法五个联合国安理会常任理事国与伊朗的重要贸易伙伴德国就解决伊朗核问题展开磋商。2015 年 7 月，历经长达 9 年的谈判，各方最终签署《联合全面行动计划》（《伊核协议》）。根据协议，伊朗承诺限制其核计划，国际社会解除对伊制裁，国际原子能机构履行督查职责。此后，国际原子能机构多次发布报告，确认伊朗履行了该协议。

20 世纪 80 年代以来美伊一直处于敌对状态，双方关系在奥巴马政府时期有所好转，伊朗核问题关系到美国对中东局势的主导权，其解决取决于美国当下的战略目标及中东权力平衡情况。然而，特朗普政府在上台后对伊态度强硬，令美伊关系再次蒙上阴影。特朗普政府以伊朗没有遵守协议为由，于 2018 年 5 月正式退出《伊核协议》，重启对伊最高级别的经济制裁。特朗普政府摒弃与其他签署国、联合国和国际原子能机构等国际组织的多边合作，单方面退出《伊核协议》，联合以色列，重新回到全面遏制伊朗的单边主义制裁框架内。此外，特朗普决定退出《伊核协议》也是为了迎合美国共和党建制派长期以来的遏制伊朗的政策主张，稳固其政治利益，应对美国民主党在 2018 年 11 月的中期选举中的挑战。

③国际人权治理——美国退出联合国人权理事会（UNHRC）

2006 年成立的联合国人权理事会，其前身是 1946 年成立的联合国人权委员会。2018 年，向来以"世界人权卫士"自居的美国退出联合国人权理事会，令世界哗然与盟友震惊。美国这次"退群"的原因如下。

其一，美国不满联合国人权理事会的议程。美国以联合国人权理事会对以色列长期存在偏见，以及美国的人权理事会改革方案不被支持为由，选择"退群"。特朗普政府不满人权理事会长期把"巴勒斯坦及其他阿拉伯国家被占领土的人权状况"列为议程，而美国一直要求取消这项议程。

其二，人权不是美国特朗普政府外交政策的优先选项。长期以来，美国以"上帝选民"自居，特别是在民主党执政时期，致力于在全世界推行其"自由、民主和人权"价值观。20世纪70年代后期，卡特政府将人权外交视为美国外交政策的基石。冷战后，日裔美籍学者福山提出"历史终结论"，宣称西方民主制度是最优的，这种优越感蔓延至人权领域。西方国家据此长期掌握着国际人权规则与人权机制运行方面的话语权。一方面，美国每年发布国别人权状况报告，并将此与对外经济援助挂钩，要求受援国依照美国标准进行国内改革。另一方面，在联合国人权委员会时期，美国利用其在国际多边人权机制中的影响力，指责他国人权状况。"人权"是实现美国地缘政治目标的重要工具。然而，特朗普上台后，人权不再是美国外交政策的优先选项。特朗普是典型的"务实主义者"，信奉"美国利益至上"，西方价值观已让位于"美国优先"理念。在特朗普政府看来，退出联合国人权理事会后，美国不需要再承担在世界范围内推行人权、民主外交的道德负担，而是可以集中精力"让美国再次伟大"。

其三，美国自身人权问题严重。美国此番"退群"与特朗普政府在处理非法移民问题时面临的人权指责不无关系。美国执法人员曾在处理涉嫌非法越境者时，强行让近2000名未成年人与其父母分离，美国因此被批无视未成年人的人权。此外，由于美国自身存在的种族歧视、极端贫困、儿童权利保护赤字以及美国社会不平等的问题，美国自身的人权状况饱受盟友诟病。

其四，美国在联合国人权理事会中的影响力不断下降。联合国人权委员会发展至人权理事会后，亚洲和非洲的会员国占据 47 席中的 26 席，而北美和西欧国家的席位由 10 席降为 7 席。联合国人权理事会结构的改变，提高了发展中国家在全球人权治理体系中的影响力与话语权，削弱了美国等西方国家在联合国人权理事会中的作用，而美国人权"政治化"的行为引发越来越多的争议和抵制，力量的此消彼长加速了国际人权治理领域的话语格局转换。凭借席位的多数优势，发展中国家推动联合国人权理事会通过了一系列反映发展中国家人权立场的决议。比如 2018 年 3 月，联合国人权理事会通过了中国提出的"在人权领域促进合作共赢"的决议，呼吁构建新型国际关系，构建人类命运共同体。这种状况无疑令美国有很强的挫败感。此外，美国提出联合国人权理事会改革方案，旨在阻止美国所谓的"专制国家"入会。但美国的改革方案并没有得到广泛支持。特朗普不能容忍美国在国际舞台上失去"主角"光环。[1]

④世界文化遗产保护——美国退出联合国教科文组织（UNESCO）

2018 年底，美国再次退出联合国教科文组织。实际上，近 40 年来，美国对联合国教科文组织的支持一直半心半意，无论是在民主党执政时期还是在共和党执政时期，美国都将联合国教科文组织视为美国意识形态斗争与国际政治博弈的工具。

1984 年，冷战时期，美国里根政府由于对苏联的意识形态偏见而退出联合国教科文组织，直到 2002 年小布什政府才正式回归联合国教科文组织。但自奥巴马执政开始，美国因国际政治问题而逐渐疏离联合国教科文组织。2011 年，巴勒斯坦加入联合国教科文组织引发美国和以色列

---

[1] 毛俊响：《美国退出人权理事会的原因和影响》，中国人权网，2018 年 6 月 21 日，https://www.humanrights.cn/html/2018/4_0621/37290.html，最后访问日期：2018 年 6 月 21 日。

的强烈不满，美国随即停止向联合国教科文组织缴费，撤走占联合国教科文组织总预算22%的约8000万美元的年度资助。从2013年起，美国不再是参与核心决策投票组的成员国。[①]

至特朗普时期，美国所欠的联合国教科文组织的会费已超过5亿美元。特朗普倾向以商人视角看待美国的全球责任，他认为美国承担这笔费用已无意义。此外，特朗普借"退出"表达对美国在联合国教科文组织中缺乏掌控权的不满。在投票机制上，由于美国作为世界大国没有享有特殊性，加上中国等新兴国家近年来在联合国教科文组织扩大了影响力，美国愈发感到"失控"和"无力"。

美国国内文化界精英对于美国退出联合国教科文组织持批评态度，他们认为这是特朗普政府"孤立主义"政策的又一力证。他们批评美国作为世界大国退出联合国教科文组织，不仅动摇了美国在世界文化遗产保护领域的话语权，还削弱了美国的"软实力"影响力。他们作为美国文化精英，将希望寄托在拜登执政时期的美国政府上，期待美国再次构筑起与国际组织和国际公约的联系。

（2）"退出主义"外交对美欧关系的影响

美国的"退出主义"外交触碰了欧洲盟友最为看重的全球治理领域，该领域本是美国维持"善意霸权"形象，维护跨大西洋关系的重要领域，从全球气候保护、全球核安全治理、国际人权治理到世界文化遗产保护，均与欧盟核心价值观有着密不可分的关系。美国"退群"的单边主义行为，在欧盟引起了广泛批评。欧洲盟友试图通过各层级的正式与非正式对话阻止特朗普在全球治理领域的"孤立主义"，然而效果并不明显，欧

---

① 《美国退出联合国教科文组织，背后意义究竟为何?》，Artnet 新闻，2017 年 10 月 19 日，https://www.artnetnews.cn/art-world/shendumeiguotuichulianheguojiaokewenzuzhibeihouyiyijiu-jingweihe – 76085，最后访问日期：2017 年 10 月 19 日。

盟建制派普遍将希望寄托于拜登执政时期。

其一，特朗普时期的"退出主义"外交增加了美国在跨大西洋联盟内的不确定性与不可靠性，削弱了欧盟对美国领导力以及对西方未来的信心。在全球治理领域，美国政府放弃了与盟友的多边合作与协商传统，摒弃了与欧洲盟友共同应对全球挑战以及促进国际机制改革的机会。特朗普政府的"孤立主义"将美国与盟友孤立起来，导致二战后以自由、民主与人权为基础的跨大西洋价值观共同体受到侵蚀。以美国退出联合国人权理事会为标志，美欧联手在国际政治舞台上传播西方价值观的外交传统遭受重创，欧盟与美国相互信任的时代逐渐走远。

特朗普执政时期，美国在欧盟的形象大打折扣。欧洲对外关系委员会（ECFR）的数据显示，认为特朗普 2016 年胜选后的美国是欧盟可信伙伴的欧盟民众比例仅为 27%。而"特朗普政治遗产"的影响深远，至 2021 年 1 月，拜登胜选后，认为在地缘政治领域仍可信任美国的欧盟民众比例仅为 9%，信任欧洲的欧盟民众比例为 35%，信任西方的欧盟民众比例为 20%，而认为西方衰落的欧盟民众比例高达 29%（见图 6 - 1）。

其二，在全球气候治理领域，美国影响力下降，欧盟影响力相对上升。特朗普政府在全球气候治理上的缺位对欧盟的影响是：一是美国不再为欧盟全球气候治理战略提供背书，二是美欧在全球气候治理领域较难形成规则合力，三是美国为欧盟在全球气候治理领域增强国际话语权间接创造了战略空间。

欧盟历来把全球气候治理看成提升其国际话语权的一个重要突破口，特朗普政府却成为欧盟在全球气候治理领域的掣肘力量，欧盟在全球气候治理领域与美国共同引领国际规则的愿望受阻。欧洲国家凭借先进的环保技术优势与雄心勃勃的可持续发展项目与应对气候变化

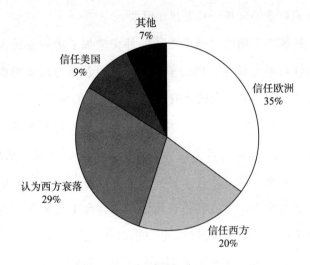

图 6-1　欧洲地缘政治信任格局

资料来源：Ivan Krastev, Mark Leonard, "The Crisis of American Power: How Europe-ans See Biden's America," European Council on Foreign Relations, January 2021, p. 12。

的理念，已成为全球气候治理领域的先锋。① 1997 年的《阿姆斯特丹条约》正式将可持续发展列为欧盟的优先级目标，为环境与气候保护奠定了法律基础。2001 年起，欧盟陆续发布了《环境 2010》《2020气候和能源一揽子计划》《能源 2020》《2030 年气候与能源政策框架》等行动计划，主导《巴黎协定》等国际气候条约的签署。随着应对全球气候变化的欧洲民众呼声渐高，2019 年底冯德莱恩赴任欧盟委员会主席之初，便推出《欧洲绿色协议》，将推进绿色经济转型列为欧盟的重要任务，确立 2050 年欧盟实现碳中和的政治目标。2020 年，欧盟委员会公布《欧盟气候法》草案，以法律形式将欧盟减排目标确定下来。②

---

① 李强：《美国退出"巴黎协定"——全球气候治理面临挑战》，《中国社会科学报》2018年 1 月 11 日。

② 陈新、杨成玉：《欧洲能源转型的动因、实施路径和前景》，《欧亚经济》2022 年第 4期，第 55～74 页。

　　而美国退出《巴黎协定》损害了美国在绿色金融和绿色产业领域的领导力，但间接为欧盟提升全球气候治理方面的国际话语权创造了条件。一方面，美国在碳排放控制上的"无为"，削弱了美国在全球碳金融领域的中心地位。当前，全球碳金融市场的中心位于欧洲，而美国碳金融市场发展滞后，碳交易量不及欧盟的 10%。美国退出《巴黎协定》后，美国与欧盟碳金融市场的差距将继续被拉大。在布局绿色金融上，美国已失一局。另一方面，美国在气候保护产品方面表现乏力，这最终损害了美国的产业竞争力。欧盟在环境产品与气候保护领域占据全球领先位置，通过发展援助政策对外输出欧盟环保理念，展现欧盟软实力，在国际环保标准与规则制定方面发挥引领作用。[①]

　　其三，美欧在全球核安全治理上的矛盾凸显。美国单边退出《伊核协议》，置欧盟在中东的经济与政治利益以及联合国等多边机制于不顾。而且美国态度强硬，要求欧洲企业必须在 6 个月内停止与伊朗的经贸往来，否则其将面临美国的"次级制裁"。时任美国总统国家安全事务助理博尔顿甚至对欧盟抛出"欧洲企业是选择与伊朗还是与美国做生意"这样的问题。鉴于欧洲企业与银行对美国的高度依赖，欧盟不得不尽力斡旋，避免受到美国的制裁影响，以防中东地缘政治局势升级导致事态进一步恶化。

　　特朗普此举招致欧盟政界与商界的极大反感。2015 年《伊核协议》签订后，西方放松对伊制裁，欧盟对伊增加投资，其中德国与伊朗的贸易额增长超 40%。[②] 特朗普上台后多次威胁退出《伊核协议》，欧洲企

　　① 赫荣亮：《美国退出巴黎协定谁最受伤？》，搜狐网，2017 年 6 月 2 日，http://www.sohu.com/a/145521404_613225，最后访问日期：2018 年 10 月 29 日。
　　② 李京、达扬：《特朗普"撕毁"伊核协议 德经济界忧心忡忡》，德国之声，2018 年 5 月 9 日，https://p.dw.com/p/2xQF4，最后访问日期：2018 年 5 月 9 日。

业一片恐慌，法国的跨国企业，如雷诺、标致十分担忧在伊朗的投资打水漂，其在伊业务因国际金融支付系统 SWIFT 再次排除伊朗而受阻。[①]为此，欧盟只能谨慎应对。一方面，尽力与美国沟通，以期获得在伊朗的欧洲企业的制裁豁免权；另一方面，欧洲理事会主席图斯克呼吁欧盟组成联合阵线，劝说美国重回《伊核协议》。从国际法角度看，美国的退出并不意味着《伊核协议》的终结，其他签署国仍可选择维持该协议。法国总统马克龙、英国首相特雷莎·梅和德国总理默克尔均表示三国将继续支持《伊核协议》。然而，鉴于美国经济实力与在世界金融体系中的优势地位，英、法、德三国在积极游说的同时，也不得不与美国进行磋商并做出让步。[②]

（三）美欧安全关系

1. 美欧安全观差异

美欧安全观差异由来已久。正如罗伯特·卡根所言，美欧在权力问题上的观点背道而驰。欧洲在后现代主义的影响下，向着启蒙运动时期的康德的"永久和平"目标迈进，而美国仍在无政府状态下的霍布斯世界中行使权力，认为国际法和国际规则并不可靠，更加相信依靠武力维持安全秩序。外交行为上，美国在国际事务中根据自身利益选择单边主义或多边主义行动，倾向于采取强制而非说服政策，而欧洲人普遍支持和平主义的解决方式，偏好通过谈判等手段，依靠联合国、国际法和国际公约解决国际问题，并通过经济联系连接各国，并不认可美国动辄诉

---

① 华黎明：《在伊核问题上分道扬镳 欧洲与特朗普唱对台戏》，新华网，2017 年 10 月 20 日，http://us.xinhuanet.com/2017－10/20/c＿129723388.htm，最后访问日期：2017 年 10 月 20 日。

② 魏敏：《美国退出伊朗核协议的动因及对中东局势的影响》，《当代世界》2018 年第 7 期，第 47~50 页。

诸武力的做法。[①] 卡根是小布什政府时期的新保守主义学者，然而孤立主义者、自由国际主义者、新保守主义者之间的区别仅在于延续美国霸权的手段与策略不同，美国从未放弃过在军事领域的领导地位与硬实力发展，其最终目的都是维护美国在国际政治中的主宰地位。

美国在安全观上奉行霍布斯式的丛林法则，倾向于"以力压人"，展现其在国际政治中的硬实力。美国外交文化具有"天定命运"观与"美国例外"论的思维烙印，追求"美国利益至上"和追求"强权政治"是美国作为民族国家在外交政策中不可摒弃的王牌，无论是克林顿或奥巴马这样的自由国际主义总统，还是特朗普这样的"民粹主义"总统，在其执政下的美国部从未放弃国际安全上的领导地位，军事硬实力是美国霸权的保障，也是美国单边主义行动的保障。而美国对多边主义的理解建立在对其是否符合美国利益的考量之上，国际多边机制往往被认为是美国外交行动的障碍。特朗普政府更是放大了"美国优先"与"单边主义"的特征，在安全领域也以商人式的"交易"思维对待盟友。

欧洲"后现代主义"思维与"世界主义"理念塑造了欧盟安全观，这可以追溯到欧洲启蒙运动时期。康德的"永久和平论"是欧洲联合以维持和平秩序的基础，也是宪政主义秩序的思想源泉，更是欧盟外交文化中和平主义偏好的根源。2009 年生效的《里斯本条约》重申欧盟成立的目标，即增进和平，推广价值，提高人民的幸福水平。欧盟在对外战略目标中也总是强调和平稳定与维护民主、自由价值观以及促进欧盟经济繁荣。欧盟外交角色定位是"文明力量"，其在国际舞台上以"软实力"而非"硬实力"见长，偏好以外交手段化解国际危机，传播

---

① 〔美〕罗伯特·卡根：《天堂与权力——世界新秩序中的美国与欧洲》，刘坤译，社会科学文献出版社，2013，第 1～13 页。

西方价值观，凭借单一市场优势，促进多边经贸关系发展，借助欧盟"贸易力量"的整体谈判权获取进入他国的优惠市场条件，确保欧盟的繁荣稳定。同时，欧盟也以发展援助等方式承担相应的国际责任，但其援助经常附加对受援国的"政治与经济改革"等条件。与欧盟突出的经济与制度性软实力相比，欧盟缺乏军事硬实力，与美国相比更是相形见绌，无论是大规模作战能力，还是投入战争的决心都较为薄弱。欧盟以"超国家机构"或"集体防务"的方式确保自身安全，将国家利益置于超国家机构之中，在国际事务中通过外交斡旋发挥超越自身实力的国际作用，注重维护"基于规则的国际秩序"，这也决定了欧盟只能选择多边主义的外交行为方式。由于缺乏军事实力，欧盟无法像美国那样开展单边主义行动。因此，欧盟在国际政治中往往展示出"和平的面孔"，在战后重建、联合国维和与外交调解上有着较为丰富的经验和较高的威望。①

然而，随着国际环境的改变，欧盟对安全政策也开始做出调整，以往对权力的回避与联盟防务的结构性缺陷导致其愈发难以确保自身安全，更无法有效传播欧盟价值观。特朗普在上台后更是不断向欧洲施压，让欧洲各国增加国防支出。2016 年后，欧盟在防务建设方面有了更多的投入。安全观上，"康德文化"强调在世界范围内形成一部理性的国际行为法典，虽然强调和平秩序，但淡化了国家主权观念，这也暗藏了"人权"高于"主权"的思维方式。因此，欧盟不时将"人道主义"干预合理化，将其视为欧盟的国际责任。欧洲人权法律以及《欧盟基本权利宪章》均将人权置于欧盟超国家层面，同时致力于将其向世界推广，民族国家的主权反而处于次要地位。由此可见，美欧虽然在尊重联合国和国际法方

---

① 赵晨、赵纪周、黄萌萌：《叙利亚内战与欧洲》，中国社会科学出版社，2018，第 3 页。

面有着很大的区别，但在"人权干预"方面又有着相似的战略目标，这也经常成为美欧开展联合军事行动的理由，比如叙利亚战争。即使欧盟的军事力量薄弱，其也不时开启"人权外交"，致力于在世界范围内维护西方主导的国际规则和基本人权，进行所谓的"民主改造"。①

2. 美欧安全龃龉

2017 年欧洲选举年后，美欧从"天然盟友"转向"交易型"安全伙伴。特朗普时期，欧盟与美国在北约军费、欧盟防务与北约的"再平衡"问题上产生较多意见分歧，而欧盟成员国内部也对欧盟防务建设有不同看法。在安全领域，特朗普抛出"北约过时论"，法国总统马克龙则宣称"北约脑死亡"，无论是美国还是欧盟内部，均对北约的功能提出质疑。然而，欧盟虽然展现出加强独立防务的意愿，但因成员国内部分歧以及欧盟防务能力不足等，北约仍是欧洲安全必不可少的保障。从军事实力来看，欧盟并未对"后北约时代"的防务建设做好准备。从战略部署来看，即使是在特朗普时期，美欧也仍是彼此的战略依托，美国在一定程度上推进在北约机制内与欧盟的防务"再平衡"，但跨大西洋安全合作仍延续了"美主欧从"的主体结构。②

（1）美欧北约军费之争与妥协

受全球金融危机的冲击，国际权力对比变化加剧，美国大战略更加"内顾化"，其海外军事行动越来越具有选择性。特朗普打出"美国优先"与"美国利益至上"的口号，在提供联盟安全保护的问题上，针对欧洲盟友不断提高要价，以商人式的"交易"思维，要求欧盟各国提升国防开支至其 GDP 的 2%，承担更多联盟安全责任，不愿再让欧洲以低成本

---

① 赵晨、赵纪周、黄萌萌：《叙利亚内战与欧洲》，中国社会科学出版社，2018，第 8 页。
② 赵纪周：《"特朗普冲击波"下的美欧防务"再平衡"》，《国外理论动态》2019 年第 7 期，第 96～105 页。

搭乘美国安全"便车",正因如此美欧龃龉不断。在特朗普的外交理念中,美欧之间的保护与被保护的关系不再是西方战略大局,而是一种"交易行为",非义务行为,欧盟需付出"交易成本"才能得到美国提供的安全保障。美欧在北约军费问题上的分歧是由双方实力差距、安全观差异以及保护与被保护的不平等关系决定的。①

与在全球治理领域不同,特朗普政府在安全领域并未奉行"孤立主义"外交,但其将"交易型"思维模式运用到了安全领域。特朗普认可新保守主义温和派学者卡根的观点,即北约实际上是用美国的军队与国防开支为欧洲盟友提供保护,"欧洲的新康德秩序之所以日臻完善,仅仅是因为依照霍布斯旧秩序行事的美国为其提供了保护伞"。② 但特朗普认为该义务是在美国经济繁荣时期确定的,在目前美国经济衰退的背景下已成为美国脱困的障碍之一,因此需要对北约进行改革,重新分配各国所需承担的军费开支份额。③

特朗普自当选总统后,多次批评欧洲盟友的国防开支不足。2018 年北约布鲁塞尔峰会期间,国防开支成为美欧争论的焦点。特朗普以德国为"典型"案例大肆抨击北约其他成员国,威胁称如果北约其他成员国不尽快将每年的国防开支增加到其 GDP 的 2%,美国将考虑退出北约。至 2020 年,德国国防开支虽有增加,但仍未达到占其 GDP 2% 的标准,特朗普批评在德美军消耗了"美国极大的费用",宣称要从德国撤走 9500人,将驻德美军人数减少到 25000 人。白宫的撤军计划引发美国国防部的

---

① 赵怀普、赵健哲:《"特朗普冲击波"对美欧关系的影响》,《欧洲研究》2017 年第 1 期,第 7 页。

② 〔美〕罗伯特·卡根:《天堂与权力——世界新秩序中的美国与欧洲》,刘坤译,社会科学文献出版社,2013,第 103 页。

③ 赵怀普、赵健哲:《"特朗普冲击波"对美欧关系的影响》,《欧洲研究》2017 年第 1 期,第 1~17 页。

担心，美国军方中的许多人认为大幅度减少在德国的驻军会影响北约对俄罗斯的防御。因此，特朗普的计划并没有得到美国国防部的全力支持。在北约军费问题上，特朗普不断抱怨美国对北约的贡献过多，而欧洲盟友的付出太少，叠加美国退出北约或者撤出在欧洲的驻军等威胁言论，旨在迫使欧洲盟友做出更多的北约防务贡献。但特朗普在安全领域对待盟友的强硬态度也受到了美国国内政治的制约与纠正，毕竟欧洲对于美国而言仍是不可或缺的安全战略基地。

北约是二战后由美国和西欧国家建立的军事同盟。冷战后，美欧因为安全观差异时而发生龃龉，如在伊拉克战争与阿富汗战争等方面，冷战后的北约机制陷入了功能转型的困局，但美国领导的北约仍是欧洲安全秩序的重要保障。实际上，长期以来美国与欧洲国家在北约防务方面的资金贡献并不平衡，美国承担了北约近 70% 的军费开支，但欧洲不仅是美国最重要的战略盟友，也是美国霸权地位的重要支撑，欧洲的安全稳定关系到美国的国际战略布局，因此美国历任总统较少在北约军费问题上大做文章。但特朗普上任以后，奉行极端的"实用主义"，责备欧洲盟友与加拿大等北约成员国长期"欠美国钱"，令美国利益受损，美国的威胁令欧盟感到不适。

然而，相比于步履维艰的美欧贸易谈判，美欧在安全政策上达成了一些妥协。一方面，特朗普虽以退出北约为威胁手段，但其主要诉求是欧洲盟友提高北约防务贡献。因此，特朗普竞选时的"退出北约"的威胁以及"北约过时论"并未真正落地。另一方面，即使欧盟在外交文化上自诩为"文明力量"，崇尚政治解决方案，将武力作为最后的手段，在经历危机后也不愿增加军费，但欧盟无力承担失去美国领导的北约机制的安全庇护的后果。2017 年 3 月，特朗普在与德国总理默克尔会晤时避谈"退出北约"，反而表达了对北约的支持，但重申前提是欧盟增加国防开支，以换取美国的安全保障。当时，默克尔最终承诺到 2024 年将德国的国防预算提升到其 GDP 的 2%。①

由此可见，特朗普的威胁部分奏效。即使较多欧盟国家的国防预算至 2021 年仍未达到占其 GDP 2% 的标准，但欧盟国家普遍增加了国防开支。根据北约所要求的各成员国国防开支占其 GDP 2% 的标准，2021年有 8 个北约国家达标，分别是美国、希腊、波兰、英国、克罗地亚以及波罗的海三国。欧盟领导力量法国和德国的国防开支分别占其 GDP的 1.93% 和 1.49%。比利时、西班牙和卢森堡的国防开支较低（见图6-2）。

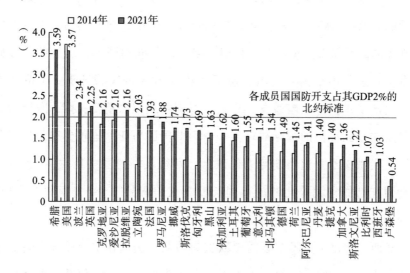

图 6-2 2014 年和 2021 年北约各成员国的国防开支占其 GDP 的比例变化

资料来源："Defence Expenditure of NATO Countries（2014-2021），" NATO, March 31, 2022, p.3, https://www.nato.int/nato_static_fl2014/assets/pdf/2022/3/pdf/220331-def-exp-2021-en.pdf.

从 2016 年至 2020 年，北约成员国的国防开支约上涨 1180 亿美元，

---

① 黄萌萌：《默克尔见特朗普：话不投机，但还得说》，《世界知识》2017 年第 8 期，第 3~35 页。

其中，北约欧洲成员国与加拿大的国防开支增加约520亿美元（见图6-3）。军事上奉行"克制文化"的德国也在国防开支上做出更多贡献。从2016年的约343亿欧元上升至2020年的约457亿欧元，德国的国防开支呈逐年上涨态势（见图6-4）。

图6-3 2012～2021年美国与北约欧洲成员国和加拿大的国防开支

注：2021年为预测值。

资料来源："Defence Expenditure of NATO Countries（2014-2021），" NATO，March 31，2022，p. 4，https://www.nato.int/nato_static_fl2014/assets/pdf/2022/3/pdf/220331-def-exp-2021-en.pdf。

图6-4 2014～2022年德国国防开支的发展趋势

资料来源：Bundesministerium für Verteidigung。

（2）北约与欧盟防务"再平衡"

受伊拉克战争与阿富汗战争的"后遗症"影响，美国国内对于美国海外军事行动产生怀疑，小布什时期的"美国海外大规模作战"模式尽失民意。自奥巴马执政开始，美国在中东北非进行战略收缩，高效利用美国军事资源，将战略重心逐渐转移至亚太地区。特朗普政府在一定程度上延续了该战略路线。美国在军事领域减少"大规模的军事参与"，但仍致力于维护美国的全球安全地位与军事主导地位，军事选项从未被排除。美国无意从安全领域的国际领导地位上回撤，只是根据不同时期的国家实力与国际环境变化，在军事手段与安全战略布局上有所变化。在安全领域，特朗普总统并不是"孤立主义者"，在其就职演讲中，特朗普承诺要消除极端恐怖主义。特朗普在入主白宫的第一天就宣布："我们的军事统治必须毫无疑问。"①

①美国的联盟安全领导力犹在

2017年，在对叙利亚的空袭中，特朗普表示北约"不再过时"，美国仍是西方军事行动的领导力量。2018年，英、法等国跟随美国对叙利亚境内的军事目标展开空袭，但中东北非地缘政治格局已由美国单极控制变为域内宗教势力与域外大国的多极博弈。② 在叙利亚战争中，美国、北约与俄罗斯虽然均以打击"伊斯兰国"为旗号，但美、英、法支持叙利亚反对派，俄罗斯支持叙利亚政府军。俄罗斯的空袭力度远大于以美国为首的北约对叙利亚的军事行动的力度，叙利亚政府军转被动为主动。北约想要复制"英、法主导，美国幕后领导"的利比亚模式难上

---

① Stephen Wertheim, "Quit Calling Donald Trump An Isolationist. He's Worse Than That," *The Washington Post*, February 17, 2017, https://www.washingtonpost.com/posteverything/wp/2017/02/17/quit-calling-donald-trump-an-isolationist-its-an-insult-to-isolationism/，最后访问日期：2017年2月17日。

② 赵晨、赵纪周、黄萌萌：《叙利亚内战与欧洲》，中国社会科学出版社，2018，第9页。

加难。

美俄直接参与叙利亚战争。2017 年 4 月，美国发动"沙伊拉特"打击行动，从位于地中海的驱逐舰上发射了 59 枚"战斧"巡航导弹，打击由叙利亚政府军控制的沙伊拉特空军基地。2018 年 4 月，美国等北约国家直接宣布攻击叙利亚政府的军事设施。叙利亚战争中，欧盟因为军事实力薄弱，并不是叙利亚局势的决定因素。欧盟无力单独实现其推翻阿萨德政府的战略目标，只能对美国的军事战略亦步亦趋，并以经济制裁、政治孤立等手段遏制叙利亚政府军，扶持叙利亚反对派。欧盟在叙利亚战争中再次成为"二流角色"，并且直接承受了叙利亚战争造成的欧洲难民危机后果。① 可见，作为"规范性力量"的欧盟的影响力在中东地区无处发挥，其仍需要跟随美国的战略部署。

②欧盟加强防务建设

美国在跨大西洋联盟内仍是安全领导力量。特朗普在竞选时曾抛出"北约过时论"，主要意图是敦促欧洲国家增加国防开支。虽然跨大西洋联盟在特朗普时期变成了实用主义的"交易型"联盟，但美欧双方的共同战略利益基础并未改变。但是特朗普表现出对俄罗斯的明显好感，甚至有意越过欧洲，放松对俄制裁，这令经历乌克兰危机的欧盟对于欧洲安全秩序深感不安。此外，美国继续战略东移，将更多资源布局在"印太地区"，以应对中国的快速发展。继奥巴马时期的"亚太再平衡"战略后，特朗普政府制定并实施了"印太战略"。在此背景下，欧盟意识到欧洲不再是美国安全战略关注的唯一焦点，需要加强在安全与防务上的自我负责。欧盟深化防务一体化以及加强"战略自主"是外部盟友压力与欧盟内部自我选择的双重结果。

---

① 赵晨、赵纪周、黄萌萌：《叙利亚内战与欧洲》，中国社会科学出版社，2018，第 33～36 页。

欧盟深化防务一体化是实现美欧防务"再平衡"的必然选择，也是对欧盟战略自主的支持。在特朗普上台后，出于美国对欧洲安全保护的不确定性，欧盟在安全与防务建设上取得了一定进展。一方面，欧盟提升防务能力的意愿增强；另一方面，欧盟加强防务建设实际上也是对特朗普不断施压的正面回应。2017 年 11 月，欧盟启动"永久结构性合作"（Permanent Structured Cooperation，PESCO）机制。自 2009 年底《里斯本条约》生效以来，欧盟防务合作虽已具备必要的法律基础，但在政策实践中一直步履维艰。其原因在于：一是在欧洲债务危机的影响下，欧盟成员国纷纷忙于恢复自身经济，大幅削减国防预算；二是受"和平主义"文化浸染的欧盟缺乏增加国防开支的意愿，倾向于依靠北约机制维护欧洲的安全秩序。其启动的 PESCO 机制涉及军事培训、网络安全、后勤保障和战略指挥等多个领域，为欧洲安全打造一份北约之外的保险。此外，该机制还包含一份参与国的"承诺清单"，如定期增加国防预算，在 2024 年前将国防开支增加到本国 GDP 的 2%。2017 年，德国与法国国防部签署建立联合空军部队的协议，并决定共同研制下一代主力战斗机。2018 年 6 月，英国、法国、德国等欧盟九国承诺组建一支欧洲联合军事干预部队，以在北约不参与的情况下迅速展开军事行动，开展平民撤离工作与提供战后救援等。①

③欧盟防务发挥对北约的补充功能

长期以来，美国对欧盟防务发展的程度十分警惕。一方面，美国指责欧盟的防务能力与对北约的贡献过低，期待欧盟加强防务建设，帮助美国分担责任，但美国不愿意将欧盟视为一个平等的安全合作伙伴。另一方面，美国担忧欧盟在独立防务的道路上走得太远，挑战美国在欧洲

① 赵晨：《特朗普的"蛮权力"外交与美欧关系》，《世界经济与政治》2020 年第 11 期，第 71～88 页。

安全事务上的主导权与在北约机制内的领导权。因此，与北约形成互补而非替代关系的欧盟防务为美国所愿。由于实力限制，欧盟自身也不愿失去北约的安全保护。2017 年 3 月，在北约转型研讨会期间，欧洲国家表示，强大且运作良好的北约是欧洲安全的基石，它们支持北约在打击恐怖主义上发挥更大的作用。2019 年慕尼黑安全会议上，欧盟外交与安全政策高级代表莫盖里尼重申，欧盟拥有经济软实力，并正在加强防务硬实力建设，欧盟防务是对北约的补充，会为推动多边主义与国际和平做出欧盟贡献。[①]

④欧盟内部对于北约与欧盟防务"再平衡"的不同声音

欧盟领导力量对于欧盟防务建设有不同的看法。德国支持在北约框架内建立"欧洲安全支柱"。虽然支持加强欧盟防务建设，但认为由于欧盟防务开支只有美国的 1/3，防务能力只有美国的 10%～15%，未来几十年内，欧洲的安全还将依赖美国；而由于法国与美国在历史上多次因北约问题而发生龃龉，法国更为强调欧盟防务自主。2018 年，马克龙在一战结束百年的纪念周活动上再次呼吁建立"欧洲军队"。他认为欧洲需要建立一支"真正的自己的军队"，以抵抗来自俄罗斯，甚至美国的威胁。[②] 与之不同的是，中东欧国家普遍"亲美疑欧"，它们虽然在经济上高度"欧洲化"，但在政治上与欧盟多有龃龉，在安全上也更加信任美国而非欧洲。中东欧国家积极邀请美国和北约部队进驻本国。2014 年乌克兰危机的爆发是中东欧国家

---

① "Fortschritte bei der europäischen Verteidigung," Bundesministerium der Verteidigung, Februar 15, 2019, https://www.bmvg.de/de/aktuelles/fortschritte-bei-der-europaeischen-verteidigung-32572.

② 《特朗普：马克龙打造"欧洲军队"的话"有侮美国"》，法广网，2018 年 11 月 9 日，https://www.rfi.fr/cn/%E6%94%BF%E6%B2%BB/20181109-%E7%89%B9%E6%9C%97%E6%99%AE%E9%A9%AC%E5%85%8B%E9%BE%99%E6%89%93%E9%80%A0%E6%AC%A7%E6%B4%B2%E5%86%9B%E9%98%9F%E7%9A%84%E8%AF%9D%E6%9C%89%E4%BE%AE%E7%BE%8E%E5%9B%BD，最后访问日期：2018 年 11 月 9 日。

与美国密切安全合作的重要节点。克里米亚"入俄"使中东欧国家的安全恐惧上升，它们普遍积极支持加强与美国和北约的军事合作。2018 年，波兰与美国政府签署了"爱国者"导弹防御系统的采购合同，该合同也成为波兰历史上最大的军购合同。2020 年 8 月，波兰国防部长与到访的美国国务卿蓬佩奥签署《加强防务合作协议》。美国宣称将向波兰增派约 1000 人的驻军，即驻波美军由 4500 人增至约 5500 人，从德国大规模撤出的美军将用于增兵波兰。北约的东翼部队指挥中心也将设在波兰。①

总而言之，尽管在内外压力下，欧盟推进战略自主的意愿增强，但在安全与防务领域，欧盟很难在短期内构建一支高度统一的大规模安全防务力量。除法国外，其他成员国对欧盟独立承担自身防务和处理周边安全挑战的政治意愿依旧不足。由于受外交文化的影响，欧洲国家在发展军事实力的问题上缺乏强烈的集体意志，偏好和平解决方案，将武力作为最后的解决方案，加之欧盟长期以来的军事实力较弱，欧盟仍更倾向于借美国和北约机制应对地缘威胁和非传统安全挑战，而不愿另起炉灶。二战后，因两极格局的限制与以"克制文化"为标志的社会反思运动，联邦德国实行"军事自弱"，至今德国虽然是欧盟的领导力量，但在军事上长期"乏力"。2011 年德国取消义务兵役制后，德国国防军军备老化与军队人员短缺问题严重。2017 年的德国国防部报告显示，德国 224 辆"豹 2"坦克中可用的数量不到一半，适航的海军护卫舰也是如此。②欧盟另一领导力量法国无法凭一己之力承担所有的欧盟防务。因此，在北约与欧盟防务"再平衡"问题上，欧盟仍强调欧盟防务是对北约机制

---

① 鞠豪：《美国增兵波兰：波美军事合作不断深化》，《世界知识》2020 年第 17 期，第 48～49 页。

② "Mehr als die Hälfte der Leopard-Panzer sind nicht einsatzbereit," Handelsblatt, November 16, 2017, http://www. handelsblatt. com/politik/deutschland/bundeswehr-mehr-als-die-haelfte-der-leopard-panzer-sind-nicht-einsatzbereit/20593546. html.

的补充。

3. 美欧"印太战略"

从奥巴马政府到特朗普政府,美国的亚洲政策从"亚太再平衡"战略发展成"印太战略",其内核具有延续性。"亚太再平衡"战略将美国战略重心从中东转移至亚太。2017年,特朗普在访问亚洲期间频繁提到构建"自由开放的印太"。同年美国发布《美国国家安全战略报告》,"印太战略"正式成为美国的地区战略。该报告用"印太"取代之前的"亚太"叙事,将中国定义为"战略竞争对手"。2018年特朗普签署的《美国印太战略框架》成为美国"印太战略"的基石,确立了美国"印太战略"的目标与实现路径。其目标是:维持美国在印太地区的战略优势地位,防止印太地区建立新的、非自由的势力范围,强化美国在全球经济领域的领导地位。其实现路径是:增强印太地区的美国军事存在,重塑印太经济秩序,按不同领域,精心打造印太问题上的美国盟友梯队。[①]

在军事领域,美国"印太战略"中的第一梯队是包括美日印澳在内的"小多边主义"联盟,其以美国现有的在印太地区的军事存在为基础,以"民主、自由价值观"为纽带,打造"美日印澳"四方安全对话(QUAD)。[②]

美国在塑造印太地区的联盟机制方面,以"小多边主义"替代多边主义,根据不同领域与盟友进行"菜单式"合作,维护美国在印太地区的影响力与优势地位。安全机制上,2019年美日印澳四国举行首次外长会,将四国外交对话机制由司局级提升至部长级。四国强调在海洋安全领域的协调与磋商,重申支持东盟的中心地位。军事行动上,美国主要

---

① 杨晓萍:《特朗普时期美国印太战略回顾》,《军事文摘》2021年第7期,第13~16页。
② 王晓文:《特朗普政府印太战略背景下的小多边主义——以美印日澳四国战略互动为例》,《世界经济与政治论坛》2020年第5期,第57~85页。

的印太地区的战略盟友是澳大利亚、日本与印度，它们以海洋为纽带，以"自由开放"为共同价值原则，通过美日、美澳传统军事同盟的锚点，建立"基于规则"的区域秩序。但在特朗普执政时期，跨大西洋关系的裂痕扩大，欧盟并未完全追随美国的"印太战略"，但在部分议题上如自由航行、经贸与科技规则、供应链安全等领域，也曾配合美国。

从美国"霍布斯文化"的逻辑来看，中国的快速发展打破了亚洲原有的力量格局，"挑战"了美国的"全球领导地位"，因此中国被美国视为"战略竞争对手"，美国从霍布斯式的"强权政治"视角出发突出对华意识形态与霸权之争。与此不同，欧盟外交文化偏重"基于规则的国际秩序"与国际法。此外，欧盟在印太地区主要涉及地缘经济利益，而非地缘安全利益，因此强调以国际规则而非暴力手段维护欧盟在印太地区的利益。在安全上，欧盟只能作为第二梯队有限地参与美国的"印太战略"。[①] 但在美国战略东移的背景下，为展现跨大西洋联盟的团结性，欧盟也无法毫不参与印太地区的安全合作。

在特朗普政府出台"印太战略"前后，欧盟在参与印太秩序塑造上跃跃欲试。在印太秩序的未来建构中，能否施加欧盟影响力、塑造符合欧盟利益诉求的多边秩序框架，亦是欧盟战略自主的试金石。因此，欧盟内部热议出台欧版"印太战略"。"印太"概念首先出现在欧盟成员国的相关政策文件中。2018 年 5 月，法国总统马克龙在访问澳大利亚时提出要在印太地区建立"巴黎 – 德里 – 堪培拉新战略轴心"，共同维护所谓的"基于规则的地区秩序"。2019 年 5 月，法国发布《法国印太防务战略》报告，指出法国"在印太地区拥有 7 个海外省和海外领地"，法国"在印太的战略目标是维持其影响力和行动自由，维护有利于法国及其伙

---

① 张一飞：《特朗普政府"联欧制华"战略的形成与评估》，《国际展望》2020 年第 2 期，第 103 ~ 125 页。

伴经济和政治活动的安全环境"。2020 年 11 月，荷兰外交部发布荷兰版的"印太战略"，呼吁欧盟成员国在印太区域安全、经济治理等问题上采取一致行动。①

2020 年 9 月，德国出台《德国 – 欧洲 – 亚洲：共同塑造 21 世纪》，此为德国版的"印太战略"。德国以欧盟为依托，明确提出增强欧盟对印太秩序建构的影响力，其理由是印太地区的经济强劲增长，在全球经济增长中所占的份额超过 60%，印太秩序建构对德国出口有重要影响。德国试图凭借"印太战略"，在经济与价值观上向中国施压，并在一定程度上配合美国的全球战略。在该战略框架下，安全上，德国首次派出拜仁号军舰巡航印太地区，主要从事培训、交流与巡航等活动，而非实质性地进行军事投入；德国"印太战略"主要聚焦政治与经济领域，涉及经贸投资规则、气候保护、难民治理、供应链多元化等议题；合作机制上，德国以《联合国宪章》《联合国海洋法公约》等国际条约与东盟、二十国集团等多边国际机制为基础，发挥德国对印太秩序建构的规制性影响力。②

美国将战略重心转移至印太地区，积极打造印太联盟体系。一方面，安全上，美国主要与日澳印等"小多边"盟友维护其在印太安全秩序建构中的优势地位，同时欧盟也会以"配角"的形式参与印太军事交流。另一方面，在经济领域，美欧在印太地区有着共同利益，虽然双方的政治与外交手段不同，但在印太经济秩序上展现出一定程度的联动性。特别是在经济规则与供应链安全问题上，美国增强与欧盟在印太地区的协

① 赵宁宁：《德国"印太战略"的战略考量、特点及影响》，《和平与发展》2021 年第 5 期，第 69~85 页。
② "Fortschrittsbericht zur Umsetzung der Leitlinien der Bundesregierung zum Indo-Pazifik," Die Bundesregierung, https://www.auswaertiges-amt.de/blob/2481624/0859b3aacfeb8cc6d87106673 6672c6f/210910 – llip-fortschrittsbericht-data.pdf.

调。在美国推出"印太战略"前后，德国与法国、荷兰一道，致力于在欧盟层面出台"印太战略"。美国战略界认为，形成于特朗普时期的《美国印太战略框架》是一份"一贯的、系统的、可操作"的战略文件，拜登上台后，美国"印太战略"的实质内容仍会延续。

第七章

—— ❦ ——

2021年欧洲选举年后的美欧关系

一　2021年欧洲选举年后的跨大西洋关系重启

2021年，欧洲再度迎来选举年，欧洲建制派政党艰难掌局。跨大西洋关系经历特朗普时期的四年低谷后，拜登民主党政府上台，开启美欧加强政治、经济与安全合作的窗口期，无论是欧盟还是美国均对此表示期待。然而，美欧外交文化的结构性差异仍然存在，重启跨大西洋关系面临较多的限制性因素。

（一）选举年后美欧外交理念调整

2020年，美国举行总统选举。"两极分化"的美国从以往的两党对立变为民粹主义势力与建制派的对决。美国民众对于强调"美国优先"的"民粹主义"总统特朗普和建制派总统候选人拜登的支持率实际上不相上下。2021年初，在支持特朗普的狂热民粹主义者发起的"国会山骚乱"事件后,美国最终还是迎来了建制派总统上台。拜登政府入主白宫成为跨大西洋关系重新走上正轨的机遇,修复美欧高层政治关系成为拜登执政团队的外交优先事项。[①] 拜登具有多年的从政经验,作为民主党内的自由国际主义者,他主张美国从"蛮权力"外交回归"巧实力"外交,即为了保持美国的国际领导地位,通过联盟、国际机制与外交规范实现美国国家利益。拜登政府弃用特朗普的"美国优先"口号,看重跨大西洋价值观共同体的作用,支持以磋商和谈判的方式处理美欧分歧。[②]

2021年,时隔四年,欧洲再次迎来选举年,2021年与2017年的大选结果颇为相似,欧洲民粹主义势力仍不容小觑,建制派在取得艰难胜利的同时,需要继续面对国内政党格局"碎片化"的现实,或组成弱势政府,或在议会中受到较多制约。荷兰首相吕特仍维持四党执政联盟;葡萄牙总理科斯塔领导的社会党在议会选举中赢得过半席位,继续执政;[③] 奥地利政局动荡,时任奥地利总理库尔茨因涉嫌腐败而辞去总理职务,人民党推选内哈默为党主席,提名其为新总理人选,建制派政党人民党和绿党继续联合执政;[④] 捷克建制派政党重新掌权,但政党格局的碎片化更为明显,右翼保守主义政党公民民主党、人民党以及 TOP 09 党组成了"在一起"联盟,获得最多选票,它们拒绝与民粹主义政党"ANO 2011运动"联合执政,而与得票率第三的"海盗党与市长联盟运动"联盟组

① Daniel Kochis, "Winds of Change in Berlin? A Road Map for U. S. -German Relations," The Heritage Foundation, September 26, 2021, pp. 1 – 2.

② 赵晨:《从"蛮权力"回归"巧权力":拜登政府对欧政策初评》,《当代美国评论》2021 年第 3 期,第 20 ~ 36 页。

③ "Portugal's Ruling Socialists Win Re-election with Outright Majority," France 24, January 30, 2022, https://www.france24.com/en/europe/20220130-portugal-s-ruling-socialists-and-far-right-party-chega-eye-gains-in-snap-legislative-elections,最后访问日期:2022 年 6 月 25 日。

④ 《奥地利政府改组,内哈默出任新总理》,新华网,2021 年 12 月 7 日,http://www.news.cn/world/2021-12/07/c_1128137647.htm,最后访问日期:2022 年 6 月 25 日。

成所持议会席位过半的联合政府。①

至2022年中，欧盟领导力量——德国和法国的选举结果已出，仍由建制派政党掌控政坛。德国由社民党、绿党与自民党组成执政联盟，开创两德重新统一后首次由三党联合执政的局面。德国联邦总理朔尔茨需要不断在妥协与让步中与执政伙伴寻求共识，此届联邦政府更容易成为"弱势政府"。在德国，社民党需要与绿党执掌的外交部与经济部在外交、安全与能源议题上进行博弈与妥协，与自民党执掌的财政部就年度预算进行艰难磋商。法国的总统选举也复制了2017年的大选局面，"共和国前进党"领导人马克龙与右翼民粹主义政党"国民联盟"总统候选人勒庞在总统选举第一轮投票中再次对阵。第二轮投票中，位列第三的"不屈的法兰西"领导人梅朗雄表示不支持勒庞，马克龙最终以58%的得票率获胜，获得连任。② 尔后，"共和国前进党"更名为"复兴党"，参加法国议会选举，但只取得国民议会577个席位中的245席，未能获得议会中的绝对多数席位。左翼政党"不屈的法兰西"与法国社会党、法国共产党、绿党等中左翼和左翼政党组成政党联盟，获得131席。"国民联盟"获得89席，法国共和人党获得61席。未来，法国总统马克龙的改革法案将在国民议会中面临更多的阻碍。③

2021年欧洲选举年后，欧洲建制派政党艰难掌控政局，欧盟外交文化

---

① 《2021年中东欧热点述评与形势总结：2021年中东欧国家政局：波动与稳定》，中国–中东欧国家智库交流与合作网络，2022年1月10日，https://www.17plus1 - think-tank. com/article/1428. html？source = article_ link。

② Dominique Vidalon, Ingrid Melander, "France's Macron Defeats Far-right, Says Second Mandate to Be Different," Reuters, April 25, 2022, https://web. archive. org/web/20220425074257/ht-tps://www. reuters. com/article/us-france-election-final-idUKKCN2MH095，最后访问日期：2022年6月25日。

③ 《法国政局分析：在国民议会选举中遭受挫败对马克龙意味着什么》，BBC中文网，2022年6月21日，https://www. bbc. com/zhongwen/simp/world - 61880139，最后访问日期：2022年6月25日。

在延续性的基础上，也在不断调整以适应以"大国博弈"为主要特征的国际环境。在国际权力对比变化加剧与西方"失序"的背景下，欧盟在坚持作为"规范性"与"规制性"力量发挥作用的同时，也认识到欧盟规范性"软实力"的影响力有限，不断反思其力量的缺陷，由此愈发重视"地缘政治"。欧盟外交文化框架内"文明力量"角色定位中的价值观因素全域外溢，结合"地缘政治"与"权力政治"考量因素，推进欧盟对外战略的务实性转折，促使欧盟在"权力政治"与"规范性力量"、价值观与现实利益之间求取平衡点，以维护欧盟的国际影响力与作为世界重要一极的地位。

在中美博弈日益激烈、新冠疫情挑战欧盟经济"韧性"以及俄乌冲突冲击欧洲安全秩序的背景下，欧盟的危机感与不安全感日益加重。欧盟长期依赖的西方自由主义秩序面临结构性挑战，国际秩序面临重塑。因此，近年来欧盟在对外战略中，不断重塑其国际战略定位，推动欧盟外交与安全政策转型，日益强调成为"地缘政治行为体"，试图在"欧盟战略自主"与"联盟合作"之间寻求平衡点，维护"欧洲主权"与欧盟的国际地位，保护欧洲的社会生活方式与经济模式。2022 年爆发的俄乌冲突带来的地缘安全失序暴露了欧盟硬实力的脆弱，激活欧盟对于"权力政治"的追求。在俄乌冲突的刺激下，德国宣称开启安全政策的"时代转折"，提出至 2024 年将国防预算增加至其 GDP 的 2%，并拨付 1000 亿欧元"特别基金"用于军备升级。欧盟出台《欧盟战略指南针》，从"行动、投资、合作与安全"四个方面全面加强欧洲安全机制，但明确指出欧盟防务是对北约的补充，北约仍是欧洲集体安全的基础，期待得到美国与北约的支持。① 德国总理朔尔茨撰文建议塑造"地缘政治的欧洲"，指出在国际权力对比变化加剧的时代，欧盟面临更多的"不确定性"，需

---

① "A Strategic Compass for Security and Defence," Council of the European Union, Brussels, March 2022, pp. 2 - 4.

要加速推进欧盟外交与安全政策的转型。① 欧盟外交与安全政策高级代表博雷利指出欧盟正处于过渡期，欧盟致力于从危机中总结教训，将此前的地缘战略觉醒转化为持久的战略态势，并学会运用权力叙事，欧盟需要硬实力。②

近年来，一方面，欧盟注重与美国的协调，推动防务一体化，加强北约机制内的"欧洲支柱"建设成为欧盟未来的优先性任务。另一方面，欧盟出台一系列安全、外交与经济战略，维护欧盟自身战略利益与"欧洲主权"。美欧重启沟通，保持密切交流，在美欧政策协调过程中，欧盟长期坚持的"全方位"全球化立场正日益被"选择性"全球化立场取代。在中美博弈和新冠疫情的背景下，欧盟采取了一系列加强经济主权的举措，在实质上将欧盟保护主义手段日益强化，并将一些国家和关键技术行业排除在欧盟全球化合作议程之外。在"欧盟战略自主"的名义下，欧盟在贸易政策上试图在开放和安全之间寻求平衡，以产业链与供应链多元化为抓手，推进欧盟"选择性"的全球化战略。

此外，欧盟将价值观因素纳入其地缘战略框架，并完成全域链接，价值观成为欧盟地缘政治博弈的重要抓手。一方面，欧盟强化价值观与经济和技术领域的链接，强调与"志同道合"国家共同构建安全供应链与技术标准。在欧盟对外贸易的标准中，人权的比重上升。2021 年 3 月，欧盟就新疆问题对中国发起制裁，在中国实施反制裁后欧洲议会冻结了中欧投资协定。2022 年，欧盟发布关于企业可持续尽职调查指令的立法提案，明确

---

① Olaf Scholz, "Die EU muss zu einem geopolitischen Akteur werden," Frankfurter Allgemeine, Juli 17, 2022, https://www.faz.net/aktuell/politik/die-gegenwart/scholz-zum-ukraine-krieg-eu-muss-geopolitischer-akteur-werden – 18176580.html.

② "Europe in the Interregnum: Our Geopolitical Awakening after Ukraine," EEAS, March 24, 2022, https://www.eeas.europa.eu/eeas/europe-interregnum-our-geopolitical-awakening-after-ukraine_ en.

了供应链与人权等价值观的链接。一旦法案生效，那些被认为不符合欧盟价值观的供应商将被排除在欧盟供应链体系之外。另一方面，在俄乌冲突的刺激下，价值观因素被纳入欧盟的安全战略考量。欧盟不仅对加强防务建设做出了前所未有的承诺，"民主与威权对立"的价值观叙事也屡见不鲜。[1]《欧盟领导人非正式会议凡尔赛声明》表示：俄乌冲突是欧洲历史上的结构性转变，欧盟将履行责任，保护欧盟的民主、价值和生活方式。德国总理朔尔茨在提及俄乌冲突时表示：普京对乌克兰发动特别军事行动的唯一原因是"乌克兰的自由威胁到其专制体制"。[2]

2021年欧洲选举年后的跨大西洋关系得到部分改善。美国民主党执政团队素来有"亲欧"的政治传统，而且拜登曾是美国奥巴马时期的副总统，有着丰富的外交经验，对如何处理联盟关系有较为成熟的想法。拜登的内阁成员较为熟悉外交事务，大多同欧洲有着深厚联系。作为自由国际主义者，拜登反对右翼民粹主义，支持欧洲一体化，以西方价值观为纽带，塑造多边联盟关系，以国际机制为基础，维护美国的全球领导地位，美国似乎重拾"善意霸权"的形象，这更容易重获欧盟政界的好感。

一方面，从外交文化视角来看，与美国共和党反对美国文化"欧洲化"以及反感国际组织对"美国主权干涉"的传统截然不同，美国民主党的自由主义价值观与欧洲主流价值观更为接近。内政方面，美国民主党支持"多元化与宽容社会"，反对"民粹主义"，对于欧洲注重社会平等与社会再分配的福利制度较为赞赏。外交方面，美国民主党受威尔逊自由国际主义理念的影响，与欧盟在民主、人权与法治等价值观上有更多的共同语言，强调发挥战后美国主导建立的"基于规则的国际秩序"的作用。因此，在

---

① 金玲：《欧盟对外战略转型与中欧关系重塑》，《外交评论》2022年第4期，第28~51页。
② 金玲：《欧盟对外战略转型与中欧关系重塑》，《外交评论》2022年第4期，第28~51页。

美国民主党执政期间，美欧倾向于在国际事务中进行沟通、协调与合作，传播西方民主、人权与法治等价值观，看重跨大西洋价值观共同体的作用，将此视为跨大西洋关系的黏合剂，构建所谓的"志同道合"联盟，并将盟友视为美国最大的"战略资产"。为此，拜登政府以"跨大西洋共同价值观"与"民主同盟"为旗号重新绑定欧洲盟友，双方致力于寻求美欧外交文化的共性。另一方面，从现实主义视角出发，在经济和安全领域，美欧就各自的"相对利益"进行谈判，美国改变追求绝对利益的"美国优先"的外交理念，力求缓和特朗普时期的美欧矛盾。

欧盟政界对于拜登执政后的美欧关系寄予希望，但"特朗普主义"的"后遗症"仍令欧洲人心存忌惮，欧盟也较为担忧 2024 年美国大选后"特朗普式"的总统再次上台。因此，欧盟对于拜登上台后的跨大西洋关系修复表示"理性期待"，而非"狂热期盼"，欧盟虽然积极配合重启跨大西洋关系，但其并未完全恢复对美国的信任，因此欧盟不会放弃对战略自主的追求。欧盟认为拜登的胜选不意味着跨大西洋关系将重新返回到 2017 年之前的轨道上来。拜登胜选后，欧盟立即明确了跨大西洋议程中的欧盟利益关切与优先性议题，向美国表明欧盟的利益诉求。对此，德国政治与科学基金会（SWP）在美欧经贸、全球治理以及安全合作上提出具体的五项议题性建议，即美欧重塑贸易与科技规则合作框架、建立打击政治虚假信息的共同框架、建立跨大西洋疫苗联盟、美欧共同制衡俄罗斯以及美国重返《伊核协议》。[①] 上述建议也为 2020 年 12 月欧盟委员会发布的《全球变局下的欧美关系新议程》所采纳，该议程最终倡议的美欧合作框架包括全球卫生、气候变化、贸易与科技以及国际安全

---

① Laura von Daniels, Markus Kaim, Ronja Kempin, Kai-Olaf Lang, Marco Overhaus, Johannes Thimm, "Neustart mit Präsident Biden: Fünf Prioritäten Deutschlands und Europas für eine transatlantische Agenda," Nr. 92, SWP, November 2020.

方面。

美欧关系经历了特朗普时期的四年低谷后，拜登政府的联盟政策给欧盟对美外交注入了一针"强心剂"。拜登在竞选时就打出"美国回归"的口号，不同于特朗普时期"粗鲁无礼"的外交风格与"退出主义"外交理念，拜登宣称要与欧盟加强在经贸、安全与全球治理领域的双边合作。2021年2月，美、德、法、北约、欧盟领导人线上参加慕尼黑安全会议，在视频演讲中，拜登直言"跨大西洋联盟回来了"，公开表达出对重启跨大西洋关系的决心。以"重振跨大西洋合作，迎接全球挑战"为主题的2021年慕尼黑安全会议，提出了跨大西洋合作的具体议题，即国际秩序与大国竞争、气候与可持续性发展、全球卫生、技术和数字创新、跨大西洋安全合作，并制定美欧战略协调路径。①

（二）跨大西洋关系的重启与局限性

美欧建制派重掌政权，双方在安全、经济、科技以及全球治理领域更容易在谈判与妥协中找到共同语言。在欧盟在诸领域密切与美国合作的同时，跨大西洋关系修复面临局限性，美欧外交文化上的差异并未就此消失。因此，欧盟并未放弃"战略自主"的诉求。

在安全领域，美欧并未重回完全信任对方的时代，但因俄乌冲突而在中短期内重拾跨大西洋联盟凝聚力。2021年8月，美国从阿富汗仓促撤军，并未就撤军计划与盟友进行充分和详细的沟通，令欧盟在撤军与撤侨上措手不及，欧盟对于美国提供的安全保障与对美国战略依赖的信任度下降。②

---

① "Road to Munich: Beyond Westlessness: Renewing Transatlantic Cooperation, Meeting Global Challenges," Munich Security Conference, 2021, https://securityconference.org/msc-2021/road-to-munich/，最后访问日期：2021年8月29日。

② 《综述：仓促撤离阿富汗 美国让欧洲很受伤》，新华网，2021年8月29日，http://www.news.cn/mil/2021-08/29/c_1211348692.htm，最后访问日期：2021年8月29日。

此外，澳大利亚单方面撕毁与法国的价值 900 亿澳元核潜艇的购买协议，转而购买 AUKUS 框架下的美英核潜艇，由此造成美法外交争端。澳大利亚抱怨法国交货缓慢且预算超额，宣称印太地缘政治只争朝夕，希望尽快部署军备。① 由于上述事件，欧盟在安全领域的"战略自主"再次成为各方热议的话题。

自 2014 年乌克兰危机中克里米亚宣布"独立"后，欧盟便将俄罗斯视为欧洲安全秩序的"首要威胁"，但特朗普上台后的亲俄举动令欧盟大失所望，在对俄政策上美欧生疑。在欧盟政界引领的社会辩论中，欧盟在"时代转折"中开启"战略文化"转型成为热议话题，欧盟多次宣称将增强在安全领域的自我负责与欧盟的"韧性"，认识到欧盟与美国密切安全合作的前提是欧盟做出更强有力和更具有说服力的承诺。② 然而，多年来欧盟防务建设的政治承诺仍远多于其政治实践。

即使美欧双方为修复跨大西洋关系做出了政治承诺与努力，但双方实力的不平衡状态难以在短期内得到实质性改变，美欧对于彼此的期待也始终处于"不对称"的状态，这导致美欧分歧陷入循环怪圈。一方面，欧盟多年来致力于加强战略自主，减少对美国依赖，在平起平坐的基础上与美国进行外交协商，提升与美国打交道时的欧洲自信。但由于欧盟实力缺乏及其成员国在外交与安全政策上的各行其是，其在中短期内无力实现该愿景。另一方面，美国对于多年以来欧盟各国在北约内不对等

---

① 《澳大利亚惊传撕毁法国潜艇 900 亿澳元合同转向美英核动力》，法广网，2021 年 9 月 15 日，https://www.rfi.fr/cn/%E6%B3%95%E5%9B%BD/20210915 – %E6%BE%B3 E5%A4%A7%E5%88%A9%E4%BA%9A%E6%83%8A%E4%BC%A0%E6%92%95 E6%AF%81%E6%B3%95%E5%9B%BD%E6%BD%9C%E8%89%87900%E4%BA% BF%E5%90%88%E5%90%8C%E8%BD%AC%E5%90%91%E7%BE%8E%E8%8B% B1%E6%A0%B8%E5%8A%A8%E5%8A%9B，最后访问日期：2021 年 9 月 15 日。

② "Zusammenfassung," Munich Security Conference, Oktober 2020, https://securityconference. org/assets/01_Bilder_Inhalte/03_Medien/02_Publikationen/MSC_Germany_Report_10 – 2020_De_Zusammenfassung. pdf.

的责任分担较为不满，欧盟也抱怨与美国缺乏协调，指责美国的要求无视欧盟的内部负担。此外，美欧虽在对华战略中均要求提高西方价值观的权重，但双方在政策手段上仍差异较大。中期内，美欧安全关系可以被形容为"傲慢美国"与"无力欧洲"之间的长期非良性互动。①

然而，2022 年的俄乌冲突成为美欧在中短期内增强安全合作凝聚力的外部刺激因素，美欧在对俄政策上找到了共同语言。俄乌冲突对欧盟安全秩序造成猛烈冲击，欧洲对俄罗斯的安全恐惧骤然上升。一方面，欧盟内亲俄派的民粹主义势力被暂时压制。另一方面，因欧洲安全诉求上升，北约功能被激活，欧盟各国承诺增加国防开支，加强安全上的自我负责与欧盟防务对北约的补充功能。中立近 50 年的芬兰、瑞典加入北约，北约进一步北扩，"北约脑死亡论"无从谈起。欧盟认识到美国领导的北约仍是欧洲安全不可或缺的保障。北约东进"印太"与美欧密切安全合作成为 2022 年北约马德里峰会的重点话题。

但欧盟对于"特朗普式"人物在 2024 年可能再次上台、美国社会日渐强大的保护主义趋势、共和党内部反民主化与反多边主义倾向仍心存忌惮，美国也不愿让欧盟再继续搭乘美国的安全"便车"。因此，欧盟无法放弃战略自主的诉求。② 但实现欧盟战略自主的最大障碍仍在欧盟内部：欧盟外交与安全政策上的不团结性及其实力的匮乏。

欧洲虽然是美国的战略利益之所在，但随着美国战略东移，欧洲不再是美国唯一关注的焦点。在美欧安全合作过程中，欧盟能否实现

① Jeremy Shapiro，"Biden Talks a Big Game on Europe. But His Actions Tell a Different Story，" Politico Online，June 4，2021，https://www.politico.com/news/magazine/2021/06/04/biden-administration-europe-focus-491857.

② Johannes Thimm，"Deutsche Amerikapolitik：Mehr Selbstbewusstsein und mehr Selbständigkeit，" in Günther Maihold，Stefan Mair，Melanie Müller，Judith Vorrath，Christian Wagner（Hrsg.），*Deutsche Außenpolitik im Wandel: Unstete Bedingungen*，*Unstete Bedingungen*，*neue Impulse*，Berlin：SWP，2021，pp.119-122.

防务一体化与落实增加国防开支的政治承诺，又能否在政治实践中，推进欧盟防务与北约形成功能互补而非功能冲突，避免引起美国疑虑，这是欧盟需要时刻关注的问题，但这些问题也带来美欧安全合作的局限性。

其一，美欧的安全威胁认知并不完全一致。俄乌冲突的爆发并未改变美国对中国的"首要战略竞争对手"的定位。而欧盟则将俄罗斯视为"最直接的威胁"。其二，在俄乌冲突的刺激下，欧盟频繁做出加强防务建设的政治承诺，但这在政治实践上仍面临重重阻碍。2022 年，为应对俄罗斯的安全威胁，北约承诺增加欧东部边境驻军力量，将快速反应部队从 4 万人提升至 30 万人。德国承诺派驻 1.5 万名联邦国防军、25 架战机与 60 艘战船，但联邦国防军陆军中将坦言这是对联邦国防军极大的物力与人力考验。① 俄乌冲突中，德国虽已决议增资 1000 亿欧元用于军备升级，但德国军队面临大量人员缺口，军备采购程序烦冗，这些问题长期未得到有效的解决。德国军事实力较弱，在短期内难以迅速兑现政治承诺。

在经贸与科技领域，拜登政府结束了特朗普时期的"关税战"，欧盟予以积极回应，美欧展现出协调态势。根据欧盟的建议，美欧创建美国–欧盟贸易和技术委员会（TTC），旨在加强美欧在全球经济、贸易和技术问题上的协调，确保它们在经济规则与技术标准上的全球领导地位。2021 年 3 月，美国与欧盟宣布双方暂停征收因波音和空客航空补贴争端而相互施加的报复性进口关税四个月，美国取消 75 亿美元欧盟输美商品关税，欧盟取消近 40 亿美元美国输欧商品关税；6 月，在欧

① Kai Küstner, "NATO-Aufstockung: Schafft die Bundeswehr das?" Tagesschau. de, https://www.tagesschau.de/inland/nato-bundeswehr-aufstockung – 101. html, 最后访问日期：2022 年 6 月 29 日。

盟－美国峰会上，美欧最终就持续多年的航空补贴争端达成"休战协议"。① 2021 年 10 月，美国和欧盟宣布结束钢铝关税争端，并决定在未来两年内制定一项可持续的全球性协议。

然而，美欧在经贸与科技领域仍然延续激烈竞争。特别是在数字领域，无论是特朗普还是拜登时期，美欧都并未停止在"数字税"上斗法。美国科技巨头占据了欧洲数字经济的大部分市场份额，还掌握着大量欧洲用户的数据，这对欧盟的数据安全与数据主权构成了挑战。但近 20 年来，欧盟在数字领域的竞争力不及美国，欧盟国家的数字市场基本上被美国科技巨头垄断。欧洲本土数字企业实力弱、对美国技术过度依赖成为欧盟的切肤之痛。欧盟委员会主席冯德莱恩甚至将数字主权作为欧盟实现"在数字世界中独立行动"目标的基石。

2020 年欧盟曾主张向谷歌和脸书征收数字服务税，并实施对巨头公司的监管与审查，对此特朗普政府批评欧盟的行为是为了保护欧洲企业免受国际竞争的影响，而非真正保护消费者。2022 年 4 月，欧盟发布《数字服务法》。该法案要求互联网平台企业采取更多措施来删除非法和有害的在线内容，否则可能面临巨额罚款。该法案直接针对谷歌、亚马逊、脸书等美国科技巨头，旨在制约美国科技巨头在欧盟的过度扩张，为欧洲本土企业发展创造空间，规范欧洲的数字服务秩序。该法案不仅是欧盟战略自主在数字产业上的体现，也旨在保护欧洲本土科技企业，尽可能地缩小其与美国在数字领域的差距。②

在全球治理领域，拜登上任后，美国积极构建"民主同盟"，在国际

---

① 赵晨：《从"蛮权力"回归"巧权力"：拜登政府对欧政策初评》，《当代美国评论》2021 年第 3 期，第 20～36 页。
② 《欧盟成员国与欧洲议会就〈数字服务法〉达成一致 欧盟给"谷歌们"再上"紧箍咒"》，中国税网，2022 年 4 月 29 日，http://www.ctaxnews.com.cn/2022－04/29/content_997062.html，最后访问日期：2022 年 4 月 29 日。

社会上多次发出美国重返世界舞台的宣言，与特朗普政府在全球治理领域的"退出主义"外交不同，拜登政府奉行"返群复约"外交。① 一方面，美国部分重返国际组织和国际条约，以"联盟人"的形象出现，这给欧洲盟友服下一剂"定心丸"。如拜登上台后重返《巴黎协定》、世界卫生组织、联合国人权理事会，并宣布重返《伊核协议》谈判等，展现"美国归来"的姿态。美国在气候政策上也表现出前所未有的积极姿态，对内推行"绿色新政"，对外积极展开气候外交，塑造美国领导角色。② 在俄乌冲突的背景下，美欧在气候与能源政策上趋于协调与合作。欧盟委员会提出"REPowerEU"能源计划，旨在使欧洲在 2030 年之前摆脱对俄罗斯能源供应的依赖。其中"天然气供应渠道的多样性"目标成为美欧能源合作的重点目标，欧盟将大量购进美国的液化天然气。③

　　另一方面，拜登政府在外交政策中强调跨大西洋价值观共同体，以联盟为支点，巩固美国的全球领导力。美欧在所谓的民主、人权和国际规则上的共识为重启跨大西洋关系提供了政治空间。美国将中国视为"首要战略竞争对手"，欧盟则将俄罗斯视为"安全威胁"。但美欧以"民主与威权对立"为价值观共识，重启跨大西洋关系。欧盟在一定程度上配合美国的对华战略，以换取美国对于欧洲安全的保障。美国出台的一系列制衡中国的国际倡议与国际战略中，均有欧盟参与的身影。2021 年英国 G7 峰会上，美国宣布启动"重建更好世界"（Build Back Better World，B3W）倡议，宣

---

① 赵怀普：《拜登征服欲美欧关系修复的空间及限度》，《当代世界》2021 年第 2 期，第 18～24 页。

② 董一凡、孙成昊：《美欧气候变化政策差异与合作前景》，《国际问题研究》2021 年第 4 期，第 103～119 页。

③ 张记炜：《俄乌冲突下美欧能源合作的传统与局限》，清华大学战略与安全研究中心，2022 年 6 月 20 日，https://ciss.tsinghua.edu.cn/info/wzjx_mggc/5010，最后访问日期：2022 年 6 月 20 日。

称这项所谓的"由民主国家主导、高标准、价值观导向的透明基础设施伙伴投资计划",将帮助发展中国家建设总价值超过 40 万亿美元的基础设施,该计划制衡中国"一带一路"倡议的意图明显。① 欧盟其后推出"全球门户"(Global Gateway)计划。2021 年 12 月召开的"全球民主峰会"是美国加强所谓的"民主同盟"以应对中国与俄罗斯"挑战"的协调联动会议,欧盟积极参与该会议。

然而,美欧在全球治理合作上的承诺过多,实际贡献过少。特别是 2022 年的 G7 和北约峰会中,在俄乌冲突的背景下,为展现西方的"联盟团结",美欧的举动不乏集团作秀的成分。在德国举办的 G7 峰会上,七国敲定总价值为 6000 亿欧元的"全球基础设施和投资伙伴关系"(Partnership for Global Infrastructure and Investment)项目,美国将在未来五年内投入 2000 亿美元的公共和私人资本,欧盟贡献 3000 亿欧元,该项目重点投资非洲,旨在抗衡中国"一带一路"倡议的影响力。实际上,这项巨额投资是西方的"新瓶装旧酒"策略。欧盟在"全球基础设施和投资伙伴关系"项目框架内认领的 3000 亿欧元投资与欧盟 2021 年底公布的"全球门户"计划的有效期都到 2027 年,且金额都是 3000 亿欧元,很有可能为同一个倡议,而非两个独立存在的投资倡议。② 此外,2022 年,G7 领导人发表联合公报,承诺额外支出 45 亿美元以应对全球粮食安全问题。但该金额远远低于避免粮食危机所需的实际数目。

总体而言,拜登上台后美欧走近,美国再度成为欧盟在安全、经贸、科技与全球治理领域的优先级伙伴。跨大西洋关系得到部分修复,拜登

---

① 《G7 峰会:美国力推的 B3W 方案浮出水面,40 万亿美元全球基建投资抗衡"一带一路"》,BBC 中文网,2021 年 6 月 13 日,https://www.bbc.com/zhongwen/simp/world-57459296,最后访问日期:2021 年 6 月 13 日。
② 国合平:《6000 亿美元?一场伪善的政治秀》,《环球时报》2022 年 7 月 19 日。

政府以"巧实力"外交激活跨大西洋价值观共同体的纽带作用，欧盟也
给予积极回应。美欧在重启诸领域合作的同时，仍各存心思，跨大西洋
关系面临较大的限制性因素。

二　美欧战略协调机制

为了应对中国的快速发展，维护西方主导的"基于规则的国际秩
序"，美欧在地缘政治与安全、经贸与科技、价值观以及全球治理等领域
加强战略协调，其协调呈现领域广与机制化的特点。

（一）地缘政治与安全协调机制——北约

安全是跨大西洋关系的核心内容。在二战后，北约作为美国与欧
洲在安全与防务领域的主要协调与合作机制，实现了从冷战时期两极
格局中的区域性防务同盟向后冷战时期的全球政治与安全组织的转
型。北约每十年左右更新一次"战略概念"，以评估国际安全局势与
国际政治环境的变化，明确北约战略任务，为北约的政治与军事发展
提供战略指导。

自 1949 年北约发布《防务委员会一号文件》以来，截至目前北约
已经陆续发布了八个版本的战略概念文件。文件内容由军事部署扩展至
对政治任务的战略定位。冷战结束后，北约战略概念经历了三次调整：
第一次是 1991 年北约罗马峰会通过的《联盟新战略概念》，主旨是扩
大北约规模，吸纳东欧国家为北约成员；第二次是 1999 年北约华盛顿
峰会通过的《联盟新战略概念》，主旨是北约应在坚持"集体防御"的
同时，积极介入巴尔干地区；第三次是 2010 年北约里斯本峰会通过的
《积极接触，现代防务》，其总结了北约在阿富汗战争中的教训，并提

出北约遭遇传统军事攻击的可能性减小，而面临的网络攻击等非传统威胁日益上升。[①]

2022年6月，在俄乌冲突的背景下，北约马德里峰会审议通过了冷战后北约的第四部"战略概念"《北约2022战略概念》。一方面，在俄乌冲突的背景下美欧重拾在安全合作上的凝聚力，加强安全政策协调；明确欧盟防务是对北约的功能补充，而非替代。另一方面，北约将触角伸向印太地区。具体如下。

其一，《北约2022战略概念》对北约与欧盟的关系做出了全新界定，强调欧盟是北约独特而重要的伙伴，未来要继续强化北约与欧盟的战略伙伴关系，肯定欧盟增加国防开支和加强防务自主对北约的补充作用。其二，北约将战略关切区域首次扩大至印太地区。北约此次的"印太转向"有配合美国"印太战略"的意图。在俄乌冲突的背景下，美国对北约的控制力显著增强，北约再次成为维护美国全球霸权的工具，欧盟为换取美国对欧洲安全的保障，在"印太战略"上对美国亦步亦趋。北约新版战略概念的核心任务包括"加强北约海上力量，阻止和防御海洋领域所有威胁，维护航行自由"等。预计这一内容将给中国周边安全利益带来冲击。[②] 其三，北约新版战略概念体现近年来西方"威权与民主对立"的价值观叙事，具有"新冷战"阵营对峙的意味。北约新版战略概念将俄罗斯定义为对北约"最直接的威胁"，并首次将中国定义为对北约价值观、利益与安全的"机制性挑战"。但该定位实为英美所推动，表明其落入现实主义"修昔底德陷阱"。而鉴于中欧经贸网络与在可持续发展问题上的合作必要性，德国和法国主张使用更为谨慎的对华叙事，多维度处理对华关系，最终在文件中加入对华"建设性接触"一语。

① 徐若杰：《新版战略概念启动北约新十年》，《世界知识》2022年第15期。
② 徐若杰：《新版战略概念启动北约新十年》，《世界知识》2022年第15期。

北约未来的对华政策将呈现"竞合兼具，斗而不破"的色彩。尽管如此，美欧在国际安全关切和地缘战略的考量上仍存在差异，特别是针对"机制性挑战"的表述，欧盟成员国在对华问题上并不完全认同美英的看法。欧盟希望维持较为"平衡"的对华政策，以"建设性接触"塑造对华多维度外交，重点在于确保"供应链安全、市场多元化、贸易规则与航行自由"，以维护欧盟在印太地区的经济利益。[①] 而在气候问题上，不同于美、日等国的观点，欧盟力主建立开放型与合作型的"气候俱乐部"，支持中国与印度积极参与。此外，对于俄乌冲突将如何结束，乌克兰应做出何种让步，北约内部存在较大分歧。欧盟仍要为后俄乌冲突，甚至是后普京时代的欧俄关系留有回旋余地。

（二）经贸与科技协调机制——美国－欧盟贸易和技术委员会

2021年6月，欧盟－美国峰会宣布成立美国－欧盟贸易和技术委员会，旨在加强双方在全球经济、贸易与技术问题上的协调，确保美欧在技术与工业上的全球领导地位。

在2021年9月的美国－欧盟贸易和技术委员会首次会议中，其确定了美欧经贸与技术合作的重点领域，设立10个协调工作小组，分别负责技术标准、气候与清洁技术、供应链安全、信息和通信技术安全性、数据治理和技术平台、技术安全和人权、出口管制、投资审查机制协调、中小企业获取数字资源以及全球贸易挑战，在目标方面明确提出美欧联合应对所谓的"不公平竞争""强制技术转让"等"非市场国家行为"，强调在国际技术与投资领域强化人权与民主等价值观，维护美欧社会安全等。

---

① NATO, "NATO 2022 Strategic Concept," Brussels, June 2022, http://www.nato.int/strategic-concept/.

在出口管制上,美欧宣称将加强针对军民两用产品的出口管制协调,共同确定针对第三国出口管制的原则和领域,并在可能的情况下进行事先磋商。美欧宣称此举是维护全球公平竞争环境,关注新兴技术在军事领域的应用的必要举措。在外国投资审查领域,美国和欧盟继续通过各自的外资审查机制,筛选给国家安全和公共秩序带来风险的外资。在供应链领域,美欧宣称将塑造平衡彼此利益的全球半导体供应链,增强美欧供应链安全以及设计和生产半导体的能力。在科技领域,美欧宣称以西方核心价值观与 WTO 原则为基础,共同制定并协调关键技术和新兴技术的国际化标准,包括人工智能和其他新兴技术的标准。[①]

实际上,欧盟首先提议建立美欧经贸与科技协调机制。2020 年 12 月底,欧盟发布《全球变局下的欧美关系新议程》,明确"技术、贸易和标准"是美欧合作的核心议题,支持制定跨大西洋方案以保护关键技术。《全球变局下的欧美关系新议程》中明确提到,欧盟和美国在个人权利和民主原则方面拥有共同价值观,跨大西洋联盟的贸易额和标准数量约占世界的 1/3。因此,在面临共同挑战之际,欧盟希望与美国密切合作,通过谈判消除双边贸易摩擦,领导世界贸易组织的改革,建立美国 - 欧盟贸易和技术委员会。此外,欧盟还提议,应在人工智能、数据流以及监管和标准等方面与美国开展合作。[②] 对欧盟而言,通过美国 - 欧盟贸易和技术委员会不仅可以维护美欧在全球科技竞争中的优势地位,也可以加强美欧在经济与技术政策上的协调,比如出口管制方面的协调,避免因误判而出现美国制裁欧洲企业的情况。

---

① "U. S. -EU Trade and Technology Council Inaugural Joint Statement," The White House, September 29, 2021, https://www. whitehouse. gov/briefing-room/statements-releases/2021/09/29/u-s-eu-trade-and-technology-council-inaugural-joint-statement/.

② "EU-US: A New Agenda for Global Change," European Commission, December 2, 2020, https://ec. europa. eu/commission/presscorner/detail/en/ip_20_2279.

　　2022 年 5 月，俄乌冲突正酣之时，美欧在巴黎举行美国 – 欧盟贸易和技术委员会第二次会议，除了关注推进美欧在经贸与科技领域的协调，还探讨了技术与供应链安全议题。在俄乌冲突的背景下，美国 – 欧盟贸易和技术委员会从美欧经贸与科技战略协调的平台扩展成美欧应对俄罗斯信息"威胁"与中国经贸竞争的地缘经济与地缘政治的集中号令台。第二次会议的声明强调，美国和欧盟解决了关税纷争，在共同应对非市场行为上也取得了进展，并将联手对俄实施前所未有的制裁和出口管制。2022 年 12 月的美国 – 欧盟贸易和技术委员会第三次会议进一步加强了美欧在未来科技领域的协调。美欧将继续推进美国 – 欧盟贸易和技术委员会议程中涉及关键技术和经济规则的政策与倡议，重塑全球经济与科技规则。具体协议内容如表 7 – 1 所示。

表 7 – 1　美国 – 欧盟贸易和技术委员会的协调领域与内容

领域	内容
出口管制	密切协调美欧关键技术的出口管制，重点防备俄罗斯和潜在的制裁规避者
规则与标准	建立美欧战略标准化信息机制（SSI），实现有关国际标准制定的信息共享
供应链安全	建立预警系统，预测和解决半导体供应链中断的问题，确保美欧供应链安全，避免补贴竞赛
人工智能	美欧制定联合路线图，建立可信赖的人工智能和风险管理评估工具
量子信息	建立美欧量子信息技术专家工作组，共商技术标准、知识产权和出口管制等问题
电动汽车	针对政府资助的电动汽车充电设施制定联合建议，确保美欧电动汽车的通用性
劳工权利	支持劳资双方对话，促进国际劳工权利保护，帮助雇员和企业实现数字化和绿色转型，保持全球竞争力
针对俄罗斯的信息交流	建立新合作框架，识别和评估俄罗斯的信息操纵和审查信息的行为，创建数字平台，确保危机信息的完整性

领域	内容
对华贸易协调	针对第三国的贸易措施与贸易倡议及早进行美欧对话,以避免对双方经济造成负面影响;协调解决经济胁迫问题;美欧医药器械企业加强对在华市场的情况交流
网络价值观	推进《互联网未来宣言》原则——人权、自由、全球性、包容性和可负担性
全球粮食安全	加强美欧政策对话,以应对俄乌冲突导致的全球粮食危机
网络安全	为受到网络安全威胁的中小企业制定美欧网络安全实践指南
第三国数字基础设施项目	美国国际开发金融公司与欧洲投资银行签署备忘录,加强对第三国的数字基础设施建设与新兴技术项目的融资协调;美欧在牙买加和肯尼亚启动信息和通信技术与服务(ICTS)援助

资料来源:"Fact Sheet:U. S. -EU Trade and Technology Council Establishes Economic and Technology Policies & Initiatives," The White House, May 16, 2022; "Fact Sheet:U. S. -EU Trade and Technology Council Advances Concrete Action on Transatlantic Cooperation," The White House, December 5, 2022;笔者自制。

然而,即使美欧通过美国-欧盟贸易和技术委员会能够在对俄罗斯金融制裁与出口管制上采取颇为一致的措施,但在对华实施关键技术出口管制上,美国-欧盟贸易和技术委员会仍未能阻止美国的单边主义行动,这引起了欧盟方面的不满。2022年10月,美国在并没有和欧盟进行充分磋商的情况下对华实施半导体出口管制,试图阻止中国获得"军民两用"技术,其后美国又要求欧盟承诺加入其阵营。欧盟对美国的单边出口管制行为表示不满,欧盟委员会主席冯德莱恩在访美期间宣布,欧盟希望延长对军民两用产品和新技术的出口管制,并与美国加强措施协调。欧盟在对华技术出口管制上犹豫不决,尤其是欧盟经济领导力量德国试图在跨大西洋关系与其在华业务之间取得平衡。如果欧盟屈服于美国,采取同样的对华出口管制措施,欧盟企业面临的"商业政治化"风险将进一步上升,中欧经贸关系与欧盟经济将受到较大冲击。特别是自俄乌冲突爆发以来,由于不少欧盟企业失去在俄罗斯的商机,并且陷入能源供应危机导致的生产成本大幅上升的困境，欧盟企业的利润前景遭受挑战。[①]

（三）价值观协调——"民主同盟"

二战后，美国通过"马歇尔计划"援助欧洲重建，欧洲对美国至今仍心存感激。在不少国际关系学者看来，美国霸权下的国际秩序之所以能够持续稳定半个多世纪，是因为该秩序获得盟友的承认，具有国际合法性，这种合法性也源自美欧共享的自由主义价值观。美国政治学者伊肯伯里提出，为了在西方价值观的基础之上维持以美国为中心的联盟体系，美国还需要施行兼具合法性和道德威信的外交政策，即通过塑造一系列的国际规则与国际制度掌控西方主导的国际秩序，并与其他民主国家讨价还价，美国自由主义霸权需要维持对内与对外的战略克制，以获得盟友的承认与支持。[②]

然而，特朗普入主白宫后，美国率先挑战了二战后由其亲自主导建立的国际秩序。欧盟建制派将美国领导的国际秩序的失序归咎于特朗普时期的"美国优先"的单边主义外交政策。此外，特朗普的"美国优先"理念与贸易保护主义政策，极大地挑战了二战后形成的跨大西洋价值观共同体，美国不再维持"战略克制"，多边主义磋商被视为对美国利益的侵蚀，欧洲盟友对于美国的支持度与信任度大幅下降，以美国为中心的联盟体系遭遇挑战。特朗普执政期间，美国外交政策中的新保守主义、

[①] Martin Chorzempa and Laura von Daniels, "New US Export Controls: Key Policy Choices for Europe," SWP, March 2023, https://www.swp-berlin.org/publications/products/comments/2023C20_USExportControls.pdf.

[②] 参见 Michael Mastanduno, "Liberal Hegemony, International Order, and US Foreign Policy: A Reconsideration," *The British Journal of Politics and International Relations*, Vol. 21, No. 1, 2019, pp. 47 – 54。

孤立主义和单边主义色彩浓厚，伴随着美国的一系列对国际组织的"退群行为"以及针对欧洲盟友发起的"关税战"，跨大西洋关系陷入冰点。

实际上，特朗普政府只是在较大程度上显化了美国社会上早已存在的政治认同分裂。自 20 世纪 80 年代以来，以白人精英主义为代表的美国盎格鲁－撒克逊新教徒（White Anglo-Saxon Protestant，WASP）文化与美国因移民社会而形成的文化多元主义之间的矛盾日趋激化，彼此在堕胎、控制枪支、女权主义以及同性婚姻等问题上争执不下，WASP 迫切希望能够"恢复美国式的生活"。此外，新自由主义主导下的经济全球化导致美国社会的贫富差距、社会分化、阶层固化的问题日益突出，受损和受益于经济全球化的阶层、群体和地区之间的矛盾凸显。在此背景下，美国社会内部对于以自由、民主和人权为核心的价值观产生怀疑，甚至出现政治极化的现象，这也使得美国价值观在世界范围内的光环黯淡。① 从政治文化角度来分析，其原因在于美国内部的"全球主义""多元主义"路线与"美国优先""盎格鲁－撒克逊新教徒文化"路线之间的较量早已白热化。

为此，欧盟期待美国建制派总统上台后，美国能够回归多边主义的联盟体系，重振跨大西洋价值观共同体与西方主导的国际秩序与国际规则。拜登执政时期，美国和欧盟致力于寻求双方在外交文化上的共同语言，美国通过"民主同盟"倡议，激活跨大西洋价值观共同体的纽带作用，以民主、自由价值观之名推动全球战略目标，提升跨大西洋联盟内部的凝聚力，拉拢更多的所谓"志同道合"的盟友。

（四）全球治理协调——美欧全球倡议协同

拜登政府选择性地回归多边主义。2021 年慕尼黑安全会议上，拜登

---

① 魏南枝：《美国价值观还能重现其"光环"吗?》，《瞭望》2020 年 12 月 17 日，http://lw. xinhuanet. com/2020－12/17/c_139597566. htm。

高调宣称"美国归来"，这被视为美国重返联盟体系的信号。此后，美国重返特朗普时期退出的一些国际组织与协定，强化美国在国际组织中的领导地位。美欧在全球治理领域开展了更加积极的协调，特别是通过全球基建倡议协调美欧全球治理理念，对冲中国倡议的影响力。

美欧视"一带一路"倡议为中国替代西方全球治理模式的工具，因此美国与欧盟通过全球基建倡议协同，制衡中国影响力。2021 年 6 月，拜登在 G7 峰会上力推"重建更好世界"倡议，其总投资金额超过 40 万亿美元，旨在帮助发展中国家加强基础设施建设。2021 年 12 月，欧盟发布"全球门户"计划，计划在未来五年投入 3000 亿欧元用于全球基础设施建设，该计划也表明欧盟在全球治理领域加强战略自主的意愿。

美国"重建更好世界"倡议与欧盟"全球门户"计划几乎同期颁布，协同对接，蕴含西方主导国际基础设施建设与投资，制衡中国的"一带一路"倡议在全球的影响力的意图。然而，中国的"一带一路"倡议因其精简的一站式项目管理模式而得以迅速发展，受援国也为避免与中国"对立"而对西方倡议项目持观望态度。美欧公布的全球基建倡议雄心勃勃，但西方联盟的资金高效运用与资金整合仍是一个难题。①

在全球治理领域，美欧在密切对华政策协调的同时，也认识到中国参与的重要性，尤其是在气候变化与全球公共卫生领域。美欧意识到各自对华政策的复杂性和多维性。在气候变化领域，美欧战略协调的目标是推动中国做出更多节能减排贡献，贯彻落实《巴黎协定》的目标。2021 年 11 月举行的联合国气候变化格拉斯哥大会上，中美达成了强化气

---

① "Towards a Joint Western Alternative to the Belt and Road Initiative?" European Parliament, December 1, 2021, https://www.europarl.europa.eu/thinktank/en/document/EPRS_BRI (2021) 698824.

候行动联合宣言。^① 德国在担任 2022 年 G7 轮值主席国期间倡议成立开放
型的"气候俱乐部"。一方面,德国与欧盟希望加强美欧在绿色能源转型
以及能源进口多样化上的合作;另一方面,德国与欧盟支持中国、印度
等国更多参与全球气候合作,以推动实现《巴黎协定》中雄心勃勃的气
候保护目标。^②

---

① 《中美达成强化气候行动联合宣言》,中国政府网,2021 年 11 月 11 日,http://www.
gov. cn/xinwen/2021 - 11/11/content_5650241. htm,最后访问日期:2021 年 11 月
11 日。

② Susanne Dröge, Marian Feist, "The G7 Summit: Advancing International Climate Coopera-
tion?" SWP, Mai 19, 2022, https://www.swp-berlin. org/en/publication/the-g7 - summit-
advancing-international-climate-cooperation.

第八章

新时期的美欧互动

美国拜登政府上台后，改变了特朗普时期的"美国优先"政策，拉拢欧盟，重塑联盟声誉，欧盟对此也予以部分积极回应。[①] 在俄乌冲突的背景下，美欧政治、安全与能源联系更为深厚，美欧进一步加强战略协调。然而，这并不代表美欧之间的结构性分歧就此消弭。德国全球公共政策研究所所长贝纳（Thorsten Benner）曾警告说，欧洲人切勿高兴得太早。他指出："拜登或许是最后一名以跨大西洋主义者的总统身份载入史册的，今后不论谁入主白宫，美国慷慨地为欧洲人提供国防与安全援助之时代已成过往，美国聚焦于中国，而欧洲则需要关注他们能够控制的事情。"[②] 由建制派主导的欧洲政坛无不担忧 2024 年美国大选中"特朗普式"的总统回归，担心届时美国将再次背离联盟承诺，施压欧盟。

[①] Thorsten Benner, "US Vote A Wake-Up Call for Trans-Atlantic Ties," Deutsche Welle, December 11, 2022, https://www.dw.com/en/opinion-us-vote-a-wake-up-call-for-trans-atlantic-ties/a – 63729901.

[②] 唐永胜：《中美欧三边关系结构变化及其发展前景》，《欧洲研究》2021 年第 4 期，第 20 ~ 32 页。

从联盟政治视角出发，欧盟难以放弃"战略自主"的诉求。由于跨大西洋联盟内权力的不平衡，欧盟作为霸权国美国的次级盟友，面临有限的决策空间。然而，在俄罗斯安全威胁上升以及中美博弈激烈的国际环境下，欧盟担心在大国地缘政治博弈中被"牵连"。① 欧盟有两种选择：一是要求从美国处获得更多的军事安全保障，以此应对俄罗斯的安全威胁；二是在跨大西洋联盟内追求更大的战略自主性。后者往往是欧盟在美欧互动中使用的战略手段。从特朗普到拜登时期，跨大西洋联盟经历龃龉，走向重启，在联盟政治中，欧盟的政治叙事也从"欧盟战略自主"变为"欧洲主权"，但其实质都是寻求扩展自身外交空间的可能性。在此过程中，欧盟外交角色定位也从"文明力量"逐渐向"地缘政治力量"迈进，其致力于增强自身军事、经济与科技实力，塑造自身的防御性与经济韧性，成为国际地缘政治的"参与者"而非"旁观者"。

从外交文化视角出发，美欧外交文化的异同继续影响新时期的跨大西洋关系。美欧外交文化的差异令美欧之间的结构性分歧不可消弭。

"美国例外论"的叙事是美国国家自我意识的原动力，美国据此在对外关系中不仅为"我们"的独特性做出辩护，也对"他者"产生对立性的认知。美国的"例外"既可以是美国接受"天定命运"从而推动构建"时代新秩序"的辩护理由，也可以是美国成为规则的"破坏者"的辩解理由。换言之，"美国例外论"的张力有以下两种解释，它既是所谓的"山巅之城"的道义使命感的根源，也是美国宗教狂热、民族主义与民粹主义的温床。② 美国民主党总统倾向于使用基督教弥撒

① Sara Bjerg Moller, "Domestic Politics, Threat Perceptions, and the Alliance Security Dilemma: The Case of South Korea, 1993 – 2000," *Asian Security*, Vol. 18, No. 2, 2020, pp. 119 – 137.

② Daniel T. Rodgers, *As a City on a Hill: The Story of America's Most Famous Lay Sermon*, Princeton: Princeton University Press, 2020, pp. 16 – 18.

亚式的语言宣扬威尔逊式的美国世界责任、美式民主与新自由主义理念，比如拜登政府上台后召开世界"民主峰会"，表现出"美国归来"的姿态，构建美欧"价值观联盟"。而美国共和党总统则运用权力投射的爱国主义与宗教情怀，借助"善恶二元论"，划分"邪恶国家"，由此也不难理解美国小布什总统在伊拉克战争期间发出的所谓"邪恶国家"言论。美国的"例外"也可能成为"既有规则"的对立面，这就造成"美国例外论"与"基于规则的国际秩序"之间的矛盾。比如特朗普时期，随着美国退出一系列国际组织，美欧在国际秩序观上出现明显的分歧，这足以证明美国对于"国际规则"束缚的不满以及对于"多极世界"挑战美国世界领先地位的恐惧。即使二战后美国主导塑造了自由主义国际秩序，但当该秩序有悖于美国国家利益时，美国也往往成为国际规则与国际秩序的"破坏者"，而非"遵守者"。实际上进入21世纪后，无论是美国民主党还是共和党领导人入主白宫，美国都在怀念冷战后初期没有出现势均力敌的竞争对手的短暂时光。①

　　实际上，"美国例外论"也催生"孤立主义"思想。美国第五任总统门罗发表"门罗宣言"，主张不干涉欧洲内部事务，减少对外干预，以避免美国民主制度受到侵蚀，奉行"孤立主义"，主张独善其身以保护美国的民主制度。然而，门罗所倡导的"孤立主义"从来都不是绝对的，美国始终怀有扩张野心。进入21世纪后，在大国博弈日趋激烈的国际环境中，美国为应对地缘政治挑战，重新丰富并使用"门罗主义"，白宫形成了"新门罗主义"，在奉行美国"国家利益至上"的同时，披上了理想主义的价值观外衣。"新门罗主义"不再是美国建国之初的"独善其身"，

---

① Stephen M. Walt, "America Is Too Scared of the Multipolar World-The Biden Administration Is Striving for a Unipolar Order That No Longer Exists," *Foreign Policy*, March 7, 2023, https://foreignpolicy.com/2023/03/07/america-is-too-scared-of-the-multipolar-world/.

而是聚集美国有限的资源，同时充分利用盟友资源，与主要对手进行全面竞争。与此同时，美国为避免陷入全球性的意识形态冲突，利用塑造"价值观联盟"等外交手段，凝聚联盟力量。①

近年来，在大国互动中，"新门罗主义"给美国带来至关重要的优势：美国一边利用欧洲对战略自主的渴望，一边提醒欧盟不要走得太远。进入21世纪后，中国快速发展，欧盟追求与美国平起平坐的地位与战略自主，而美国深陷中东与恐怖主义战争的泥潭，国家实力相对下降。2010年后，美国将战略重心逐步东移，将硬实力资源从中东地区转移至亚太地区。2021年，美国拜登政府从阿富汗仓促撤军，这令欧洲盟友措手不及，抱怨不断。

欧盟是美国的重要盟友，但一直尝试获得更多的战略自主性，然而在安全与防务政策上，欧盟又不得不依赖美国与北约机制的安全保障。特别是在俄乌冲突中，欧盟与俄罗斯能源脱钩，欧洲安全秩序从容纳俄罗斯的"合作型"秩序向孤立俄罗斯的"对抗型"秩序变化，欧盟在安全与能源上对美国的依赖甚于以往。在"新门罗主义"的作用下，美国敦促欧洲增加国防投入，加强欧洲在安全上的自我负责。与此同时，美国将北约机制转变成一个主要由美国和欧盟组成的跨大西洋集团。在美欧联合之下，欧盟方面可以盯住俄罗斯，强烈反对俄罗斯的东欧国家也可以拉住欧盟，确保欧盟不背叛美国的战略目标，而美国则可以集中精力和资源来推行"印太战略"，如此一来，美国能专心在亚洲建立更强大的联盟。

---

① Anthony J. Constantini, "The Monroe + Doctrine: A 21st Century Update for America's Most Enduring Presidential Doctrine," *The National Interest*, February 7, 2023, https://nationalinterest. org/feature/monroe-doctrine – 21st-century-update-america% E2% 80% 99s-most-enduring-presidential-doctrine – 206185? page = 0% 2C1.

　　未来无论是美国民主党还是共和党执政，在中长期内，美国都不会改变"美国优先"的外交原则。实际上，从欧盟外交文化的视角看，欧盟与美国的外交文化存在显著差异，欧盟并未改变以人权为基础的宪政主义观以及"基于规则"的国际秩序观，致力于通过塑造国际规则以及引领全球治理议程，维护欧盟的经济利益与欧盟价值观。欧盟对于美国所追求的单极世界及其单边主义外交行为也颇为不满。当前欧盟政界主流能够接受并承认的是"中美博弈主轴下的多极格局"，以此确保欧盟成为稳固的一极力量，维护欧盟价值观与"基于规则的国际秩序"。[①] 然而，近年来在新的国际环境中，欧盟"规范性力量"的角色定位受到冲击，被融入更多的"地缘政治"因素，以适应在多极格局下的地缘政治与地缘经济竞争，欧盟逐步接受基于实力的现实主义逻辑，以确保欧盟在大国博弈中站稳脚跟，继续参与国际规则制定，拥有规则话语权。一方面，欧盟收紧贸易与投资政策，出现了商业政治化、安全化与价值观化的趋势；另一方面，欧盟委员会愈发强调欧盟要参与国际"地缘政治竞争"。[②] 但是欧盟"地缘政治力量"的角色定位并不是对其原有的"规范性力量"角色定位的全面否定，而是吸收与融合。历经危机与冲突，欧盟正处于战略转型期，其外交角色既具有"规范性力量"的底色，又含有"地缘政治"的权力逻辑。欧盟致力于在"基于规则"与"基于实力"的外交手段之间取得平衡，在继续通过多边主义规范多极世界的同时，尽可能集中欧洲资源，补齐实力不足的短板。[③]

　　作为对美国战略的回应，欧盟进一步加强安全上的自我负责与战略

---

① 崔洪健：《百年变局下的欧洲之变与中欧关系的起承转合》，《欧洲研究》2023 年第 1 期，第 17~27 页。

② 周弘：《中国式现代化、欧洲模式与中欧关系》，《欧洲研究》2023 年第 1 期，第 1~7 页。

③ 崔洪健：《百年变局下的欧洲之变与中欧关系的起承转合》，《欧洲研究》2023 年第 1 期。

自主。即使在俄乌冲突的背景下，欧洲加深了对美国的安全与防务依赖，但也并未放弃"欧盟战略自主"的诉求，甚至进一步意识到加强战略自主的必要性与紧迫性。2022 年欧盟颁布《欧盟战略指南针》，提出要将自身建设成"更强大、更有能力的安全提供者"，这表明欧盟不愿从国际政治的重要"游戏玩家"沦为"游戏场"，或从全球竞争舞台上的"参与者"退为"旁观者"。虽然欧盟的政治叙事从"欧盟战略自主"转变为"欧洲主权"，但其本质仍是追求防务、经济与技术主权等。①

"欧盟战略自主"的第一层含义是，要确保欧盟的外交行动能力与行动空间，但这并非要脱离美国而单打独斗，欧盟反而在安全议题上与美国加强合作。欧盟领导力量德国和法国曾在 2023 年 1 月发表联合声明，不仅表示要强化欧洲防御能力，还明确表示要增强欧洲在北约内的"支柱作用"，深化欧盟与北约之间的合作，② 以促进欧盟防务与北约的嵌入式互补，完善北约中的功能分配。

"欧盟战略自主"的第二层含义是，欧盟及其成员国减少在外交政策上对大国的过度依赖，欧盟不愿意接受未来国际秩序完全由美国和中国决定，致力于维护欧盟崇尚的"基于规则的国际秩序"。③ 欧盟并不完全遵循美国的与华对抗的逻辑。比如在关于《北约 2022 战略概念》中的对华政策的内部讨论中，德国与法国均主张使用较为谨慎的对华叙事，文件最终加入对华"建设性接触"的表述，将气候变化等全球治理议题列为联盟安全的重要维度，主张在该领域的对华合作。④ 2022 年 9 月，法国

---

① 冯仲平：《战略自主关乎欧洲命运》，《欧洲研究》2023 年第 1 期，第 8 ~ 17 页。
② "Joint declaration-Franco-German Council of ministers," France in Belize, January 22, 2023, https://ambafrance. org/IMG/pdf/joint_ statement_ – _23rd_ franco-german_ council_ of_ ministers. pdf.
③ 冯仲平：《战略自主关乎欧洲命运》，《欧洲研究》2023 年第 1 期，第 8 ~ 17 页。
④ NATO，"NATO 2022 Strategic Concept," Brussels, June 2022, pp. 6 – 10, http://www. nato. int/strategic-concept/.

总统马克龙在年度驻外使节大会上明确反对欧洲充当美国的"附庸"。①
2022 年 11 月，德国总理朔尔茨率经济代表团访华，成为疫情后与中共二
十大后首次访华的欧洲领导人。紧随其后，2022 年底欧洲理事会主席米
歇尔访华，2023 年 4 月，欧盟委员会主席冯德莱恩与法国总统马克龙带
领 50 名经济代表访华，包括法国空客、阿尔斯通和法国电力集团代表
等。在政治上，法国主张中美欧之间的权力平衡；在经济上，法国希望
为欧洲公司争取在华更好的市场准入条件以及更为公平的公共采购政
策。② 法国将自身视为欧洲在多极世界中的"思想倡议者"，法国总统与欧
盟委员会主席共同访华不仅是为了对外展现欧盟团结，明确法国在欧盟内
的领导地位，也是为了嵌入欧盟机制，谈及一些中欧之间的分歧议题。

然而，随着俄乌冲突的持续以及巴以冲突的爆发，它们对欧洲造成
的安全、政治与经济冲击均大于对美国的。其中，俄乌冲突被视为欧洲
的"生存性威胁"。巴以冲突则成为影响欧洲"内部稳定"的重大事件，
因为在欧洲生活着大量犹太人与阿拉伯移民。此外，由于欧洲能源逐渐
"去俄化"，能源价格与通胀高企，经济发展迟缓，欧洲民众所能承受的
经济成本接近上限。在这种情况下，欧洲对外关系委员会建议欧洲政策
制定者应参照"点单世界"（à la carte world）的政治逻辑，即非西方国
家不在中美欧博弈中与一方完全结盟或"选边站"，而是在不同的问题上
混合搭配不同的伙伴，且不签署具有承诺性的联盟协议。此外，美国国
内政治极化现象持续，未来如果特朗普再度出任美国总统，美国将难以

---

① "Speech by the President of the French Republic at the Conference of Ambassadors," Elysee, September 1, 2022, https://www.elysee.fr/en/emmanuel-macron/2022/09/01/speech-by-the-president-of-the-french-republic-at-the-conference-of-ambassadors – 1.

② Dana Heide Sabine Gusbeth Moritz Koch Gregor Waschinski, "Das wollen Macron und von der Leyen in China erreichen," Handelsblatt, April 5, 2023, https://www.handelsblatt.com/politik/international/chinapolitik-das-wollen-macron-und-von-der-leyen-in-china-erreichen/29077682.html.

适应欧洲的价值观和利益观。因此，如果欧盟继续跟随美国使用"非此即彼"的两极思维来构建世界政治，将难以有效发挥国际地缘政治影响力。欧洲对外关系委员会建议欧盟借用"点单世界"的手法，根据所涉及的具体问题而务实地选择多元合作伙伴，奉行"战略相互依存"而非"战略相互依赖"。其核心逻辑是：一方面，欧盟由于尚缺乏硬实力，在安全上仍需促进跨大西洋安全合作，但应加大对自身军事与安全领域的投资力度；另一方面，欧盟需要成为"地缘政治参与者"，通过多元化关系减少对大国的不对称依赖，既应对对华供应链过度依赖，也应对美国实施的产业保护政策。①

实际上，美欧战略互动有很大的局限性。美欧外交文化差异、美国霸权与欧盟战略自主之间的结构性矛盾以及美欧在经济和安全领域的利益的不对称性，这些都将限制美欧双方在政治实践中的政策协调程度。从外交文化的视角来看，欧盟奉行以人权为基础的法治文化，试图通过"基于规则的国际秩序"维护欧盟的经济利益与价值观，在多极国际格局中寻求立足之地，这也是欧盟基于硬实力相对缺乏的现状而做出的选择。而美国外交文化注重"实力"，其单边主义倾向与作为霸权国全面遏制崛起国的手段为欧盟所诟病。特别是当美国单边主义和霸权主义行为对欧盟外交文化与欧盟本体安全造成冲击时，欧盟会通过"联盟异化"或者"战略对冲"的方式捍卫其外交身份定位，比如在特朗普时期美欧争端频现，欧盟将美国视为国际秩序的破坏者。② 此外，近年来美国作为"霸

---

① Timothy Garton Ash, Ivan Krastev, Mark Leonard, "Living in an à la carte World: What European Policymakers Should Learn from Global Public Opinion," ECFR, November 15, 2023, https://ecfr.eu/publication/living-in-an-a-la-carte-world-what-european-policymakers-should-learn-from-global-public-opinion/.

② 车轲：《外交身份框架调整影响下的德国对美同盟政策变化》，《德国研究》2023 年第 1 期，第 4~31 页。

主"的信誉受损，美国控制世界的实力也相对下降，欧盟难以在美国的安全庇护下享有冷战后初期的"和平红利"，美欧在利益诉求上的差异愈发明显，美国对欧洲的主导优势虽然能够得到整体维持，但正在被逐步削弱，至少无法体现为全方位和全领域。①

---

① 唐永胜：《中美欧三边关系结构变化及其发展前景》，《欧洲研究》2021 年第 4 期，第 21 ~ 32 页。

第九章

—·❦·—

结论

本书从"外交文化"视角对跨大西洋关系展开解读，融入外交角色、政治哲学、历史经历与政治制度等因素，注重国家行为体之间的互动与对彼此的认知，阐释从特朗普到拜登时期美欧关系中的分歧与韧性，观察美欧如何设定战略目标。笔者认为美欧关系中的分歧与和谐，不仅仅取决于各自政坛的变化、实力差距以及权力运用方式，美欧外交文化及其外交行为模式的异同对于跨大西洋关系的影响更为深刻。

（一）"外交文化"定义

"外交文化"概念属于国际关系理论中的建构主义流派。建构主义认为国际关系是一个"社会世界"，而非"物质世界"，是对理性主义的成本－利益计算视角的补充。实际上，建构主义只是突破了政治行为体仅依据国家利益进行理性选择的框架，认为政治行为体在特定的社会文化与国际机制框架内会采取适当的政治行为，其行动选择以价值观、规范与角色为导向。因此，应走出对"建构主义"的理解误区。实际上，"建构主义"是承认物质因素与"国际结构"变量的。

"外交文化"是指一国社会上所形成的受其历史经历影响的外交认同、外交价值取向与外交观念，以及国家或超国家机构内部对其外交行为模式的期待与要求。一国的"外交文化"具有稳定性和历史延续性，影响着它的外交行为模式。

美国是民族国家，其外交文化具有历史传承性；而欧盟是超国家机构，欧洲秩序与政治文化曾因战争而发生多次断裂。历经了两次世界大战的欧洲在二战后开始践行"欧洲联合"与"永久和平"的政治思想，随着欧洲一体化的深入，塑造了欧洲认同与欧盟外交文化。虽然至今欧盟仍面临各成员国差异性的问题，但在日益严峻的大国博弈的国际环境下，欧盟成员国的外交与安全政策日益"欧洲化"，各成员国"抱团取暖"，对塑造欧洲"地缘政治力量"的诉求不断增加。

（二）美国外交文化特征

特朗普执政时期与拜登执政时期的美国外交行为模式看似南辕北辙，但实质上殊途同归，差别只是在于为实现美国国家利益所采取的手段和方式不同，其根源均可追溯至美国的"外交文化"。美国外交文化中的"美国例外论"、"美国主义"以及对于"我者"与"他者"的二元区分是美国建国先父的政治遗产，其根据不同时期的国际权力对比以及美国实力的变化，衍生出不同的美国外交思想与外交行为模式。美国外交思想中的孤立主义、自由国际主义、现实主义与新保守主义均与美国外交文化息息相关，根据不同时期的国际政治环境与美国执政党轮回反复。

美国外交思想中的理想主义与现实主义、孤立主义与国际主义之间看似相互矛盾，美国外交行为也一直在单边主义与多边主义之间徘徊，但它们实际上均旨在不同的国际环境中维护美国利益以及美国的霸权地位，并相互渗透和影响，相互之间的界限由此变得相对模糊。即使在 21

世纪的全球化时代，奉行孤立主义以确保美国独善其身的理念也并未消失，如特朗普政府接连退出国际组织的行为，以及拜登时期撤出美国的中东资源，转而关注印太事务，撬动欧洲盟友资源的"新门罗主义"理念。与此同时，美国外交文化也深刻影响了美国对待欧洲盟友的方式，美国时而复返的单边主义、孤立主义、民族主义情怀、美国利益至上以及军事偏好与欧盟后现代治理理念格格不入。

（三）欧盟外交文化特征

欧洲政治哲学深刻影响着欧盟建制派的外交文化，欧盟外交文化是欧洲多元政治哲学的结晶体。欧洲在百年地缘政治纷争中，历经战争与和平，欧洲政治哲学不断发展。二战后的欧洲政治秩序在两极格局中重新洗牌。20 世纪 50～60 年代，西欧六国外长订立《罗马条约》，建立了欧洲经济共同体与欧洲原子能共同体；德法签订《爱丽舍条约》，全面和解，推动西欧加速一体化。二战后的西欧社会经历了去纳粹化、去军事化与和平主义运动，与"军国主义"和"种族主义"断裂，在两极格局中致力于维持欧洲的国际地位，促进经济发展。二战后，"欧洲联合"超越"民族主义"思想成为欧洲政治精英的共识，而西欧社会对战争历史的反思以及各派政治思想和探索和平方案也为欧盟外交文化奠定了基础。

冷战后，随着欧盟东扩与欧洲一体化深入，欧洲认同成为欧盟的精神内核，欧盟外交文化也日渐成熟。基于欧盟外交文化，欧盟共同外交与安全政策的四大目标是：维护和平与加强国际安全、促进国际合作、发展和巩固民主与法治、尊重人权和基本自由。欧盟政治精英与民众对国际政治以及欧盟在国际政治中的角色也逐渐形成了固定看法。长期以来，欧盟以"文明力量"的外交角色自居，主要借助制度性"软实力"

在国际机制内发挥超越自身实力的影响力，偏好通过政治方式解决争端，往往将军事手段作为最后解决方案。欧盟外交文化以自由民主观、和平主义偏好、法治观、人权观以及"文明力量"的角色定位为主要特征。

然而，"欧洲联合"始终与"民族主义"相伴，至今与"民族主义"相关联的"民粹主义"仍挑战着欧盟内部的政治秩序。2017 年与 2021 年欧洲选举年后，欧盟建制派均在民粹主义的冲击下艰难掌控政局。经历债务危机、难民危机以及特朗普时期的跨大西洋关系低谷后，欧盟在多极世界中的实力地位与博弈筹码相对下降。传承康德"永久和平"与"欧洲联合"理念的欧盟外交文化仍以"文明力量"角色定位为核心，但在日益激烈的大国竞争中，欧盟通过规范性要素发挥国际影响力的空间愈发有限。特别是 2022 年爆发的俄乌冲突在极大程度上冲击了欧洲安全秩序，与俄对抗的欧洲安全秩序取代原有的容纳俄罗斯的秩序设想，欧盟加强了与美国的安全合作，其对塑造"地缘政治的欧洲"的诉求也不断上升，维护欧盟战略自主的意愿增强。"权力政治"在欧盟外交文化中的比重上升，并与欧盟"价值观外交"相融合，"价值观外交"亦成为欧盟"权力政治"博弈的重要抓手。

（四）美欧外交文化差异与美欧分歧

美欧双方在外交规范与安全观上的差异显著，特别是双方在国际秩序、权力政治、和平主义与多边主义、社会与经济和生态平衡发展等方面具有不同的认知。二战后因受两极格局限制，欧洲各国在军事上实施"自弱"，硬实力始终不及美国，而是致力于通过规范与制度维持欧盟在国际政治中的地位。欧盟外交文化更具多元性与辩证性，欧盟在强调民主、自由与人权等西方价值观的基础上，比美国更期待国际和平秩序、注重国际法与国际规则、注重多边主义以及社会与经济和生态的平衡发展。而美国建国200多年来，重大历史事件并未改变其基本政治体制。美国外交文化中的"美国例外论"得以延续，塑造了十分强烈的"美国主义"认同，融合了"善与恶"的"非黑即白"式的宗教二元思维。

在国际政治中，美国不断塑造对手，界定"他者"范围，深陷"霸权国"与"崛起国"零和博弈的"修昔底德陷阱"。正如"文明冲突论"提出者亨廷顿所言，美国不断地塑造"他者"，理想中的"他者"正是与美国意识形态、民族文化截然不同，而且有能力威胁美国的"对手"。

2017年欧洲选举年后，欧盟虽遭遇民粹主义挑战，但欧盟建制派仍掌控政局，欧盟仍是全球化的支持者以及多极世界格局中的重要力量。欧盟外交文化具有稳定性和韧性。然而特朗普的执政理念对以自由、民主与人权为核心的跨大西洋价值观共同体以及二战后西方主导建立的国际政治与经济秩序提出挑战，跨大西洋关系因此充满不确定性。跨大西洋关系也因"特朗普冲击波"而经历前所未有的波折。

特朗普时期，在国际事务中的美欧外交文化分歧不断放大，"美国利益至上"遭遇欧盟"后民族国家"理念的冲击。双方因经贸投资、全球治理与安全政策上的分歧而龃龉不断。美欧关税纷争、北约军费龃龉以及美国退出国际组织的行为负累跨大西洋关系，正如德国前总理默克尔所言，美欧完全信任彼此的时代渐行渐远，欧盟建制派较为反感特朗普政府的"美国优先"以及"民粹主义"外交理念。当美国退出部分国际机制导致出现国际"权力真空"之时，欧盟随即接棒并发挥"康德式"的规范性与规制性影响力，崇尚多边主义协商方式与政治解决方案，但这就不可避免地与美国"罗马式"的军事霸权、"美国优先"的理念以及单边主义外交行为惯性发生激烈的碰撞。欧盟考虑到跨大西洋关系的不确定性，并不情愿参与美国的"新冷战"布局。特朗普时期，欧盟在对外政策上尽量避免在中美博弈中"选边站"。

（五）美欧外交行为模式对比

欧盟和美国的外交文化差异、实力差距、国家利益差异等因素导致美欧外交行为模式的差异明显，主要体现在对国际秩序的认知、对多边主义的运用以及对待武力的态度上。国际秩序上，欧盟主张建立多种力量并存、文明化与法治化的国际秩序，奉行"后民族国家"理念以及"欧洲联合观"。在多边主义方面，欧盟更加注重联合国与国际法的作用，反对美国的"单边主义"以及"实力至上"的原则。对待武力上，在战后反思与社会运动后，欧盟告别了强权政治与军国主义，对于使用武力较为谨慎，主张世界不同文化与政体间进行对话，认为武力仅是最后手段，在很大程度上并不认同美国急躁的军事行动。因此，欧盟在外交行为上更加注重多边主义，限制使用武力，以北约和联合国等国际机制为依托发挥国际影响力，各成员国将国家利益置于欧盟这样一个超国家机构之中。

美国外交文化深受"美国例外论"与"非此即彼"的二元对立论的影响，在国际秩序上，维护以美国为核心并由其主导的国际秩序与其霸权地位，认为美国价值观理应成为世界典范，过高估计美国在世界行使权力的正义性。联合国与国际法往往被认为是美国外交行动的障碍，不认可美国理念的国家往往被贴上"威权国家"甚至"邪恶国家"这样的片面道德标签。在多边主义和对待武力上，美国强大的军事实力令美国能够在多边主义与单边主义之间切换，这使得美国的外交行为具有偏好军事手段、有选择性地遵守国际法与国际机制以及有限度地回归多边主义的特征。跨大西洋关系也曾因美国的单边主义行为而遭遇多重挑战，但美欧双方在外交与安全争论中也不断寻求妥协。

（六）美欧外交文化共性

美欧外交文化在差异之外仍存在较多共性。跨大西洋价值观共同体的核心是所谓的西方"自由、民主、人权"理念。它们的形成是基于美欧外交文化的共性，这也是二战后美欧在国际事务中展现联盟团结的金字招牌。美欧也各自建立了维护上述价值观的基本政治制度，并维持双方的各层级交流。美欧在国际事务上的协调以及美欧关系缓和也是以跨大西洋价值观共同体为旗号的。这是美欧建制派执政时期的跨大西洋关系往往能够得到修复的重要原因，比如小布什后的奥巴马政府时期以及特朗普后的拜登政府时期。

经历特朗普时期的美欧纷争后，2021年拜登入主白宫，重构美国联盟体系，修复跨大西洋关系。同时，欧盟再度迎来选举年，欧盟建制派继续执掌政坛。拜登民主党政府的上台开启了美欧加强政治、经济与安全合作的窗口期，无论是欧盟还是美国均对此表示期待。但仅从"权力政治"与"内政选举"视角难以全面解释美欧关系迅速重启的原因。从外交文化来看，美国和欧洲具有历史同源性，欧洲移民占据大部分美国的精英阶层，美欧在民主、人权、法治以及政治自由主义等方面同出一源。无论是在特朗普时期还是在拜登时期，跨大西洋价值观共同体的韧性犹在，但凡发生国际冲突，美欧协调仍是双方战略的首选之策。

（七）美欧外交文化对美欧外交决策机制的影响

美国外交文化的核心要素之一就是"美国主义"，以自由主义、限制政府权力与爱国主义为显著特征。美国对外决策机制呈现出美国外交文化的显著特征。不仅美国外交决策核心圈层内的各方的权力相互制约，美国在对外决策参与上还具有"多元主体性"的特征。其一，在美国政治体制下，白宫对外决策过程受到美国国会的牵制。其二，文化价值观在客观上确定了政治言论的合法性和政策选择的空间，限定美国利益集团、政党和智库在政策辩论中的言行与政策建议的范围。其三，参与美国对外决策的第三圈层是公众舆论，特别是媒体舆论和选民舆情，美国民众可以通过选举投票制约参与决策过程的官员。

欧盟外交文化中的"欧洲联合观"与"民族主义"之间的分歧一直存在，欧盟在决策机制上处于"联邦"与"邦联"之间。欧盟共同外交与安全政策是欧盟的第二支柱，有着显著的"政府间主义"特征。欧盟理事会的政治和安全委员会是处理欧盟共同外交与安全政策的"轴心"，它由各成员国驻欧盟代表、欧盟委员会代表和欧盟理事会秘书长代表共同组成。在欧盟外交与安全事务上，成员国仍有着较为重要的决策权，各成员国仍不愿意将这部分权力完全让渡给欧盟，各成员国与欧盟之间的主权辩论仍在继续。在政治实践中，欧盟共同外交与安全政策上"超国家"性质的一体化进程较为缓慢。进入21世纪后，大国地缘政治博弈日益激烈，欧洲历经冲突与危机，欧盟外交与安全政策一体化诉求上升，德国与法国等欧盟大国在其外交与安全战略文件中频繁倡导对外政策"欧洲化"，推动防务上的"永久结构性合作机制"的建设。尽管如此，欧盟各成员国在外交与安全政策上的主权仍未被完全移交至欧盟，欧盟在外交与安全政策一体化上的制度设计与硬件投资仍需要完善。

（八）新时期的美欧战略协调

美国拜登政府时期，跨大西洋关系重启，美欧加强战略协调。在国际秩序问题上，近年来美欧强调的"基于规则的国际秩序"实际上是由西方主导、以"自由主义"为名、由西方建制派共同塑造的，但这种规则具有明显的"排外性"、"后民族国家性"以及"干预性"的特征，缺少让发展中国家参与的包容性，也与二战后制定的尊重各国主权的《联合国宪章》并不完全相符。在维护"基于规则的国际秩序"上，美国和欧盟建制派视彼此为"天然盟友"，因为它们是现行国际秩序的主要创立者，且对于中国快速发展及其可能对现行国际秩序以及自身利益带来的"挑战"感到"焦虑"。近年来，有关美欧战略协调的讨论更趋热烈，相关内容也更加广泛，主要呈现四方面特征。其一，美欧将经贸、技术、投资、出口监管等领域的战略协调作为核心内容，而且由于欧盟在上述领域拥有强大的实力和合作意愿，美欧双方的政策协调更容易取得进展。双方扩大机制化合作，例如成立美国-欧盟贸易和技术委员会。其二，美欧建制派以"民主同盟"为纽带突出美欧外交文化的共性，重振跨大西洋价值观共同体，突出"民主与威权对立"政治叙事，"价值观外交"外溢至其他领域。其三，欧盟"择其利者"，与美国在双方利益重合的地方密切协调，比如欧盟外资投资审查机制参考美国机制等。其四，俄乌冲突后，欧盟在加强防务建设的同时，意识到欧洲安全保障仍依赖于美国主导的北约机制，这部分消解了北约自冷战结束后的"合法性"和"身份危机"的问题。

参考文献

一 中文文献

〔美〕安德鲁·莫劳夫奇克：《欧洲的抉择——社会目标和政府权力：从墨西拿到马斯特里赫特》，赵晨、陈志瑞译，社会科学文献出版社，2008。

〔英〕安东尼·史密斯：《民族主义——理论，意识形态，历史》，叶江译，上海人民出版社，2006。

〔美〕彼得·伯格、〔英〕格瑞斯·戴维、〔英〕埃菲·霍卡斯：《宗教美国，世俗欧洲？》，曹义昆译，商务印书馆，2015。

曹远征：《跨越俄乌冲突陷阱：重新思考以规则为核心的国际秩序》，《文化纵横》2022年第3期。

〔美〕查尔斯·库普乾：《美国时代的终结：美国外交政策与21世纪的地缘政治》，潘忠岐译，上海人民出版社，2004。

车轱：《外交身份框架调整影响下的德国对美同盟政策变化》，《德国研究》2023 年第 1 期。

陈乐民：《黑格尔的"国家理念"和国际政治》，载《陈乐民集》，中国
社会科学出版社，2002。

陈乐民：《"欧洲观念"的历史哲学》，东方出版社，1988。

陈乐民：《"欧洲观念"探源》，载《陈乐民集》，中国社会科学出版
社，2002。

陈乐民：《西方外交思想史绪论》，载《陈乐民集》，中国社会科学出版
社，2002。

陈新、杨成玉：《欧洲能源转型的动因、实施路径和前景》，《欧亚经济》
2022 年第 4 期。

崔洪健：《百年变局下的欧洲之变与中欧关系的起承转合》，《欧洲研究》
2023 年第 1 期。

丁纯、强皓凡、杨嘉威：《特朗普时期的美欧经贸冲突：特征、原因与
前景——基于美欧贸易失衡视角的实证分析》，《欧洲研究》2019
年第 3 期。

董一凡、孙成昊：《美欧气候变化政策差异与合作前景》，《国际问题研
究》2021 年第 4 期。

冯仲平：《欧洲对华政策变化与中欧关系的强大韧性》，载秦亚青、金灿
荣、倪峰、冯仲平、孙壮志、吴志成《全球治理新形势下大国的竞
争与合作》，《国际论坛》2022 年第 2 期。

冯仲平：《战略自主关乎欧洲命运》，《欧洲研究》2023 年第 1 期。

关孔文、房乐宪：《中欧气候变化伙伴关系的现状及前景》，《现代国际关系》
2017 年第 12 期。

国合平：《6000 亿美元？一场伪善的政治秀》，《环球时报》2022 年 7 月
19 日。

韩志立：《奥巴马的国际战略变革——美国智库国际战略报告文本解读》，《美国研究》2010 年第 2 期。

〔美〕亨利·基辛格：《世界秩序》，胡利平等译，中信出版社，2015。

洪邮生、李峰：《变局中的全球治理与多边主义的重塑——新形势下中欧合作的机遇和挑战》，《欧洲研究》2018 年第 1 期。

胡关子、王益谊、赵文慧：《美欧联合声明标准化议题谈判进展对我国的影响及应对》，《对外经贸实务》2020 年第 2 期。

胡琨：《后危机时期欧盟经济治理模式变迁刍议——社会市场经济模式的视角》，《欧洲研究》2018 年第 4 期。

黄萌萌：《德国安全政策新态势：动力与制约因素》，《德国研究》2023 年第 1 期。

黄萌萌：《德国开放性难民政策的成因与挑战》，《理论视野》2016 年第 1 期。

黄萌萌：《德国外交文化解析——以德国的叙利亚政策为例》，《欧洲研究》2017 年第 2 期。

黄萌萌：《德国新政府外交："积极有为"还是"力不从心"?》，《世界知识》2022 年第 4 期。

黄萌萌：《德国在中美之间"找平衡"》，《世界知识》2019 年第 8 期。

黄萌萌：《德美外交行为模式比较研究：外交文化的视角》，北京外国语大学博士学位论文，2015。

黄萌萌：《"政治环境"视角下德国政党格局的新变化》，《欧洲研究》2018 年第 6 期。

〔英〕霍布斯：《利维坦》，黎思复、黎廷弼译，商务印书馆，2009。

金玲：《欧盟对外战略转型与中欧关系重塑》，《外交评论》2022 年第 4 期。

金玲:《欧盟对外政策工具中"硬力量"与"软力量"的结合》,周弘主
　　编《欧盟是怎样的力量》,社会科学文献出版社,2008。

鞠豪:《美国增兵波兰:波美军事合作不断深化》,《世界知识》2020 年
　　第 17 期。

〔德〕卡佳·霍耶:《铁与血:德意志帝国的兴亡(1871—1918)》,徐一
　　彤译,中信出版社,2022。

邝杨:《欧洲现代政治观念的兴起》,载邝杨、马胜利主编《欧洲政治文
　　化研究》,社会科学文献出版社,2012。

李靖堃:《欧洲缘何产生"选举焦虑症"》,《人民论坛》2018 年第 18 期。

李乐曾:《战后对纳粹罪行的审判与德国反省历史的自觉意识》,《德国研
　　究》2005 年第 2 期。

李强:《美国退出"巴黎协定"——全球气候治理面临挑战》,《中国社
　　会科学报》2018 年 1 月 11 日。

刘衡:《海权再分配视角下的美欧对华战略协调与欧盟南海政策变迁》,
　　《当代亚太》2021 年第 6 期。

刘立群:《德国政治文化:当代概观》,载邝杨、马胜利主编《欧洲政治
　　文化研究》,社会科学文献出版社,2012。

刘立群:《解读默克尔的对华政策》,《领导之友》2008 年第 2 期。

刘永涛:《文化与外交:战后美国对外文化战略透视》,《复旦学报》2001
　　年第 3 期。

刘作奎、贺之杲:《欧洲政治生态的"中东欧化":内涵、机制和前景》,
　　《国际政治研究》2023 年第 4 期。

〔美〕罗伯特·杰维斯:《国际政治中的知觉与错误知觉》,秦亚青译,世
　　界知识出版社,2003。

〔美〕罗伯特·卡根:《天堂与权力——世界新秩序中的美国与欧洲》,

刘坤译，社会科学文献出版社，2013。

马胜利、邝杨、田德文：《价值观共同体：欧盟政治文化的基本体现》，
载邝杨、马胜利主编《欧洲政治文化研究》，社会科学文献出版
社，2012。

〔德〕米歇尔·施塔克：《德国在欧洲的角色：未成熟而又不可或缺的领导
者》，黄萌萌译，载黄平、周弘、程卫东主编《欧洲发展报告（2016～
2017）》，社会科学文献出版社，2017。

倪军：《德国的美国政策及美欧关系》，载殷桐生主编《德国外交通论》，
外语教学与研究出版社，2008。

祁玲玲：《欧洲激进右翼政党选举格局论析》，《世界经济与政治》2019
年第2期。

秦亚青：《权力·制度·文化》（第二版），北京大学出版社，2016。

秦亚青：《全球治理：中国强起来的重要国际机遇》，载秦亚青、金灿荣、
倪峰、冯仲平、孙壮志、吴志成《全球治理新形势下大国的竞争与
合作》，《国际论坛》2022年第2期。

任琳、郑海琦：《联盟异化的起源》，《国际政治科学》2021年第2期。

〔德〕塞巴斯蒂安·哈尼施：《德国与中国"一带一路"倡议：初期评
估》，黄萌萌译，《欧洲研究》2018年第3期。

〔美〕塞缪尔·亨廷顿：《文明的冲突与世界秩序的重建》，周琪等译，新
华出版社，2010。

沈国兵：《"美国利益优先"战略背景下中美经贸摩擦升级的风险及中国
对策》，《武汉大学学报》（哲学社会科学院版）2018年第5期。

宋全成：《欧盟的运行体制与机制》，载周弘主编《欧盟是怎样的力量》，
社会科学文献出版社，2008。

唐永胜：《中美欧三边关系结构变化及其发展前景》，《欧洲研究》2021

年第 4 期。

田德文：《后冷战时代欧洲的世界观念》，载周弘主编《欧盟是怎样的力量》，社会科学文献出版社，2008。

王海涛：《德国北约政策研究（1990–2020）》，北京外国语大学博士学位论文，2021。

王凯：《建构主义视角下的特朗普政府"印太"战略》，《郑州航空工业管理学院学报》（社会科学版）2019 年第 1 期。

王联合：《美国单边主义：传统、历史与现实的透视》，《国际观察》2006年第 5 期。

王湘穗：《欧盟军事力量和民事力量》，载周弘主编《欧盟是怎样的力量》，社会科学文献出版社，2008。

王晓文：《特朗普政府印太战略背景下的小多边主义——以美印日澳四国战略互动为例》，《世界经济与政治论坛》2020 年第 5 期。

魏敏：《美国退出伊朗核协议的动因及对中东局势的影响》，《当代世界》2018 年第 7 期。

魏南枝：《欧洲为什么不能掌控自己的命运?》，《文化纵横》2022 年第 3 期。

吴志成：《世界多极化条件下的欧洲治理》，载周弘主编《欧盟是怎样的力量》，社会科学文献出版社，2008。

〔美〕西蒙·赖克、〔美〕理查德·内德·勒博：《告别霸权！——全球体系中的权力与影响力》，陈锴译，上海人民出版社，2017。

〔法〕夏尔－奥利维耶·卡博内尔：《圣西门的欧洲观》，李倩译，北京大学出版社，2016。

〔法〕夏尔－菲利普·戴维、〔法〕路易·巴尔塔扎、〔法〕于斯丹·瓦伊斯：《美国对外政策——基础、主体与形成》（第二版修订增补本），钟震宇译，社会科学文献出版社，2011。

肖洋：《外交的文化阐释·德国卷》，知识产权出版社，2012。

邢悦：《文化价值观在对外政策中的重要作用》，《公共外交季刊》2015 年第 3 期。

邢悦：《文化如何影响对外政策——以美国为个案的研究》，北京大学出版社，2011。

熊炜：《德国对华政策转变与默克尔的"外交遗产"》，《欧洲研究》2020 年第 6 期。

熊炜：《德国"嵌入式崛起"的路径与困境》，《世界经济与政治》2021 年第 1 期。

熊炜、姜昊：《"价值观外交"：德国新政府的外交基轴?》，《国际问题研究》2022 年第 1 期。

徐若杰：《借集团化对抗北约谋划继续扩张：评北约"2022 战略概念"》，《大众日报》2022 年 7 月 14 日。

徐若杰：《新版战略概念启动北约新十年》，《世界知识》2022 年第 15 期。

〔美〕亚历山大·温特：《国际政治的社会理论》，秦亚青译，上海人民出版社，2000。

严少华：《欧美对华政策协调及其局限》，《国际问题研究》2022 年第 1 期。

杨晓萍：《特朗普时期美国印太战略回顾》，《军事文摘》2021 年第 7 期。

叶斌：《欧盟〈外国补贴白皮书〉的投资保护问题刍议》，《国际法研究》2020 年第 6 期。

〔美〕伊恩·赫德：《建构主义》，载〔澳〕克里斯蒂安·罗伊 – 斯米特、〔英〕邓肯·斯尼达尔编《牛津国际关系手册》，方芳、范鹏、詹继续、詹朱宁译，译林出版社，2019。

孙彦红主编《意大利发展报告（2019～2020）——中国与意大利建交50
　　年》，社会科学文献出版社，2020。

殷桐生：《德国外交的欧洲情结》，载殷桐生主编《德国外交通论》，外语
　　教学与研究出版社，2008。

于芳：《文明力量理论与德国默克尔政府外交政策》，北京外国语大学博
　　士学位论文，2014。

〔英〕约翰·洛克：《论三权分立》，载王逸舟《全球政治与国际关系经
　　典导读》，北京大学出版社，2009。

张健：《欧盟安全战略：缘起、演变及政策走向》，《国家安全研究》2022
　　年第3期。

张健：《新时期中欧关系发展的新机遇》，《欧洲研究》2023年第1期。

张浚：《欧盟的"民事力量"及其运行方式》，载周弘主编《欧盟是怎样
　　的力量》，社会科学文献出版社，2008。

张一飞：《特朗普政府"联欧制华"战略的形成与评估》，《国际展望》
　　2020年第2期。

赵晨：《从"蛮权力"回归"巧权力"：拜登政府对欧政策初评》，《当代
　　美国评论》2021年第3期。

赵晨：《欧美关系被安全议题重新"绑定"》，《世界知识》2022年第
　　10期。

赵晨：《特朗普的"蛮权力"外交与美欧关系》，《世界经济与政治》
　　2020年第11期。

赵晨、赵纪周、黄萌萌：《叙利亚内战与欧洲》，中国社会科学出版
　　社，2018。

赵晨：《中美欧全球治理观比较研究初探》，《国际政治研究》2012年

第 3 期。

赵晨等：《跨大西洋变局——欧美关系的裂变与重塑》，中国社会科学出
　　版社，2021。

赵怀普：《拜登征服欲美欧关系修复的空间及限度》，《当代世界》2021
　　年第 2 期。

赵怀普：《当代美欧关系史》，世界知识出版社，2011。

赵怀普：《国际格局调整与中美欧三边关系的演进》，《当代世界》2022
　　年第 3 期。

赵怀普：《欧盟政治与外交》，世界知识出版社，2021。

赵怀普、赵健哲：《“特朗普冲击波”对美欧关系的影响》，《欧洲研究》
　　2017 年第 1 期。

赵纪周：《“特朗普冲击波”下的美欧防务“再平衡”》，《国外理论动态》
　　2019 年第 7 期。

赵磊：《冷战后美国维和政策的演变及特征》，《美国研究》2011 年第
　　4 期。

赵林：《在上帝与牛顿之间》，东方出版社，2007。

赵宁宁：《德国“印太战略”的战略考量、特点及影响》，《和平与发展》
　　2021 年第 5 期。

赵学功：《当代美国外交（修订版）》，社会科学文献出版社，2012。

郑春荣、范一杨：《特朗普执政以来德国对美政策的调整：背景、内容与特
　　点》，《同济大学学报》（社会科学版）2018 年第 4 期。

郑春荣：《欧盟逆全球化思潮涌动的原因与表现》，《国际展望》2017 年
　　第 1 期。

郑春荣、朱金峰：《从乌克兰危机看德国外交政策的调整》，《同济大学学
　　报》（社会科学版）2014 年第 6 期。

中国社会科学院欧洲研究所、中国欧洲学会编《欧洲模式与欧美关系：2003—2004 欧洲发展报告》，中国社会科学出版社，2004。

周弘：《序言》，载周弘主编《欧盟是怎样的力量》，社会科学文献出版社，2008。

周弘：《中国式现代化、欧洲模式与中欧关系》，《欧洲研究》2023 年第1 期。

二 外文文献

Alexander Wendt, "Constructing International Politics," *International Security*, Vol. 20, No. 1, 1995.

Alexis de Tocqueville, "Über die Demokratie in Amerika," 2. Teil, *Werke und Briefe*, Bande 2, Stuttgart: Deutsche Verlags-Anstalt, 1959.

Andreas Dörner, "Politische Kulturforschung," in Herfried Münkler (Hrsg.), *Politikwissenschaft-Ein Grundkurs*, Hamburg: Rowohlt Taschenbuch Verlag, 2003.

A. Anthony Smith, *Kant's Political Philosophy: Rechtsstaat or Council Democracy?*, Cambridge: Cambridge University Press, 1985.

Ben J. Wattenberg, *The First Universal Nation: Leading Indicators and Ideas about the Surge of America in the 1990's*, New York: Free Press, 1991.

Bert Fröndhoff, Sabine Gusbeth, Julian Olk, "BASF, VW, Aldi: Deutsche Firmen investieren kräftig in China-und riskieren viel," Handelsblatt, July 28, 2022.

Birgit Schwelling, *Der kulturelle Blick auf politische Phänomene-Theorien, Methoden, Problemstellungen*, Wiesbaden: VS Verlag für Sozialwissenschaften, 2004.

Christian Rowley, Jutta Weldes, "Identities and US Foreign Policy," in Michael Cox, Doug Stokes, eds. , *US Foreign Policy*, Oxford: Oxford University Press, 2008.

Daniel Deudney, Jeffrey Meiser, "American Exceptionalism," in Michael Cox, Doug Stokes, eds. , *US Foreign Policy*, Oxford: Oxford University Press, 2008.

Daniel Kochis, "Winds of Change in Berlin? A Road Map for U. S. -German Relations," The Heritage Foundation, September 26, 2021.

Daniel T. Rodgers, *As a City on a Hill: The Story of America's Most Famous Lay Sermon*, Princeton: Princeton University Press, 2020.

David M. Malone, Yuen Foong Khong, *Unilateralism and U. S. Foreign Policy: International Perspectives*, Boulder: Lynne Rienner Publisher, 2003.

Dieter Fuchs, Hans-Dieter Klingemann, "American Exceptionalism or Western Civilization?" in Jeffrey Anderson, G. John Ikenberry, Thomas Risse, eds. , *The End of the West?: Crisis and Change in the Atlantic Order*, London: Cornell University Press, 2008.

Dieter Fuchs, "Politische Kultur," in Dieter Fuchs, Edeltraud Roller (Hrsg.), *Lexikon Politik: Hundert Grundbegriffe*, Stuttgart: Philipp Reclam jun. , 2007.

Frank Schimmelfennig, *Internationale Politik – 2. Aktualisierte Auflage*, Paderborn: Verlag Ferdinand Schöningh, 2010.

Gebhard Schweiger, "Außenpolitik," in Peter Lösche, Hans Dietrich von Löffelholz (Hrsg.), *Länderbericht USA*, Bonn: Bundeszentrale für politische Bildung, 2008.

ifo Institut, "Geopolitische Herausforderungen und ihre Folgen für das deutsche

Wirtscha-ftsmodell," Die Bayerische Wirtschaft, August 2022.

Gunther Hellmann, "Die Bedeutung von politischer Kultur und nationaler Identität für die deutsche Außenpolitik," in *Deutsche Außenpolitik-Eine Einführung*, Wiesbaden: VS Verlag für Sozialwissenschaften, 2006.

Hanns W. Maull, "Außenpolitische Kultur," in-Karl-Rudolf Korte, Werner Weidenfeld (Hrsg.), *Deutschland-Trendbuch*, *Fakten und Orientierung*, Bonn: Bundeszentrale für Politische Bildung, 2001.

Hans J. Morgenthau, "Another 'Great Debate': The National Interest of the US," *American Political Science Review*, Vol. 46, No. 4, 1952.

Hans Vorländer, "Politische Kultur," in Peter Lösche, Hans Dietrich von Löffelholz (Hrsg.), *Länderbericht USA*, Bonn: Bundeszentrale für politische Bildung, 2008.

Henry A. Kissinger, *Diplomacy*, New York: Simon & Schuster, 1995.

Ivan Krastev, Mark Leonard, "The Crisis of American Power: How Europeans See Biden's America," European Council on Foreign Relations, January 2021.

Jacob Gunter, Helena Legarda, eds., "Beyond Blocs, Global views on China and US-China relations," No. 11, MERICS, August 2022.

Jens Christian König, *Politische Kultur in den USA und Deutschland: Nationale Identität am Anfang des 21. Jahrhunderts*, Berlin: Logos Verlag, 2010.

Johannes Thimm, "Deutsche Amerikapolitik: Mehr Selbstbewusstsein und mehr Selbständigkeit," in Günther Maihold, Stefan Mair, Melanie Müller, Judith Vorrath, Christian Wagner (Hrsg.), *Deutsche Außenpolitik im Wandel-Unstete Bedingungen*, *Unstete Bedingungen*, *neue Impulse*, Berlin: SWP, 2021.

Johann Gottlieb Fichte, "Grundlage des Naturrechts (1796/1797)," in R. Lauthund and H. Jacob (Hrsg.), *Gesamtausgabe der Bayerischen Akademie der Wissenschaften*, Abt. I, Werke Band 3, Stuttgart, 1966.

John S. Duffield, "Political Culture and State Behavior: Why Germany Confounds Neorealism," *International Organization*, Vol. 53, No. 4, 1999.

Joseph S. Nye, Jr., "Hard, Soft and Smart Power," in Andrew F. Cooper, Jorge Heine and Ramesh Thakur, eds., *Oxford Handbooks of Mordern Diplomacy*, Oxford: Oxford Universiy Press, 2013.

Jürgen Bellers, *Politische Kultur und Außenpolitik im Vergleich*, Wiesbaden: VS Verlag für Sozialwissenschaften, 1999.

Laura von Daniels, Markus Kaim, Ronja Kempin, Kai-Olaf Lang, Marco Overhaus, Johannes Thimm, "Neustart mit Präsident Biden-Fünf Prioritäten Deutschlands und Europas für eine transatlantische Agenda," Nr. 92, SWP, November 2020.

Lukasz Wordliczek, "Continuity or Change? A Doctrinal Facet of the U. S. Foreign Policy," in Andrzej Mania, Pawel Laidler, Lukasz Wordliczek, eds., *U. S: Foreign Policy: Theory, Mechanisms, Practice*, Kraków: Wydawnictwo Uniwersytetu Jagiell-ońskiego, 2007.

Martin Walker, "Present at the Solution: Madeleine Albright's Ambitious Foreign Policy," *World Policy Journal*, Vol. 14, 1997.

Matt Golder, "Far Right Parties in Europe," *Annual Review of Political Science*, Vol. 19, No. 1, 2016.

Michael Mandelbaum, "Foreign Policy as Social Work," *Foreign Affairs*, Vol. 75, No. 1, 1996.

Michael Mastanduno, "Liberal Hegemony, International Order, and US Foreign Policy: A Reconsideration," *The British Journal of Politics and International Relations*, Vol. 21, No. 1, 2019.

Olaf Scholz, "Eropa-Rede an der Karls-Universität am 29. August 2022 in Prag," in Presse-und Informationsamt der Bundesregierung (Hrsg.), *Bundeskanzler Olaf Scholz: Reden zur Zeitenwende*, 2. Auflage, Die Bundesregierung, 2022.

Paul R. Viotti, *American Foreign Policy*, Cambridge: Polity Press, 2010.

Philipp Ther, *Die neue Ordnung auf dem alten Kontinent. Eine Geschichte des neoliberalen Europa*, Berlin: Suhrkamp Verlag, 2014.

Rebecca Arcesati, Wendy Chang, Antonia Hmaidi, Kai von Carnap, "AI Entangelments: Balancing risks and rewards of European-Chinese collaboration," MERICS, November 2023.

Reinhard Wesel, "Deutschlands 'außenpolitische Kultur': Zu Entwicklung und Wandel der Haltung der Deutschen zur internationalen Politik," in Gotthard Breit (Hrsg.), *Politische Kultur in Deutschland-Eine Einführung*, Schwalbach: Wochenschau Verlag, 2004.

Rogers M. Smith, "The 'American Creed' and American Identity: The Limits of Liberal Citizenship in the United States," *Western Political Quarterly*, Vol. 41, No. 2, 1988.

Sara Bjerg Moller, "Domestic Politics, Threat Perceptions, and the Alliance Security Dilemma: The Case of South Korea, 1993 – 2000," *Asian Security*, Vol. 18, No. 2, 2020.

Stephen G. Walker, Mark Schafer, "Theodore Roosevelt and Woodrow Wilson as Cultural Icons of U. S. Foreign Policy," *Political Psychology*, Vol. 28, No. 6, 2007.

Thomas R Hietala, *Manifest Design: American Exceptionalism and Empire*, New York：Cornell University Press，2003.

Thomas Risse，"Deutsche Identität und Außenpolitik," in Siegmar Schmidt, Gunther Hellmann, Reinhard Wolf（Hrsg.），*Handbuch zur deutschen Außenpolitik*，Wiesbaden：VS Verlag für Sozialwissenschaften，2007.

Volker Perthes，"Dimensionen strategischer Rivalität：China, die USA und die Stellung Europas," in Barbara Lippert, Volker Perthes（Hrsg.），*Strategische Rivalität zwischen USA und China*，Berlin：SWP，2020.

Walter Russell Mead，*Special Providence: American Foreign Policy and How It Changed the World*，London：Routledge，2002.

Walter Russell Mead，"The Jacksonian Revolt：American Populism and the Liberal Order," *Foreign Affairs*，Vol. 96，No. 2，2017.

三 中文网站资料

《汽车关税只是表象 三大分歧严重撕裂美欧》，海外网，2019 年 5 月 21 日，http://m. hai-wainet. cn/middle/353596/2019/0521/content_31560437_1. html。

《奥地利人民党和绿党就联合执政达成一致》，新华丝路网，2020 年 1 月 3 日，https://www. imsilkroad. com/news/p/397388. html。

赫荣亮：《美国退出巴黎协定谁最受伤?》，搜狐网，2017 年 6 月 2 日，http://www. sohu. com/a/145521404_613225。

华黎明：《在伊核问题上分道扬镳 欧洲与特朗普唱对台戏》，新华网，2017 年 10 月 20 日，http://us. xinhuanet. com/2017 - 10/20/c_129723388. htm。

简军波：《欧盟"印太"战略：抱负超越能力的理想主义方案?》，载《欧洲形势专家笔谈：欧盟的印太战略评估》，中国 - 中东欧国家智库交流与合作网络，2021 年 9 月 18 日，https：//www. 17plus1 – thinktank. com/
article/1307. html？source = article_link。

李京、达扬：《特朗普"撕毁"伊核协议 德经济界忧心忡忡》，德国之
声，2018 年 5 月 9 日，https：//p. dw. com/p/2xQF4。

毛俊响：《美国退出人权理事会的原因和影响》，中国人权网，2018 年 6 月
21 日，https：//www. humanrights. cn/html/2018/4_0621/37290. html。

彭德雷：《"美欧联合声明"的可能误读：贸易战中的"假想敌"》，
伟文知库，https：//www. wells. org. cn/index. php/home/Literature/
detail/id/788. html。

青木：《对欧汽车关税仍是美国"谈判砝码"》，环球网，2019 年 11 月 15
日，https：//finance. huanqiu. com/article/7RCfIyyVPvq。

石伟杰：《孟钟捷谈德国民族主义：极端民族主义是现代病》，澎湃网，2017
年 5 月 28 日，https：//www. thepaper. cn/newsDetail_forward_1692825。

魏南枝：《美国价值观还能重现其"光环"吗?》，《瞭望》2020 年 12 月
17 日，http：//lw. xinhuanet. com/2020 – 12/17/c_139597566. htm。

《法国政局分析：在国民议会选举中遭受挫败对马克龙意味着什么》，
BBC 中文网，2022 年 6 月 21 日，https：//www. bbc. com/zhongwen/
simp/world – 61880139。

张记炜：《俄乌冲突下美欧能源合作的传统与局限》，清华大学战略与安
全研究中心，2022 年 6 月 20 日，https：//ciss. tsinghua. edu. cn/info/
wzjx_mggc/5010。

《张林初：马克龙倡议就法核威慑进行战略对话谈何容易》，国际网，2020
年 2 月 13 日，http：//comment. cfisnet. com/2020/0213/1318712. html。

《奥地利政府改组，内哈默出任新总理》，新华网，2022 年 6 月 25 日，
http：//www. news. cn/world/2021 – 12/07/c_1128137647. htm。

《海牙南海仲裁裁决要点总揽》，BBC 中文网，2018 年 7 月 12 日，https：//
www. bbc. com/zhongwen/simp/china/2016/07/160712_ south_ china_ sea_
ruling_ details。

《综述：仓促撤离阿富汗 美国让欧洲很受伤》，新华网，2021 年 8 月 29
日，http：//www. news. cn/mil/2021－08/29/c_1211348692. htm。

《德国大众集团总裁：中国正走在正确的道路上》，观察者网，2021 年 1 月
28 日，https：//www. guancha. cn/internation/2021_01_28_579490. shtml？
s＝zwyxgtjbt。

《德国对华投资保持高位》，德国之声，2023 年 9 月 20 日，https：//p. dw.
com/p/4Wbdh。

《德国新任经济部长赴美 就惩罚性关税与美协商》，新浪网，2018 年
3 月 19 日，https：//news. sina. com. cn/w/2018－03－19/doc-ifys-
main8168199. shtml。

《第二十一次中国－欧盟领导人会晤联合声明（全文）》，中国政府网，
2019 年 4 月 9 日，http：//www. gov. cn/index. htm。

《法国驻华大使：若 2020 年中欧投资协定顺利签订，有望开始自贸谈
判》，第一财经，2019 年 7 月 12 日，https：//www. yicai. com/news/
100258572. html。

《G7 峰会：美国力推的 B3W 方案浮出水面，40 万亿美元全球基建投资抗
衡"一带一路"》，BBC 中文网，2021 年 6 月 13 日，https：//
www. bbc. com/zhongwen/simp/world－57459296。

《焦点：荷兰大选将测试反移民和民族主义情绪》，路透社，2017 年 9 月
27 日，https：//www. reuters. com/arti cle/netherlands-election-poll-immi-
grant-idCNKBS16M0DR。

《"历史一步"？"失去理性"？AUKUS 出炉 各方反应大不同》，德国之

声，2017 年 9 月 27 日，https：//www. dw. com/zh/% E5% 8E% 86%
E5% 8F% B2% E4% B8% 80% E6% AD% A5 – % E5% A4% B1% E5%
8E% BB% E7% 90% 86% E6% 80% A7aukus% E5% 87% BA% E7%
82% 89 – % E5% 90% 84% E6% 96% B9% E5% 8F% 8D% E5% BA%
94% E5% A4% A7% E4% B8% 8D% E5% 90% 8C/a – 59200400。

《美国退出联合国教科文组织，背后意义究竟为何?》，Artnet 新闻，2017 年
10 月 19 日，https：//www. artnetnews. cn/art-world/shendumeiguotuichul-
ianheguojiaokewenzuzhibeihouyiyijiujingweihe – 76085。

《美国与德国：西方重量级伙伴关系恶化"难以修复"的原因》，BBC 中
文网，2020 年 6 月 30 日，https：//www. bbc. com/zhongwen/simp/chi-
nese-news – 53241114。

《美国正式对 75 亿美元欧盟输美产品加征关税》，新华网，2019 年 10 月
19 日，http：//m. xinhuanet. com/2019 – 10/19/c_1125125295. htm。

《2017 年法国总统选举》，中国网，http：//news. china. com. cn/node _
7248402. htm。

《2021 年中东欧热点述评与形势总结：2021 年中东欧国家政局：波动
与稳定》，中国 – 中东欧国家智库交流与合作网络，2022 年 1 月 10
日，https：//www. 17plus1-thinktank. com/article/1428. html? source = arti-
cle_ link。

《欧盟版"胡萝卜加大棒"！一边放行谈判，一边准备对美 200 亿美元关
税清单公示》，搜狐网，2019 年 4 月 16 日，https：//www. sohu. com/
a/308161956_114986。

《欧盟成员国与欧洲议会就（数字服务法）达成一致 欧盟给"谷歌们"
再上"紧箍咒"》，中国税网，2022 年 4 月 29 日，http：//www. ctax-
news. com. cn/2022 – 04/29/content_997062. html。

《欧盟或对 120 亿美元美国商品加征关税，清单下周公布》，搜狐网，
2019 年 4 月 14 日，https://www.sohu.com/a/307829105_557006。

《欧委会推出"欧盟印太合作战略"》，法广网，2021 年 10 月 8 日，ht-
tps://www.rfi.fr/cn/% E4% B8% 93% E6% A0% 8F% E6% A3% 80%
E7% B4% A2/% E5% 8D% B0% E5% A4% AA% E7% BA% B5% E8%
A7% 88/20211008 - % E6% AC% A7% E5% A7% 94% E4% BC% 9A%
E6% 8E% A8% E5% 87% BA - % E6% AC% A7% E7% 9B% 9F% E5%
8D% B0% E5% A4% AA% E5% 90% 88% E4% BD% 9C% E6% 88% 98%
E7% 95% A5 - % E5% 86% AF% E5% BE% B7% E8% 8E% B1% E6% 81%
A9 - % E6% 96% B0% E6% 88% 98% E7% 95% A5% E6% 98% AF% E4%
B8% 80% E4% B8% AA% E9% 87% 8C% E7% A8% 8B% E7% A2% 91。

《特朗普：马克龙打造"欧洲军队"的话"有侮美国"》，法广网，2018
年 11 月 9 日，https://www.rfi.fr/cn/% E6% 94% BF% E6% B2% BB/
20181109 - % E7% 89% B9% E6% 9C% 97% E6% 99% AE% E9% A9%
AC% E5% 85% 8B% E9% BE% 99% E6% 89% 93% E9% 80% A0% E6%
AC% A7% E6% B4% B2% E5% 86% 9B% E9% 98% 9F% E7% 9A% 84%
E8% AF% 9D% E6% 9C% 89% E4% BE% AE% E7% BE% 8E% E5%
9B% BD。

《特朗普威胁对从欧盟进口汽车加征 20% 关税》，新浪网，2018 年 6 月 23
日，https://news.sina.com.cn/w/2018 - 06 - 23/doc-iheirxye5467528.
shtml。

《特朗普宣布美国退出世卫组织，受到国内外广泛批评》，BBC 中文网，
2020 年 5 月 31 日，https://www.bbc.com/zhongwen/simp/world - 52
866820。

《习近平访问希腊 中国如何打造一带一路欧洲门户》，BBC 中文网，2019 年

11 月 12 日，https：∥www. bbc. com/zhongwen/simp/world – 50375749。

《意大利 2018 年政治大选：五星运动是最大党，北方联盟反超政治盟友意
大利力量党》，Corriere，2018 年 3 月 5 日，https：∥www. corriere. it/chi-
nese/18_ marzo_ 05/2018 – a658bb50 – 20a4 – 11e8 – a659 – e0c6f75db7be.
shtml。

《2020/2021 在华德国企业商业信心调查》，中国德国商会，https：∥china.
ahk. de/market-info/economic-data-surveys/business-confidence-survey。

《中美达成强化气候行动联合宣言》，中国政府网，2021 年 11 月 11 日，
http：∥www. gov. cn/xinwen/2021 – 11/11/content_5650241. htm。

四 外文网站资料

Antony J. Blinken，"The Administration's Approach to the People's Republic of
China，" U. S. Department of States，May 26，2022，https：∥www. state. gov/
the-administrations-approach-to-the-peoples-republic-of-china/.

Daniel Workman，"US Aluminum Imports by Supplying Country，" World's Top
Exports，March 14，2019，http：∥www. worldstopexports. com/us-alumi-
num-imports-by-supplying-country/。

Dominique Vidalon，Ingrid Melander，"France's Macron Defeats Far-right，
Says Second Mandate to be Different，" Reuters，April 25，2022，https：∥
web. archive. org/web/20220425074257/https：∥www. reuters. com/article/
us-france-election-final-idUKKCN2MH095.

George H. W. Bush，"Address to the 44th Session of the United Nations General
Assembly in New York，" The American Presidency Project，September 25，
1989，https：∥www. presidency. ucsb. edu/documents/address-the – 44th-
session-the-united-nations-general-assembly-new-york-new-york。

"President Bush Delivers Graduation Speech at West Point," The White House, June 1, 2002, https://georgewbush-whitehouse. arch- ives. gov/ news/releases/2002/06/20020601 – 3. html。

George W. Bush, "Remarks at South Dakota Welcome," The White House, October 31, 2002, http://georgewbush-whitehouse. archives. gov/news/ releases/2002/10/20021031 – 1. html。

"Text of President Bush's 2003 State of the Union Address," *The Washington Post*, http://www. washingtonpost. com/wp-srv/onpolitics/transcripts/bush-text_012803. html。

Hanns Günther Hilpert, Alexandra Sakaki, Gudrun Wacker, "Vom Umgang mit Taiwan," SWP, April 2022, https://www. swp-berlin. org/10. 18449/ 2022S04/.

"Address by Secretary of State Hillary Clinton," Council on Foreign Relations, July 15, 2009, http://www. cfr. org/diplomacy-and-statecraft/council-foreign-relations-address-secretary-state-hillary-clinton/p19840。

Ian Bond, Francois Godement, Hanns W. Maull, Volker Stanzel, "Rebooting Europa's China Strategy," SWP, May 2022, https://www. swp-berlin. org/ publications/products/sonstiges/2022 _ Rebooting _ Europes _ China _ Strate-gy. pdf.

Jeremy Shapiro, "Biden Talks a Big Game on Europe. But His Actions Tell a Different Story," Politico Online, June 4, 2021, https://www. poli-tico. com/news/magazine/2021/06/04/biden-administration-europe-fo-cus – 491857.

"Joint Declaration-Franco-German Council of Ministers," Permanent Mission of France to the United Nations in New York, January 22, 2023, https://

onu. delegfrance. org/ – France-at-the-United-Nations – .

Joschka Fischer, "Vom Staatenbund zur Föderation-Gedanken über die Finalität der europäischen Integration. Rede in der Humboldt-Universität in Berlin am 12. Mai 2000," Johannes Kepler Universität Linz, http://www. jku. at/eurecht/content/e69262/e69667/e69692/files69693/Fischer _ Finalitaet _ ger. pdf。

Kai Küstner, "NATO-Aufstockung: Schafft die Bundeswehr das?" Tagesschau. de, https://www. tagesschau. de/inland/nato-bundeswehr-aufstockung – 101. html。

Katja Petrovic, "Europäische Medien zu Obama in Berlin: 'Die Deutschen fühlen sich vernachlässigt'," Spiegel Online, Juni 21, 2013, http:// www. spiegel. de/politik/ausland/europas-presse-zum-besuch-von-us-praesident-obama-in-berlin-a – 907138. html。

Matthias von Hein, "Abhängig von China? Deutschland ringt um härteren Kurs," Deutsche Welle, September 16, 2022, https://p. dw. com/p/ 4GyRB.

Michael Hirsh, "Bush and the World," *Foreign Affairs*, Vol. 81, No. 5, 2002, http://www. foreignaffairs. com/articles/58244/michael-hirsh/bush-and-theworld。

Michael Sauga, "Neues Bündnis gegen USA und China-Wir brauchen eine ökonomische Friedensbewegung," Spiegel Online, Oklvber 16, 2019, https://www. spiegel. de/plus/usa-und-china-wir-brauchen-eine-oekonomische-friedensbewegung-kolumne-a-b219bd2c – 7a28 – 49ee-a286 – b79ad483f63a.

Nadine Godehardt and Moritz Rudolf, "Germany's (Not So) New China Policy," *The Diplomat*, February 4, 2022, https://thediplomat. com/2022/ 02/germanys-not-so-new-china-policy/.

Olaf Scholz, "Die EU muss zu einem geopolitischen Akteur werden," Frankfurter Allgemeine, Juli 17, 2022, https://www. faz. net/aktuell/politik/ die-gegenwart/scholz-zum-ukraine-krieg-eu-muss-geopolitischer-akteur-werden – 18176580. html.

Philipp Stompfe, "Änderung Außenwirtschaftsgesetz-Auswirkungen auf Investoren," ICC Germany, Juli 13, 2021, https://www. iccgermany. de/ magazin-post/aussenwirtschaftsgesetz/.

Philipp Dienstbier, Magdalena Falkner, "Event Report: Adenauer Konferenz 2022: Zeitenwende für Europa," Konrad Adenauer Stiftung, Mai 23, 2022, https://www. kas. de/de/veranstaltungsberichte/detail/ – / content/adenauer-konferenz – 2022 – zeitenwende-fuer-europa.

Richard Haass, "Trump's Foreign Policy Doctrine? The Withdrawal Doctrine," *The Washington Post*, May 27, 2020, https://www. washingtonpost. com/o-pinions/2020/05/27/trumps-foreign-policy-doctrine-withdrawal-doctrine/。

Stephen Wertheim, "Quit Calling Donald Trump An Isolationist. He's Worse Than That," *The Washington Post*, February 17, 2017, https://www. washingtonpost. com/posteverything/wp/2017/02/17/quit-calling-donald-trump-an-isolationist-its-an-insult-to-isolationism/.

Susanne Dröge, Marian Feist, "The G7 Summit: Advancing International Climate Cooperation?" SWP, Mai 19, 2022, https://www. swp-berlin. org/en/publication/the-g7 – summit-advancing-international-climate-cooperation.

Thorsten Benner, "US Vote A Wake-Up Call for Trans-Atlantic Ties," Deutsche Welle, December 11, 2022, https://www. dw. com/en/opinion-us-vote-a-wake-up-call-for-trans-atlantic-ties/a – 63729901.

Torsten Riecke, "Die Reibungen zwischen China und Europa werden größer,"
Handelsblatt, Januar 26, 2022, https://www. handelsblatt. com/politik/
international/weltwirtschaft-die-reibungen-zwischen-china-und-europa-wer-
den-groesser – /28006126. html。

William J. Clinton, "Inaugural Address," The American Presidency Project,
January 20 1997, http://www. presidency. ucsb. edu/ws/? pid = 54183。
Anthony J. Constantini, "The Monroe + Doctrine: A 21st Century Update
for America's Most Enduring Presidential Doctrine," The National Inter-
est, February 7, 2023, https://nationalinterest. org/feature/monroe-doc-
trine – 21st-century-update-america% E2% 80% 99s-most-enduring-presi-
dential-doctrine – 206185? page = 0% 2C1.

"Außenministerin Annalena Baerbock bei der Auftaktveranstaltung zur Entwick-
lung einer Nationalen Sicherheitsstrategie," Auswärtiges Amt, März 18,
2022, https://www. auswaertiges-amt. de/de/newsroom/baerbock-nationale-
sicherheitsstrategie/2517738.

"Fortschritte bei der europäischen Verteidigung," Bundesministerium der
Verteidigung, Februar 15, 2019, https://www. bmvg. de/de/aktu-
elles/fortschritte-bei-der-europaeischen-verteidigung – 32572.

"Verordnung der Bundesregierung: Neunte Verordnung zur Änderung der Außen-
wirtschaftsverordnung," Bundesministerium für Wirtschaft und Energie,
Mai 16, 2018, https://www. bmwi. de/Redaktion/DE/Downloads/V/neunte-
aendvo-awv. html.

Bundesverband der Deutschen Industrie, "Grundsatzpapier: Partner und sys-
temischer Wettbewerber-Wie gehen wir mit Chinas staatlich gelenkter

Volkswirtschaft um？" Januar 2019.

"A Strategic Compass for Security and Defence," Council of the European U-
nion, Brussels, March 2022.

Dana Heide, Sabine Gusbeth, Moritz Koch, Gregor Waschinski, "Das
wollen Macron und von der Leyen in China erreichen," Handelsblatt,
April 5, 2023, https://www. handelsblatt. com/politik/international/
chinapolitik-das-wollen-macron-und-von-der-leyen-in-china-erreichen/
29077682. html.

"Deutsche Luftwaffe zeigt Flagge im Indo-Pazifik," Deutsche Welle, August
22, 2022, https://www. dw. com/de/deutsche-luftwaffe-zeigt-flagge-im-in-
do-pazifik/a－6288471。

"Geopolitische Herausforderungen und ihre Folgen für das deutsche Wirtschaftsmod-
ell," Die Bayerische Wirtschaft, August 2022.

"Fortschrittsbericht zur Umsetzung der Leitlinien der Bundesregierung zum In-
do-Pazifik," Die Bundesregierung, https://www. auswaertiges-amt. de/
blob/2481624/0859b3aacfeb8cc6d871066736672c6f/210910－llip-fort-
schrittsbericht-data. pdf.

"The European Green Deal: Striving to be the First Climate-Neutral Conti-
nent," European Commission, https://ec. europa. eu/info/strategy/pri-
orities－2019－2024/european-green-deal_en。

"An EU Approach to Enhance Economic Security," European Commission,
June 20, 2023, https://ec. europa. eu/commission/presscorner/detail/
en/ip_23_3358.

"EU-US: A New Agenda for Global Change," European Commission, De-
cember 2, 2020, https://ec. europa. eu/commission/presscorner/de-

tail/en/ip_20_2279.

"EU-China—A Strategic Outlook," European Commission, Strasbourg, March 12, 2019, https://ec. europa. eu/info/sites/default/files/communication-eu-china-a-strategic-outlook. pdf.

"Joint U. S. -EU Statement Following President Juncker's Visit to the White House," STATEMENT/18/4687, European Commission, Jnly 25, 2018.

"Proposal for a Directive on Corporate Sustainability due Diligence and Annex," European Commission, February 23, 2022, https://ec. europa. eu/info/publications/proposal-directive-corporate-sustainable-due-diligence-and-annex_en。

"State of the Union: Address by President von der Leyen at the European Parliament Plenary," European Commission, September 16, 2020, https://ec. europa. eu/commission/presscorner/detail/en/SPEECH_20_1655.

"USA-EU-International Trade in Goods Statistics," European Commission, April 26, 2019, https://ec. europa. eu/eurostat/statistics-explained/index. php/USA-EU-international_trade_in_goods_statistics。

"Voting System: How Does the Council Vote?" European Council, February 2, 2023, https://www. consilium. europa. eu/en/council-eu/voting-system/.

"Europe in the Interregnum: Our Geopolitical Awakening after Ukraine," European External Action Service, March 24, 2022, https://www. eeas. europa. eu/eeas/europe-interregnum-our-geopolitical-awakening-after-ukraine_en.

"Shared Visions, Common Action: A Stronger Europe-A Global Strategy for the Euroepean Union's Foreign and Security Policy," European External Action Service, June 2016, https://www. eeas. europa. eu/sites/default/files/eugs_review_web_0. pdf.

"The Treaty of Lisbon," European Parliament, https://www. europarl. europa. eu/
factsheets/en/sheet/5/the-treaty-of-lisbon.

"Towards a Joint Western Alternative to the Belt and Road Initiative?" Europe-
an Parliament, December 1, 2021, https://www. europarl. europa. eu/
thinktank/en/document/EPRS_BRI（2021）698824.

"Schuman Declaration May 1950," European Union, https://european-union.
europa. eu/principles-countries-history/history-eu/1945 – 59/schuman-de-
claration-may – 1950_en。

"Europäische Industriestrategie," COM（2020）102 final, Europäische Kom-
mission, Brussels, Oktober 3, 2020, https://ec. europa. eu/info/strate-
gy/priorities – 2019 – 2024/europe-fit-digital-age/european-industrial-strate-
gy_de.

"Erklärung-anlässlich des 50. Jahrestages der Unterzeichnung der Römischen
Verträge," Europäische Union, März 26, 2007, https://europa. eu/50/
docs/berlin_declaration_de. pdf.

"Gemeinsame Außen-und Sicherheitspolitik," Europäische Union, https://eu-
ropean-union. europa. eu/priorities-and-actions/actions-topic/foreign-and-
security-policy_de。

"Portugal's Ruling Socialists win Re-Election with Outright Majority," France
24, June 25, 2022, https://www. france24. com/en/europe/20220130 –
portugal-s-ruling-socialists-and-far-right-party-chega-eye-gains-in-snap-legis-
lative-elections.

"Godesberg Program of the SPD（November 1959），" German History in Docu-
ments and Images, https://germanhistorydocs. ghi-dc. org/pdf/eng/Par-
ties%20WZ%203%20ENG%20FINAL. pdf.

"G7 Leaders' Communiqué," Elmau, June 28, 2022, https://www. governo. it/ sites/governo. it/files/2022 − 06 − 28 − abschlusserklaerung-eng-web-data. pdf.

Laura von Daniels, "Bidens Außenpolitik nach den Zwischenwahlen," SWP, November 2022, https://www. swp-berlin. org/10. 18449/2022A73/.

Martin Chorzempa and Laura von Daniels, "New US Export Controls: Key Policy Choices for Europe," SWP, März 24, 2023, https://www. swp-berlin. org/publications/products/comments/2023C20_ USExportControls. pdf.

"Road to Munich: Beyond Westlessness: Renewing Transatlantic Cooperation, Meeting Global Challenges," Munich Security Conference, 2021, https:// securityconference. org/msc − 2021/road-to-munich/。

"Zusammenfassung," Munich Security Conference, Oktober 2020, https:// securityconference. org/assets/01 _ Bilder _ Inhalte/03 _ Medien/02 _ Pub-likationen/MSC _ Germany _ Report _ 10 − 2020 _ De _ Zusammenfas-sung. pdf.

NATO, "NaTO 2022 Strategic Concept," Brussels, June 2022, https://www. nato. int/strategic-concept/.

Pew Research Center for the People & the Press, "Continued Public Support for Kosovo, But Worries Grow," April 21, 1999, http://www. people-press. org/1999/04/21/continued-public-support-for-kosovo-but-worries-grow/.

"Speech by the President of the French Republic at the conference of ambassa-dors," Elysee, September 1, 2022, https://www. elysee. fr/en/emmanuel-macron/2022/09/01/speech-by-the-president-of-the-french-republic-at-the-con-ference-of-ambassadors − 1.

"EU-Firmen in China leiden unter Handelskonflikt mit den USA," Spiegel Online,

Mai 28, 2019, https://www. spiegel. de/wirtschaft/unternehmen/handelsstre-it-zwischen-usa-und-china-auch-eu-firmen-leiden-a-1268302. html。

Stephen M. Walt, "America Is Too Scared of the Multipolar World-The Biden Administration is Striving for a Unipolar Order that no Longer Exists," *Foreign Policy*, March 7, 2023, https://foreignpolicy. com/2023/03/07/a-merica-is-too-scared-of-the-multipolar-world/.

"Emmanuel Macron Warns Europe: NATO is Becoming Brain-Dead," *The Economist*, November 7, 2019, https://www. economist. com/europe/2019/11/07/emmanuel-macron-warns-europe-nato-is-becoming-brain-dead。

"European Business in China Position Paper 2021/2022," The European Union Chamber of Commerce in China, https://www. europeanchamber. com. cn/en/publications-position-paper.

"Executive Order on America's Supply Chains," The White House, February 24, 2021, https://www. whitehouse. gov/briefing-room/presidential-ac-tions/2021/02/24/executive-order-on-americas-supply-chains/.

"Interim National Security Strategic Guidance," The White House, March 2021, https://www. whitehouse. gov/wp-content/uploads/2021/03/NSC-1v2. pdf.

"U. S. -EU Trade and Technology Council Inaugural Joint Statement," The White House, September 29, 2021, https://www. whitehouse. gov/briefing-room/statements-releases/2021/09/29/u-s-eu-trade-and-tech-nology-council-inaugural-joint-statement/.

Timothy Garton Ash, Ivan Krastev, Mark Leonard, "Living in an à la carte world: What European policymakers should learn from global public opin-ion," ECFR, November 15, 2023, https://ecfr. eu/publication/living-in-an-a-la-carte-world-what-european-policymakers-should-learn-from-global-public-opinion/.

"Summary of the Foreign Investment Risk Review Modernization Act of 2018," U. S. Department of the Treasury, https://home. treasury. gov/system/files/206/Summary-of-FIRRMA. pdf.

"May Flower Compact 1620: Agreement Between the Settlers at New Plymouth," Yale Law School, https://avalon. law. yale. edu/17th_century/mayflower. asp.

"Die Zeiten, in denen wir uns auf andere völlig verlassen konnten, die sind ein Stück vorbei", Zeit Online, Juni 1, 2017, https://www. zeit. de/2017/23/angela-merkel-rhetorik-deutschland-usa? utm_referrer = https%3A%2F%2Fwww. google. com%2F。

"Bundesregierung: Die neue Bundesregierung ist im Amt," Zeit Online, März 14, 2018, http://www. zeit. de/politik/deutschland/2018 − 03/bundesregierung-kabinett-minister-vereidigung-bundestag。

图书在版编目（CIP）数据

外交文化的释义：跨大西洋关系的视角 / 黄萌萌著
. -- 北京：社会科学文献出版社，2024.5（2025.2 重印）
ISBN 978 - 7 - 5228 - 3718 - 5

Ⅰ.①外…　Ⅱ.①黄…　Ⅲ.①国际关系 - 研究　Ⅳ.
①D81

中国国家版本馆 CIP 数据核字（2024）第 110881 号

外交文化的释义
——跨大西洋关系的视角

著　　者 / 黄萌萌

出 版 人 / 冀祥德
责任编辑 / 王晓卿
文稿编辑 / 邹丹妮
责任印制 / 王京美

出　　版 / 社会科学文献出版社
　　　　　　地址：北京市北三环中路甲 29 号院华龙大厦　邮编：100029
　　　　　　网址：www. ssap. com. cn
发　　行 / 社会科学文献出版社（010）59367028
印　　装 / 唐山玺诚印务有限公司

规　　格 / 开本：787mm × 1092mm　1/16
　　　　　　印张：15.75　字数：201 千字
版　　次 / 2024 年 5 月第 1 版　2025 年 2 月第 2 次印刷
书　　号 / ISBN 978 - 7 - 5228 - 3718 - 5
定　　价 / 88.00 元

读者服务电话：4008918866